弥生墳丘墓と手工業生産

野島　永

同成社

考古学選書

6

まえがき

　1968（昭和43）年に島根県順庵原1号墓がはじめて四隅突出型の古墳と確認されて以降、1970～80年代には、山陰地方の四隅突出型墳丘墓に関する調査研究が相次いだ。さらには、北陸地方にも四隅突出型墳丘墓が波及していたことなど、その発展が明らかになってきた。岡山大学の近藤義郎は山陽吉備地域の弥生墳丘墓の実態を探り、前方後円墳の成立への推移を見極める調査研究を牽引した。その後、1990年代には、京都府北部丹後地域の墳丘墓が次つぎと明らかになった。さらに1999（平成11）・2000（平成12）年の奈良県ホケノ山古墳の発掘調査からは、石囲い墓が竪穴式石室の前段階の埋葬施設として理解されることとなった。

　しかし、弥生墳丘墓の調査事例が増加するにつれ、その全体像を把握することが困難になってきた。墳丘墓外観の形態変化や埋葬施設の様子、副葬品など、個別の考古学的研究や理化学的分析の蓄積は進んだものの、それら墳丘墓の発展がなぜ実現してきたのかについて、明らかになったとは言い難い。前方後円墳に帰結するとした認識だけでは、弥生墳丘墓の造営にかかわる根源的な理由を明らかにすることはできない。

　このため、中国地方を中心に墳丘墓の造営が継続して発展していく過程を説明し、埋葬施設の系譜を整理しておきたい。また、墳丘墓のグループを貴重財生産の研究成果に投影し、地域首長の手工業生産と交易活動を背景とした墳丘墓造営の過程として捉えなおしていく。

　前方後円墳の時代には、三角縁神獣鏡をはじめとした威信財の贈与を行う経済活動が社会的なヒエラルヒーを作り上げていくが、その前段階、中国地方山間部や日本海沿岸域、瀬戸内海東部周辺の地域首長たちの手工業生産と経済活動を概括することとしたい。

目　　次

まえがき　*i*

第 1 章　弥生時代前半期の手工業 ··*3*
　　1.　弥生時代の実年代と初期鉄器文化　*3*
　　2.　玉類製作の技術とその変容　*10*
　　3.　市場の形成と専業的生産遺跡　*19*

第 2 章　弥生時代後半期の手工業 ··*31*
　　1.　手工業の専業化と水田稲作の拡大　*31*
　　2.　鉄器の普及とその保有形態　*40*
　　3.　管玉生産の変革とガラスの 2 次生産　*50*
　　4.　手工業生産の集約と複合化　*66*

第 3 章　弥生時代後期後葉以降の手工業 ···································*79*
　　1.　水銀朱生産と水晶製玉作り　*79*
　　2.　朝貢献上品の集約的生産　*87*

第 4 章　墳丘墓の系譜とその発展 ··*93*
　　1.　弥生時代前半期の墳墓　*93*
　　2.　弥生墳丘墓の萌芽　*98*
　　3.　四隅突出型墳丘墓の成立と佐田谷・佐田峠墳墓群　*106*
　　4.　備後北部における墳丘墓の変容　*122*

第 5 章　大型化する墳丘墓 ···*135*

1. 丹後地域における墳丘墓の変容　*135*
2. 山陰・北陸地方の四隅突出型墳丘墓　*153*
3. 山陽地方吉備地域の墳丘墓　*166*

第6章　棺槨を石で囲う墳丘墓 ……………………………………… *175*
1. 石囲い木棺墓・木槨墓の成立と発展　*175*
2. 石囲い墓の変遷と終焉　*205*

第7章　手工業生産の展開と墳丘墓の形成 ……………………… *215*
1. 手工業生産と墳丘墓グループの形成　*215*
2. 弥生社会の終焉と前方後円墳の成立　*225*

参考引用文献　*237*

図表出典　*253*

あとがき　*255*

弥生墳丘墓と手工業生産

第1章

弥生時代前半期の手工業

1. 弥生時代の実年代と初期鉄器文化

（1）弥生時代の実年代と鋳造鉄器の舶載

　国立歴史民俗博物館の研究グループは、炭素14年代AMS測定法（Accelerator Mass Spectrometry、加速器質量分析法）により、弥生時代初頭の出土遺物に付着したわずかな炭素を利用して、弥生時代の開始年代を割り出した（春成・藤尾・今村・坂本 2003）。これによると、弥生時代の開始時期はおよそ紀元前10～9世紀にさかのぼるという。さらにはその後、弥生時代中期初頭が紀元前4世紀にさかのぼる可能性まで指摘されることとなった（藤尾・今村 2006）。この実年代によると、弥生時代の開始時期は中国の春秋時代ではなく、西周時代（紀元前1046～771年）に併行することとなる。

　このような年代測定研究の進展によって、弥生時代の鉄器出現時期に関する齟齬が明確となった。日本列島に舶載された最古の鉄器は、福岡県石崎曲り田遺跡の鉄片や熊本県斎藤山遺跡の鉄斧であり、それらはながらく弥生時代早期から前期前葉に属するものとされてきた。弥生時代の開始時期と同じく、日本列島における鉄器の出現も西周時代にまでさかのぼってしまうことになる。

　中国でも中央アジアに隣接する新疆地域では、紀元前1千年紀をさかのぼる鉄器の出現が確認されてはいるが（白［佐々木訳］2009）、西アジア周辺域からの伝播、搬入が想定できよう。また、紀元前1千年紀前葉までには、鉄刃銅鉞や銅柄鉄剣、鉄援銅戈などといった、いわゆるバイメタル鉄器がみられた。[1]
それらは隕鉄や浸炭させた塊錬鉄を使用しており、玉器や玉具剣に準ずる貴重

品であった。中国における最初の鉄器は、紀元前2千年紀後葉から紀元前1千年紀前葉にわたり、トランスコーカサス周辺から東西に広がったバイメタル・スタイルの鉄器文化の一端を示している。いずれにせよ、殷周時代における人工鉄の出土事例はかなり珍しいことになるため、日本列島において同じ時期に鉄器が出現したというにわかには説明し難いことになる。

このような事態により、春成秀爾らは弥生時代早・前期に属するとされた鉄器を再検討し、そのほぼすべてが時期比定に明確な根拠をもってはいないものと判断した（春成 2003・2006）。著者が確認したところでも、弥生時代早・前期とされた鉄器の大半は確実な根拠をもって時期比定がなされたとはいい難いことが詳らかになった（野島・加藤編 2008）。しかし、福岡県下稗田遺跡・福岡県一ノ口遺跡・山口県綾羅木郷遺跡・山口県山の神遺跡・広島県中山貝塚・愛媛県大久保遺跡などでは、前期後葉から末葉、あるいは中期前葉にさかのぼる鉄器が存在していた。現在では、前期末葉でも古い段階に属することが明らかな鋳造鉄器片が出土したことにより、舶載鋳造鉄器の出現は前期後葉前後にまでさかのぼることがほぼ確実となった（秦 2015）。

中期前葉には戦国時代、中国東北地域で大量に生産された鋳造鉄器が流入する。当時生産された鋳造鉄器は、さまざまな農耕具を中心に工具や武器、車馬具、服飾品に至るまで多岐に及んでいた（石川 2017）。多種多量に生産された鋳造鉄器のなかでも、九州北部地域には定型化した双合笵（器物の半分ずつを鋳出し合わせる笵）の二条突帯をもつ鋳造鉄斧（斧頭の基部縁に二条の隆起突線を鋳出す細長い鋳造鉄斧、中国では钁、鋤鍬の刃先）がもたらされた（図1）。前期後葉ごろから中期前葉に出現した初期鉄器は二条突帯鋳造鉄斧など双合笵の鉄斧の破片を再加工したものであったことが明らかとなっており、弥生時代初期に楚を起源とする鍛造鉄器文化が伝播したとする旧説を積極的に支持する意見はみられなくなった。

AMS測定法による新たな実年代比定も勘案すれば、戦国（燕）系二条突帯鋳造鉄斧が確実に出現する中期初頭は戦国時代後期（晩期）ごろにまでさかのぼる可能性が高いと想定でき、紀元前3世紀前半期を降ることはなかろう[2]。以

前は前漢から後漢代併行期とされた弥生時代中期に、いわゆる戦国系鋳造鉄器が出土すると考えられてきた。おそらくは100年以上のタイムラグを見積もらねばならなかったわけだが、この舶載にかかわる遅延はかなり短くなるとみてよい。また、燕の鉄器自体についても、より古い段階から普及していた可能性が指摘されることにもなってきた（石川・小林 2012、石川 2017）。楽浪四郡の設置をさかのぼる時期に、戦国系鋳造鉄器が舶載されていたことは疑いのないところといえよう。しかし、AMS測定法による実年代との兼ね合いもあり、やはり弥生時代早期から前期前葉ごろに鉄器が舶載されていたとは想定し難いといわねばなるまい。

図1　河北省興隆県古洞溝出土の二条突帯鉄斧の鉄製熔笵（首都博物館）

中国の奇書『山海経』第12、海内北経のなかに「蓋國在鉅燕南、倭北、倭屬燕」とある。実際に燕の地域で生産されたと考えられる鋳造鉄器が九州北部地域を中心にみつかっているが（図2、野島・加藤編 2008）、先述したように、それらはことごとく二条突帯鋳造鉄斧など双合笵の鋳造鉄斧の類であったことからすれば、当時倭に流入した鉄器は韓半島南部などにおいて故鉄、鉄片を偶発的に入手した、というようなものではなく、倭人が特定の鋳造鉄器を意図的に選んで持ち帰っていたと想定する方がわかりやすい。紀元前4世紀、燕は遼東に進出した。韓半島各地から「利」を統べたといった記事（『史記』貨殖列伝）からも、燕の経済戦略が東方に及んでいたのだろう。そのため、倭人たちが黄海をわたり、燕の商人と接触して交渉を行った結果、双合笵の鋳造鉄斧がもたらされたと考えられよう。

図2　弥生時代前期末葉から中期中葉の鋳造鉄器

(2) 舶載された鋳造鉄器

　弥生時代、日本列島において鉄資源が独自に開発されたわけではない。先述したように、中国戦国時代の鋳造鉄器生産の隆盛後に、鉄器使用にかかわる文化的影響がわずかに及んだとみるのが妥当であろう。それ以前に青銅器生産がながく続いた中国では、金属熔融と鋳型生産についてはすでに著しい技術進歩を遂げていた。化石燃料を開発、利用していたこともあり、鉄の熔融や熔鉄の攪拌も可能となっていった。このような金属鋳造技術を背景として農耕具など生産用具の鉄製刃先を大量に生産した。製鉄工場には熔解炉が設置され、熔融した銑鉄を鋳造生産した鉄范に注ぎ込んだ。大量に生産された鋳鉄製品は、その熔融過程において原料内の滓を液化分離することができたため、不純物がきわめて少ないものとなった。しかし、鋳造された農耕具の鉄刃は鋳放し、放冷のままだと薄い刃部が白銑鉄となり、硬いけれども衝撃に弱く脆いため、そのままでは農耕具刃先としては使用できない。そこで、衝撃に強い鋳鋼製品にするための加熱処理施設が必要となった。耐火磚で造られた大型窯では、鋳放した鋳造鉄器を高温で長時間加熱して鉄器表面をそのまま脱炭させるか、靭性のある鋳鉄、鋳鋼製品に作り変えたのである。

このような鋳鉄起源の高炭素鋼は、非金属介在物・夾雑物を絞り出し、炭素量を調節するような精錬鍛冶の過程を経なくてもすむ良質な鉄素材となった。大プリニウスが著した『博物誌』（XXX Ⅳ巻41節「鉄の種類と焼入れ方法」、中野定ほか訳1986）にも、中国（セレス）の鉄はパルティアを凌ぎ、もっとも品質の優れた硬い鉄であることが記されている。金属に関する彼の博識からすれば、劣化・錆化のもととなる非金属介在物がきわめて少なく、焼き戻しさえ難しい鋳鋼製品を賞讃したものとみてよかろう。戦国時代から前漢代の鋳造鉄器は後漢代のものなどより、劣化・錆化が少ないものが多い。北京市西城区の首都博物館に展示されている河北省興隆県古洞溝（副将溝）出土の二条突帯鉄斧、「右廩」銘鉄製熔笵（図1）は精巧なもので、燕の鋳造量産技術が非常に高い水準にあり、計画性の高い分業体制により大量生産を実現していたことを物語っている。良質な鋳鋼製品の大量生産は戦国時代後期から前漢代まで引き続いていたとみてよかろう。

　一方、西日本の弥生時代中期ごろの鋳造鉄器資料の多くは、このような双合笵鋳造鉄斧の袋部破片などを再加工したものであった（野島・加藤編2008）。これまでに鍛造鉄器、あるいは板状鉄斧として報告されていた鉄器には焼鈍脱炭された鋳造鉄器の破片が含まれていた。それらは九州北部地域に集中しており、中国・四国地方や近畿地方にも散在する（図2）。完形の鋳造鉄斧も出土しているものの、福岡県小郡市周辺では、中期前葉から中葉にかけて、複数の鋳造鉄斧破片が多数みつかることから、鋳造鉄斧完形品を輸入したのち、その分割加工が盛んに行われていたと想定できる。丁寧に研磨を加えて刃部が加工されたものも出土しており、弥生時代中期には故意に破砕し、その破片を木材加工に利用していたことがわかる。つまり、こうした鉄片は熱間鍛打によって加工成形されていたわけではなかったといえる。ある程度焼鈍された鋳鋼素材であれば、ビッカース硬さ試験ではおそらく600～400 HV程度になる。このような鋳鋼素材は送風装置が整った本格的な鍛冶炉でもない限り、簡単に鍛錬ができるほど柔らかくはない。このため、鋳鋼素材の破片を研磨して刃部を作り出すことになったのであろう。木工具としての機能性を重視した加工方法が

採用されていたといえる（野島 2023）。

　中期前葉ごろの鋳造鉄器片は竪穴建物・住居からではなく、それに近隣する袋状の貯蔵穴土坑などから出土する場合が多い。このような土坑からみつかるということからは、これらの舶載鉄器片がエリート層によって集積されたり、あるいは独占されるような限定的な貴重財ではなかったことがうかがえる。先述したように、鋳造起源の鋳鋼素材は不純物の少ない高炭素鋼であり、耐摩耗性が高く硬質な材料の切削に適していた。このため、中期後葉以降、日本海沿岸域の玉作りにも利用されていくようになる。

　こののち、弥生時代中期後葉、紀元前1世紀から紀元後1世紀ごろになって、熱間鍛造によって鉄器を加工した鍛冶遺構がみつかってくる。韓半島からは塊錬鉄を精錬した板状鉄素材も供給され始めたのだろう。さらに、後期には焼鈍された鋳鋼素材などのほかに、稚拙な鍛造技術でも加工ができる低炭素鋼や軟鉄が大量にもたらされていた。中国・韓半島における鉄原料の製錬、製鋼技術の発展にともない、さまざまな鉄素材が日本列島に供給されていったとみてよい。

（3）初期鉄器文化の進展

　日本列島における鉄器の出現と鉄の加工、生産技術の進展に関しては、次のような技術成熟度の段階が想定できる。

　第1段階：鉄器の舶載（輸入）・研磨成形・冷間加工
　第2段階：鉄器・鉄素材の舶載・加工
　　　2a段階：鉄器・鉄素材の舶載・熱間鍛打加工
　　　2b段階：鉄器・鉄素材の舶載・精錬鍛冶・鍛錬鍛冶加工
　第3段階：鉄資源の開発（採鉱から製錬）・除滓・精錬・鍛錬鍛冶加工

　第1段階を弥生時代前期後葉以降から中期中葉とする。この段階はおもに中国東北部の戦国系鋳造鉄斧などの舶載に終始する。戦国系鋳造鉄斧は鉄の加工技術とともにもたらされたわけではなかったため、もっぱら鉄斧破片を研磨成形して使用した。

第2段階は弥生時代中期後葉から古墳時代後期中葉となる。2a段階は弥生時代中期後葉から後期まで、簡易な鍛冶遺構がみつかることから、熱間鍛造による成形技術が普及・進展した時期といえる。しかし、いまだ羽口を利用してはおらず、送風に疎く鍛冶技術は低かった。「沸かし」や「卸し」といった精錬鍛冶の進展にまでは及ばなかった。九州北部を除き、鍛接技術もかなり未熟な状態であったことから、鍛接作業が必要な鉄刀など大型鉄器の製作には向かわなかった。鏨などによって鉄板を断ち切って成形したものもあり、鉄鏃や鉇など小さな鉄器が普及した。しかし、このような低レベルの鍛冶技術でも特殊な工芸品の生産のために新たな鉄製生産具を開発していったのである。
　次の2b段階は古墳時代初頭から古墳時代後期中葉となる。土製羽口を装着した送風装置を使って本格的な精錬鍛冶を開始した。除滓や炭素量の調整を行い、鍛接技術を駆使してより大型で複雑な鉄器の成形や加工が可能になった。鍛錬鍛冶技術が急激に進展していった時期でもあった。
　最後の第3段階は中国地方でも吉備地域などを中心に、小型長方形箱形炉による製錬が開始された古墳時代後期後葉以降とみておきたい。
　第1段階は戦国系鋳造鉄器の確認、第2段階は鉄器・鉄素材の加工痕跡や製作技術の復元、鍛冶遺構と鍛冶具、羽口などの確認、そして第3段階は明確な製鉄遺跡（製錬炉）の出現と鉄滓の理化学的分析を根拠としている。弥生時代から古墳時代の大半の時期には、出土した多くの鉄器を賄うような鉄資源の開発はなされてはいないと考える立場を採る。弥生時代後期、熊本県阿蘇山周辺のリモナイトを利用した鉄製錬の可能性があるものの、それとて一部集落への供給といった小規模な製錬が一時的に行われたと想定されるのみであり、リモナイトの製錬技術が定着、進展したわけではない。
　鋳造された農耕具鉄刃から始まり、のちに良質な鍛鉄素材の供給が継続したものの、原料生産のための採鉱や、製鉄（製錬）にかかわる本格的な冶金技術は移殖されなかった。紀元前4～3世紀ごろに鉄を知り、古墳時代後期後葉以降、つまり、おおよそ紀元後6世紀後半から7世紀、吉備地域周辺などに鉄資源を見出して鉄原料の開発が行われるとともに鉄製錬技術が普及することにな

る。この点については青銅（平尾編 1999、馬淵 2007）やガラスも同様であり、ともに弥生時代には日本列島内での原料生産が想定できない情勢となった。青銅やガラスも紀元前4～3世紀ごろに輸入が開始され、おおむね紀元後6世紀後半から7世紀には原料の開発に向かい、ようやく原料・素材生産を軌道に乗せるのである。鉄・青銅・ガラスなどは列島内での原料・素材生産が積極的に模索されなかったことを考慮すれば、ここには生産技術的な問題だけでなく、社会・経済的な理由が存在していたとみてもおかしくはない。つまり、倭人たちはこれらの海外資源を対外的な交易によって入手する技術や方法をことさらに追求していったとみることができる。このあと、海外資源を宝物とするだけでなく、その一部を利用して、加工具や工芸品の原料とし、さらなる貴重品を作り出していく倭人たちの創意工夫をみていきたい。

2. 玉類製作の技術とその変容

（1）弥生時代の玉作り

　弥生時代の倭人は、穿孔した玉を紐で連ねることで連珠の首飾りや胸飾りを作った。時には頭飾りや耳飾りもみられた。連ねる玉数を調整し、貝輪や銅釧と同じように腕輪としても利用されたようである。弥生時代の首飾りは勾玉を数珠の親玉のように環の中心に据え、緑色の細い石製管玉やガラス製小玉などを連ねて環をつくり、珠紐に通した。さまざまな玉素材が使われたが、玉の種類と材質には強い相関がある。勾玉には、もっぱら翡翠（硬玉）が好まれた。管玉には、佐渡や北陸で産出する濃緑色の碧玉とともに、同系色の緑色凝灰岩や暗赤色の鉄石英も素材となった。中期後葉以降、棗玉には水晶や玉髄（瑪瑙）などが使われたが、小さな算盤玉はやや濁って半透明となる水晶片や石英素材に統一された。

　また、半貴石の玉素材だけでなく、輸入ガラス製品を素材として再加工することで、ガラス製の勾玉や管玉の2次生産が行われた。ガラス製勾玉は鉛バリウムガラスやカリガラスを素材として再熔融し、鋳型に入れて鋳造生産された

ものが多い。ガラス製管玉は巻き付けや引き伸ばしで成形したが、半熔融にして接合したガラスを研磨成形して円柱体とし、石製の玉錐で穿孔した場合もある。ガラス鋳造技術が未熟なことから生まれた折衷的な製作方法といえる。

　ここではまず、石製玉類の製作技術の概略についてみておきたい。縄文時代後晩期から、九州北部地域にはクロム白雲母製勾玉や滑石製勾玉があった。その後、新潟県南端の糸魚川産翡翠勾玉とともに韓半島の碧玉製管玉を連ねることで、弥生時代には首飾りや胸飾りといった装身具が成立したとみられている。縄文時代に大珠や勾玉の素材としてながく利用されてきた翡翠は、糸魚川静岡構造線に沿った姫川、青梅川下流域から翡翠海岸に転石としてみつかる。縄文時代中期ごろから主要な交易品となり、海路を用いて北は東日本一帯から北海道、南は九州から沖縄本島にまで運ばれていた。九州北部周辺では弥生時代中期初頭ごろ、糸魚川産翡翠を搬入して亜定型、獣形、緒締形勾玉などを作り出した。中期後葉に盛行する亜定型勾玉も九州北部に偏在していることから、引き続き翡翠素材を入手して加工生産を行っていたとみられる。北陸地方では中期前葉に半玦型の翡翠製勾玉が生産され始めた。碧玉製管玉とともに本格的な装身具生産が開始された。

　通常、一つの首飾りに勾玉は一つしか要らないが、管玉は首飾りの長さに応じて多数必要となる。環の長さ60 cmの首飾りなら、1.0 cm弱の管玉だと、当然ながら60孔ほど連ねなければならないため、管玉は大量に生産されなければならなかった。玉作りを行った遺構（玉作工房）には、管玉原石や素材剝片・砕片、製作途中の失敗品が大量に出土する。このため、国土開発による行政発掘が急増した1980年代以降、おもに管玉製作を行った玉作遺跡の確認事例が相次いだ。それとともに、藁科哲男らが中心となり、蛍光X線分析による元素比法が用いられ、管玉素材となった碧玉原産地の解明が進んだ。

　弥生時代前期後半期、「未定C群」とよばれた韓半島南部の碧玉を使った管玉が九州北部地域に流入するが、ほぼ同時期に山陰地方においては二つの管玉製作技術がみいだされた。長瀬高浜技法と西川津技法である（図3、清水1982）。鳥取県長瀬高浜遺跡でみつかった緑色凝灰岩の管玉は、長さがやや短

図3 西日本の玉作遺跡（弥生時代前期から中期前葉）

く規格性に乏しいものであった。その作り方は以下のようになる。まず、軟質の緑色凝灰岩の原石から打撃分割により適当な素材を作り出す。その後、研磨によって多角形柱体から管玉原体となる円柱体を作り出すが、長い円柱体だと中央に施溝をめぐらせて折り割り、二つの短い管玉とする。最後に玉髄製の打製玉錐（玉専用の石製穿孔具、図4-1）の軸柄に勢車を装着して回転穿孔を施し、完成品とした（図4-3）。

　一方、西川津技法は原料から素材への加工方法が異なる。まず、軟質の緑色凝灰岩の大型石核から板状素材を割り出した。そして、その板状素材に施溝分割を行って扁平な六角柱体となる管玉原体を作り出す。さらに粗い研磨によって施溝痕跡を消し去り、多角柱体、円柱体と研磨整形していった。長瀬高浜技

法と同様に長い円柱体だと、折割して二つの短い管玉とする。最後に打製玉錐で両小口から穿孔を行い、仕上げ研磨を施して長さ1.0 cm程度の太い管玉とするのである。島根県出雲地域では、中期以降も引き続いた緑色凝灰岩製管玉の製作技法である。

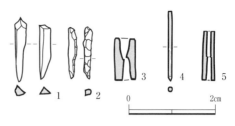

図4　玉錐の変化による管玉形態の差異模式図

　弥生時代中期前葉から中葉には、山陰地方を中心に一部山陽から近畿地方、北陸地方西部に散発的な管玉生産技術の拡散がみられたが（図3）、中期中葉以降になると、近畿地方はもとより東海地方にまでその生産域が拡がった（図6）。新潟県糸魚川産の翡翠原石を勾玉に加工し、北陸地方（佐渡島猿八産・石川県小松市菩提・那谷産）のほか、山陰地方東部地域（兵庫県豊岡市玉谷産）で産出する碧玉や、緑色凝灰岩を使った管玉生産が盛んに行われるようになった（米田 2000・2013）。

　碧玉の原石・素材の分割には、四国地方東部から紀伊半島を走る中央構造線南側、三波川変成帯産の紅簾石片岩・紅簾石石英片岩（以下、紅簾片岩）を使う。片理と劈開が顕著な紅簾片岩を素材とした扁平な薄板（石鋸）を碧玉素材に擦り込んで細長い溝を削り出し、そこに楔をあてて間接打法で打ち割り、四角柱体に分割成形していくのである（施溝分割）。その後も研磨作業を継続して、管玉原体を作り、磨製玉錐（石針）による両面穿孔（貫孔）を経て、最終研磨で仕上げることになる（大中の湖技法、佐藤宗 1970）。また、北陸地方越後地域では、佐渡島猿八産碧玉や鉄石英を素材とし、肌理の粗い石英粗面岩（流紋岩）などの石鋸による施溝分割から形割を行う。調整剝離を繰り返して多角柱体から円柱体に近づけ、磨製玉錐による貫孔と研磨で仕上げる（新穂技法、計良・椎名 1961）。

　両技法ともに、碧玉製管玉となる直径0.2～0.4 cm、全長0.5～1.2 cm程度の小さく細い円柱体（大賀〈2001〉分類の碧玉製管玉 Se、Sw）を上下両小口面

から穿孔して貫孔にいたる（図4-5）。穿孔には、直径0.6〜0.8 mm、全長1.2〜4.0 cmほどで、シャープペンシルの芯のような磨製玉錐を使う（図4-4）。多くはサヌカイト、あるいは地元古銅輝石安山岩類を素材としており、先端部には穿孔時の回転擦痕が明瞭に残る。京都府京丹後市の奈具岡遺跡の磨製玉錐には安山岩類だけでなく、玉髄や珪化木なども利用されていた（河野一・野島 1997、野島・河野— 2001）。

　これらのことからみれば、弥生時代中期中葉の石製管玉生産は、かなり偏在性の高い玉素材原産地の開発とその素材供給が前提としてあり、穿孔具や石鋸、砥石などの加工具石材も、その多くは遠隔地から供給されなければならなかった。さまざまな石材産出地付近の集団との対内的交易を繰り返さないと、到底成立しえない工芸品生産であり、より専業的な生産活動を展開することになっていったとみられる。地域首長（地域社会の構成員に対して、ある程度の権威と強制力を保持し、墳丘墓に埋葬された人びと）のような管理者は遠隔地との交易を実践しつつ、工人集団を編成し、玉作りを恒常的な生産労働へと組み込んでいった。

（2）石製玉錐の進化—打製玉錐から磨製玉錐へ—

　先ほど述べた石製管玉の玉錐について、著者がかかわった京都府市田斉当坊遺跡における玉作遺構の調査事例（野島編 2004）などから、少し詳しく述べておこう。

弥生時代前期の打製玉錐　弥生時代前期の玉作遺跡は少ない。管玉製作にかかわり、未成品とともに石製加工具が出土した調査事例として、先述した長瀬高浜遺跡が挙げられる。長瀬高浜遺跡は鳥取県中部の東伯郡湯梨浜町、天神川東岸の砂丘地帯にある。古墳時代前期の大規模集落を中心とした複合遺跡として有名だが、弥生時代前期後半期の竪穴建物4基から、管玉作りに関する遺物が出土した（清水 1982）。管玉未成品とともに製作にかかわる加工具が確認されたことで、弥生時代最古段階の「玉作工房」とされた。打製玉錐は玉髄の石核打面からの連続押圧剥離によって製作された。全長1 cmあまり、三角形の横

断面をもつ小さな石刃片である（図4-1）。先端にこの玉錐を付けた軸柄に勢車を装着し、管玉原体の両小口面からの回転穿孔を行った。これによって全長1cm弱ほどの管玉を貫孔するのだが、打製玉錐自体の全長がかなり短く、穿孔深度も十分に見込めないため、結果的に短く太い管玉しか作りえなかった（図4-3）。先ほど述べたように、長い円柱体だと中央に施溝をめぐらせて折割し、二つの短い管玉とするが、その理由がこの打製玉錐にある。錐先の最大幅がまちまちで個体差があったことから、製作された管玉自体にもあまり規格性はみられなかった。岡山県南溝手遺跡でも、前期前半期に調整剥離を施した玉髄製の打製玉錐が出土しており、やはり短く太い緑色凝灰岩製管玉の穿孔に使われた（平井編1996）。

磨製玉錐（磨製石針）の出現　その後、弥生時代中期中葉までに、石製玉錐の形態が変化していく。京都府埋蔵文化財調査研究センターでは、丹後半島の著名な玉作遺跡、奈具岡遺跡における調査経験もあったことから、弥生時代の竪穴建物埋土の水洗により、微細遺物の検出に努めた。その結果、1990年代後半から2000年代にかけて、丹波・山城地域でも弥生時代中期に属する玉作遺跡が次つぎとみつかり、石製玉錐（石針）[3]などの微細遺物の回収に成功した。

　中期前葉の亀岡市余部遺跡ではサヌカイトと玉髄を素材とし、打面調整を施した石核から厚手の剥片を剥ぎ出し、さらにそこから方柱状の微細な剥片（幅3.0〜5.0mm、全長1.0〜1.5cm）を連続して作り出していた。これを玉錐原体として調整剥離を繰り返し、幅2.5〜3.0mmほどの打製玉錐を得ていた。中期前葉になると、四角柱体を意識した調整剥離を入念に行うことで、より深い穿孔部位を作り出すことができるようになっていたようだ（図4-2）。

　さらに中期中葉以降になると、福井県坂井市下屋敷遺跡や、京都府京丹後市奈具岡遺跡・亀岡市池上遺跡・久御山町市田斉当坊遺跡などで、磨製玉錐が製作されるようになる（図4-3・図5）。市田斉当坊遺跡では、竪穴建物SHC451・SHA74・SHA98において、古銅輝石安山岩などの磨製玉錐が多量に出土した。素材の性質上、施溝を行うことはなく、もっぱら縦剥ぎによる分割を繰り返し、紅簾片岩による研磨を施して針棒状に成形した。

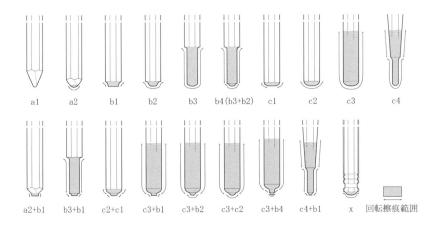

図5 磨製玉錐先端模式図（市田斉当坊遺跡）

　市田斉当坊遺跡では、穿孔途中に磨製玉錐が孔内で折損したまま遺棄された管玉未成品（穿孔失敗品）があった。研磨剤とみられる微細砂状の物質が玉錐先端部の形状にあわせて孔底面周囲に輪状に遺存していたことから、研磨材を孔内に詰め、玉錐で回転を加えて穿孔していったことがわかっている（石井・岩松・田代 2006）。このため、管玉未成品の孔内壁面には回転穿孔擦痕が明瞭に残っていたわけである。磨製玉錐の先端も回転による擦損により、さまざまな形態に損耗していく（図5）。磨製玉錐は横断面多角柱体のまま、碧玉製管玉の穿孔を行うことによって、断面正円形に摩耗変化するとみられ、厳密には多角柱体で先端未調整のものが磨製玉錐未使用品（図5 - a1）ということになろう。
　また、管玉の両小口面から穿孔を進めた場合、穿孔底が接触して貫孔するが、両底面接触部に残る段差（図4 - 5）に鋭いエッジを残した。紐ずれや紐切れの原因にもなるため、極力平滑にしておかねばならない。そのため「孔さらえ」が必要となる。磨製玉錐の先端形状の観察からも、玉錐は穿孔後の孔さらえも兼用していたとみてよかろう。図5にあるように、玉錐先端部形態c3+b4・c4+b1などを代表とした「複合した形態」をとる玉錐は、先端が小さ

な尖突状の形態に変化していた。おそらくは穿孔後の玉錐（b3・c3 など）を両面穿孔の貫孔部内壁、鋭いエッジを擦り削ることに再利用したとみられる。当然、玉錐先端も削られて擦損変形し、先端が突出したような複合形態になったと考えられる。

　このような磨製玉錐は全長 1.2〜4.0 cm、管玉穿孔具として弥生時代中期中葉から後葉に普及した。打製玉錐よりも深く細く穿孔を施すことができ、穿孔ブレも少なくなったことから、より細い管玉の製作が可能となった（図 4 - 4・5）。石川県小松市八日市地方遺跡では、さらに直径の小さな磨製玉錐が出土しており、その穿孔技術がより繊細になり、管玉生産が進展していたことを物語る（下濱・宮田 2014）。奈具岡遺跡では、さらに施溝分割技術を援用し、調整剥離を組み入れて磨製玉錐を完成させていた。先述したように、地元安山岩だけでなく、玉髄や珪化木なども利用しており、磨製玉錐の製作技術に磨きがかかったものとみてよい（田代 2001）。

（3）弥生時代前半期における玉作遺跡の分布状況

　これまでみてきたような、濃緑色系の石製管玉作りについて、その生産遺跡の分布範囲を確認しておきたい。まず、弥生時代前期から中期前葉には、長瀬高浜技法と西川津技法がみられた山陰地方を中心とし、北陸地方西部越前地域に生産遺跡が拡がる（図 3）。しかしそれだけでなく、吉備地域や近畿地方周辺、東海地方濃尾平野などといった広い範囲に生産遺跡が散在している分布状況もみることができる。その後、中期中葉以降も、西川津技法の存続した出雲地域を西端として、山陰地方から丹後半島、北陸西部、琵琶湖南岸の湖南地域周辺などに増加の傾向がみられる（図 6）。図にはないが、越後地域でも、碧玉原産地をもつ佐渡島の管玉生産が著しく活発化していた。玉素材原産地からの素材供給とともに、玉作りにかかわる加工具石材などの入手が容易であったと想定できる。また一方で、近畿地方など消費地周辺においても、広く生産されていった様相を読み取ることができよう。しかし、九州地方、関東・中部地方ではこのような管玉生産を中心とした玉作りは普及しなかった。

図6　西日本の玉作遺跡（弥生時代中期中葉から後葉）

　八日市地方遺跡出土土器を分析した石川日出志によると、北陸地方における小松式土器の成立過程においては、近畿地方北部や濃尾平野などの中期中葉の土器様式との混淆、融合がみられるという（石川 2023）。小松式土器の拡散は、管玉生産の技術伝播や碧玉素材の流通などにも密接にかかわったものと想定されている。碧玉製管玉生産とその素材・製品流通を通して近畿北部から東海地方、北陸地方に及ぶ広域交流が発展していったと考えることができよう。

3. 市場の形成と専業的生産遺跡

(1) 秤量システムの出現

　大阪府八尾市亀井遺跡 SK 3165 土坑から出土した石製品は、ながらく磨製石斧や類似石製品など 14 点の一括資料と考えられていた。しかし、近年になって森本晋が確認したところ、この石製品は分銅として使用された錘であることが明らかとなった（森本 2012）。また、それも弥生時代前期とみられていたが、遺構の切り合い関係から中期後半期古段階にまで降るという。森本の調査の結果、分銅 11 点とともに、水銀朱（硫化第二水銀）の付着した石杵や砥石が共伴していたことがわかった。最も小さな分銅 A は砂岩製で全長 2.74 cm、重量 8.7 g となる。11 点の分銅は、最も小さな分銅の重さを基準とすると、2 の累乗数の系列になっていた（表1）。実際に最小重量の分銅を 1 単位とし、2 の累乗数となる 1～6 単位（2^0～2^5）まで 1 点ずつ、6 個の分銅を用意すれば、63 単位までの重量単位を秤量することができる。弥生時代中期の出土遺物からは、水銀朱のほか、たとえばガラス製小玉、翡翠や碧玉、水晶、青銅

表1　大阪府亀井遺跡 SK3165 出土石製分銅の諸元

仮称	報告	長さ(mm)	幅(mm)	厚さ(mm)	石材	重さ(g)	Aの何倍か	2を底とする対数	相対理論値	想定重量(g)	誤差
A	S497	27.4	13.3	12.7	砂岩	8.7	1.00	0.00	1	8.7	0.0%
B	S498	43.6	18.3	11.4	スレート	17.6	2.02	1.02	2	17.4	1.1%
C	S505	43.2	21.5	13.7	チャート?	17.6	2.02	1.02	2	17.4	1.1%
D	S504	(59)	(20)	(18)	砂岩	32.1	3.69	1.88	4	34.8	-7.8%
E	S496	50.5	19.5	16.4	砂岩	34.5	3.97	1.99	4	34.8	-0.9%
F	S503	56.0	22.3	15.6	輝緑岩	35.4	4.07	2.02	4	34.8	1.7%
G	S495	47.7	28.7	28.0	輝緑岩	68.9	7.92	2.99	8	69.6	-1.0%
H	S501	65.9	33.4	31.8	細粒砂岩	134.7	15.48	3.95	16	139.2	-3.2%
I	S502	64.6	35.1	32.0	斑状輝緑岩	139.8	16.07	4.01	16	139.2	0.4%
J	S499	78.5	42.0	41.7	細粒砂岩	276.5	31.78	4.99	32	278.4	-0.7%
K	S500	68.1	45.2	44.4	輝緑岩	280.0	32.18	5.01	32	278.4	0.6%

原料などが取引きされていた可能性を想定することができる。小型管玉の一連の首飾りはおおよそ10g前後となる。1単位8.7gよりもやや重いかもしれない。前漢代の五銖銭、おおよそ3.25gで3枚程度となるが、今回の分銅による計量単位の基準に沿うものではなさそうだ。森本も指摘するように、辰砂（硫化水銀）を粉砕した石杵と共伴したことを考慮すれば、やはりまずは辰砂や水銀朱を秤量したと想像できよう。

　ちなみに難波洋三によると、地金価値や穀物価格の変動があるものの、前漢の青銅器原料1kg換算の販売価格は、おおよそ五銖銭250〜310銭程度で、かりに300銭とすると、平時の粟（殻付穀物）で150ℓ、あるいは絹布2匹（幅51cm、長さ18m）とほぼ等価と推定できるという。また、『史記』貨殖列伝には、青銅器の販売価格は鉄の4倍程度と記されており、青銅器原料1kgの販売価格、300銭とすれば、鉄1kgは75銭、糴（倭の殻付穀物）37.5ℓ程度になる。一方で、辰砂（丹砂）1kgは、4,800銭、糴2,400ℓほど、青銅価格の16倍、鉄価格の64倍となり、著しく高価であった（難波 2016）[4]。運搬にかかわる経費等を無視すれば、辰砂重量8.7gだと、およそ41.8銭、青銅139g、鉄557gに値し、2の累乗数の系列が基準となる秤量に見合う可能性があるかもしれない。辰砂重量の16倍の青銅、64倍の鉄と等価なら、亀井遺跡の最小分銅Aで辰砂8.7g、分銅Iが139.8g、分銅JとKの二つで556.5gとなり、青銅・鉄ともに秤量による交換が可能である。

　近頃ではこのような分銅は福岡市須玖遺跡や八日市地方遺跡のほか、山陰地方でも確認されている。亀井遺跡の分銅J・Kに相当するものもあるようだが、2の累乗倍の分銅セットはなく、九州地方などでは最小単位重量も異なる。地域ごとに異なるスケールもあったのであろう。しかし、いずれにせよ、弥生時代前半期には、すでに辰砂や水銀朱をはじめ、装身具類、その素材となる半貴石や青銅、鉄、石器素材など、重量の小さな貴重財を秤量していた可能性が高い。ほかの貴重財との物々交換を行っていた仕組みを示す考古学的証拠がみつかったことの意義は大きい。

　K. ポランニーによると、我々の市場経済に必須となる「全目的貨幣（all-purpose money)」は、a. 支払い、b. 価値の尺度、c. 富の蓄蔵、d. 交換の四つの機能を併せもつとされる。一般に支払い手段とは、計算可能な代替物となる財を譲渡して責務を決済することである。また、価値尺度の機能とは、貨幣となる財の物理的単位の数量加減でもって価値を付与する操作を通してあらわれる。富の蓄蔵とは、計量可能な財の蓄積である。権力や特権を蓄財に変換したり、虚栄的な見せびらかし、所有者・所有集団の信用に資するといった目的をもつ場合もある。最後の交換手段とは、二つの計量可能な財の間接的交換の際に媒介となるものとする操作である。この操作には、貨幣の役割を担う財を媒介とする二つの継起的な交換行為が惹起されることになる（ポランニー［玉野井・栗本訳］1998）。

　もちろん当然ながら、市場経済の進展する前、弥生時代の倭人社会では、このような機能が統合された財はまずない。伝統的な稀少資源・石器石材・食糧・加工品などは、さまざまな交換体系の枠組み・カテゴリーを維持しつつ、貨幣機能の一部を相互補完的に保有していたはずである。亀井遺跡の分銅による秤量は、辰砂を粉砕した粉末朱など、個数として計算できないものであっても、重量による計量を可能とするものであり、また 2 の累乗倍の比価でほかの財との交換も可能とすることができたことを意味する。継起的な秤量はある特定の財の交換価値の向上を促す行為ともなりえる。特定財の交換価値の上昇によって、より交換が頻繁になり、価値の尺度が安定化することで流通手段の発展にも繋がっていくと読み取ることができる。亀井遺跡出土分銅の詳細な時期決定は困難ではあるものの、おそらくは弥生時代中期ごろに畿内中枢域周辺において、このような秤量システムが機能していたとみることができる。ただし、石製分銅自体の出土例はきわめて珍しい。実際にどれほど普及していたのかについては知るすべもないが、社会階層の上位者たちによる特別な交易・交換に利用されていたと想定した方がよかろう。

（2）弥生時代中期における石剣のライフサイクル
　著者は京都府久世郡久御山町に所在する市田斉当坊遺跡の発掘調査、および

その整理報告に従事する機会があった。市田斉当坊遺跡は、京都市伏見区から久世郡久御山町にまたがって存在した巨椋池(おぐら)の南畔に位置した弥生時代中期中葉から後葉にかけての拠点的集落である。宇治川を介せば、湖南地域とも交流できる地理的環境にある。集落遺跡の一部、約6,000 m^{2}の調査区域からは96基の竪穴建物のほか、50基にもなる方形周溝墓、大規模に掘削された環濠群が検出された。先述したように、竪穴建物埋土の洗浄の結果、碧玉や安山岩石材、玉錐未成品、紅簾片岩といった微細な玉作り関連遺物が出土した。このことによって、石鋸や磨製玉錐を製作し、碧玉素材から管玉を作っていたことがわかった。さらには200点を超える石庖丁をはじめ、石剣・石斧など多量の磨製石器類も出土した。

　その磨製石器類のなかでも、丹波帯(丹波層群)から産出する粘板岩製の磨製石剣の剣身部分を再利用した扁平片刃石斧未成品に注目してみたい(図7)。剣身は全長5 cmほどに分割されていただけでなく、劈開性が高く薄く剝がれるため、表裏2枚に剝いだものもあった。それらに再研磨を施して扁平片刃石斧としていた(図7-8)。剣身主面に対して直角方向からの打撃をうかがわせる破損がみられることから、故意に折り取ったと判断できる。出土量からみても、磨製石剣を意図的に分割して扁平片刃石斧に加工する作業が計画的になされたと想定することができよう。

　弥生時代の石剣研究を推進した寺前直人は、有鎬磨製石剣には武器としての殺傷機能に加え、それに付加される価値があったと指摘する。握りのある大型打製尖頭器や有鎬磨製短剣は、その携帯機能と規格性の高さ、埋葬施設からの出土事例から、近畿地方では上位階層を象徴するものではないものの、個人の権威を示す属人的性格をもつ所有品であるとした(寺前1998・2001)。これに従えば、属人的な有鎬磨製石剣そのものをやすやすと扁平片刃石斧に再加工してしまうといった特異な状況があったことを想定せねばならないことになる。

　利器を分割縮小し、再生する過程とみれば、剣の破片を小型の扁平な板状斧に加工する行為は、リダクションの一種と捉えることができる(Dibble 1987、長崎1990)。このような剣の特殊なリダクションについては、先例が

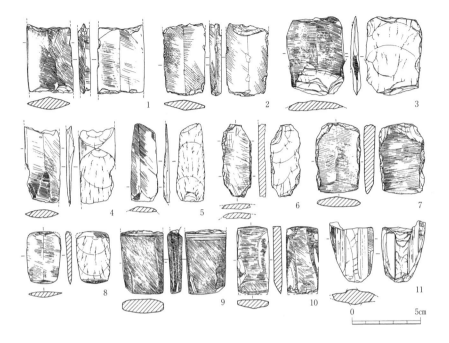

図7 分割された磨製石剣（市田斉当坊遺跡）

ある。たとえば、神奈川県秦野市砂田台遺跡の7号竪穴建物からは、磨製石器群や砥石とともに、板状鉄斧や茎鑿(なかご)など11点の鉄製品が出土した（宍戸・上本 1989、宍戸・谷口 1991）。これらは鉄剣を分割して再加工したものであった。砂田台遺跡では、中期後葉に磨製石器製作と併行して、4～5振りの鉄剣を入手し、その剣身から関部までを長さ5cm前後に分割し、研磨加工して板状鉄斧や刀子に改変していた。稀少な鉄剣を複数入手し、分割して小型鉄製工具を作り出していたのである。

先述したように、有鎬磨製石剣は個人の権威を示す属人的な財と捉えられる。鉄剣についても、輸入金属素材としての稀少性だけでなく、その加工技術、専業的労働などが投入された相乗的な価値からみても、特定個人の権威を高揚させる意味合いが付与されていたと考えて何らおかしくはない。つまり、そのような石剣や鉄剣の所有者の権威や性格を否定してまでも、扁平片刃石斧

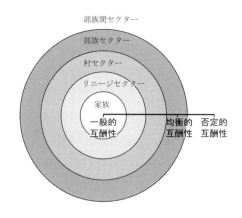

図8 サーリンズによる互酬性を基準とした交換形態の分類

や板状鉄斧の素材としてしまった事情を考えねばならない。そのようなことができる社会的行為とは何であろうか。

このような疑問から一つの仮説を指摘するとすれば、磨製石剣や鉄剣は、社会的関係を有しない集団や個人の間で対価物と交換され、素材の価値しかもたない消費財とみなされたと想定してみるのはどうであろうか。これならば、象徴的な価値や属人的性格を継承する必要はなくなる。

　M. サーリンズは互酬性を基準とした交換形態の分類を行った（図8、サーリンズ［山内訳］2004）。交換の様態を条件付けるものとして交換し合う人びとの「社会的距離」を重視した。彼はこのなかでも社会的関係を維持することを意図しない功利主義的な利益優先の交換として「否定的互酬性」といった概念を設定した。この否定的互酬性のなかには、「横領」「値切り交渉」「物々交換」「投機」「詐欺」「窃盗」などが含まれる。弥生時代中期の倭人社会からすれば、戦利品や物々交換などによる入手を想定できるかもしれない。しかし戦利品の剣を小型斧の素材として消費してしまうことは、「戦利」の意味をも否定してしまうことにもなりかねない。市田斉当坊遺跡の分割された石剣には、刺突の衝撃によって先端部が破損したような痕跡がみられなかったことから、戦闘行為によって入手されたわけでもなかったようだ。したがって、互酬的な社会的関係を維持しない交換活動として、「市」での物々交換によって得られた物財であったと想定することが可能であろう。

　だが、そこで留意せねばならないのは、石製か鉄製かにかかわらず、剣を分割して小型斧の素材としていることである。つまり、奢侈品や象徴財と認識さ

れていた財が、一般的な生活財の素材の一部とみなされてしまうといった「負の価値作用」が「市」の物々交換には組み込まれているという視点である（Bohannan 1955、冨尾・上野 1983）。この負の価値作用によって、互酬的な贈与交換の連鎖で維持されてきたそれぞれの財のもつ価値や、その価値そのものの交換基準さえ下降しつつ、不明瞭になったと想定できる。「市」での交換が活発になれば、遠来の物財の入手が可能となる利点があるものの、親族やリネージ間でしか受け継がれなかったエンクローズドされた財でさえ、素材以外の価値を失い、「市」に出回る機会を増やしてしまう。それによって伝統的な交換体系の枠組み・カテゴリーの規範が破綻し、倭人社会が維持してきた諸財の内包した価値の相対的水準が低下していったものと思える（野島 2009）。弥生時代中期後葉、石剣、あるいは鉄剣でさえ、その所有関係や象徴的価値、属人的性格、「男財」とも称される威信財の物神性を否定し、小型石斧などの素材として秤量、計量によって交換され、流通し始めた痕跡がみえ隠れしてくるのである。

　弥生時代中期には近畿地方中部において大規模な拠点集落が割拠した。この拠点集落は互酬性システムを介在とした血縁集団相互の経済活動の場として発達してきたという（若林 1999）。しかし、中期後葉には衰退し、後期初頭以降にはことごとくその姿を消していく。中期後葉の倭人社会では、このような血縁集団相互の経済活動だけではすまなくなっていたようだ。社会階層の上位者たちによる経済活動が活発化してきたことによって、さまざまな社会的関係に埋め込まれた贈与交換を中心とした既存の互酬的経済活動が萎縮させられていったとみられる。倭人社会のなかで象徴的な価値をも生み出してきた石器類の生産停止と、それを分配するための贈与交換を可能とした社会的関係の衰退には、既存の贈与交換を継続させない働きをもつ交換技術の発達が関与していたとすることができる。

　先述した秤量システムの成熟はこれに拍車をかけ、石器石材や磨製石器そのものの価値の低減にもつながった。それだけでなく、輸入資源に価値の尺度を与え、ほかの財との交換をも惹起しうる経済行為を醸成していった。このよう

ななかで青銅銭や鉄素材、ガラスビーズの輸入・流通を契機に、間接的あるいは直接的な交易品・返礼品ともなりえる装身具生産や辰砂生産が次つぎと興隆してくるわけである。漢へ朝貢の際の貢物や対外的交易の対価としては、以前から「生口」の輸出が想定されてきた。漢代には、生口は異民族の俘虜である場合が多いが、しだいに売買に利用される存在になっていった（門田 2021）。『三国志』魏書烏丸鮮卑東夷伝倭人条（以下、『魏志』倭人条）には生口について特記されており、倭の生口については芸能やさまざまな職能をもつ人びと、あるいは信仰の対象ともなる仙境の民のような存在も含まれていたとも考えられる。またそれだけでなく、後述するように水晶製玉類や水銀朱、さらには仙薬までもが直接対外的交易に提供された可能性も十分に想像できるのである。

（3）専業的生産遺跡の出現

　丹後半島のほぼ中央を北流する竹野川は、周囲の山塊に幅狭い侵食谷を形成しつつ日本海へと注ぐ。奈具岡遺跡は竹野川の中流域、東岸段丘上に立地した。弥生時代中期中葉から後葉にかけて営まれた、玉作りを専業とする工房群の遺跡であり、その出土遺物は 2004（平成 16）年 6 月 8 日、重要文化財に一括指定された。低丘陵の谷斜面に立地した竪穴建物は、調査範囲だけでも 96 基（第 4 次調査 22 基、第 7・8 次調査 74 基）以上にのぼるものであった（河野一・野島 1997 ほか）。第 4 次調査では中期中葉の緑色凝灰岩製管玉の生産域、第 7・8 次調査では中期後葉の水晶製玉類や、ガラス製品の 2 次加工にかかわる生産域をそれぞれ検出した。緑色凝灰岩から水晶・石英塊の加工製作が継続したものの、それらの生産域はそれぞれ尾根に挟まれた二つの谷地に隣接しつつも別々に存立していたのである。碧玉・緑色凝灰岩や水晶など、回収しただけでも 40 kg 以上にもなる原石・未成品・剝片類など、膨大な玉作りの生産残滓が出土した。また、磨製玉錐・石鋸・筋砥石、鉄製工具といった生産加工具も出土し、玉の原石素材入手から製品までの製作工程が明らかになった。さらには、カリガラス製小玉片を研磨穿孔する再生利用（大賀・望月・戸根ほか 2005）や、玉作りに使われた鉄製工具の製作などが副次的に行われていた

こともわかってきた。

　水晶製玉類の生産域では、勾玉・棗玉・算盤玉・小玉などを生産した。玉作りに関連する多量の石英・水晶石核や板状剝片、および調整剝離を施した四角柱体などとともに、小さな鉄片が共伴したが、これらは素材分割・加工用となる小型の楔や鏨、導孔加工に使われた鉄製工具であった。後述するように、弥生時代後期には、水晶製玉類や管玉を鉄製玉錐で穿孔するようになり、玉作り用の鉄製工具が普及していった。奈具岡遺跡における鉄製工具の使用は、その嚆矢となるものであった。

　水晶製玉類の生産域では、すべての建物で個別に玉作りを実施していたわけではなく、ある程度の協業や分業が実現していたようだ。複数の竪穴建物間で作業工程の分担が取り決められ、最終的な仕上げは、少数の建物で実施するといった作業状況が想定できた。竪穴建物から出土した未成品や失敗品の残片などの遺存状況、出土比率から推測すると、まず搬入された原石の分別を行い、原石の分割工程にのみ協力する竪穴建物、次に原石素材を研磨して角柱体の製作までを担う竪穴建物、最後に四角柱体を整形して多角柱体とし、それを輪切りにした算盤玉・小玉原体を穿孔する最終工程を担う竪穴建物に分かれていたとみられる。整形から穿孔・仕上げまで、最も重要かつ繊細な製作工程を実施した建物は、全建物数の約20％であった。このように、谷斜面地に水晶製玉類生産、ガラス製小玉の再加工、鍛冶といった各種工房が集まり、工程ごとに分業していただけでなく、繊細な熟練作業が専業化していたこともわかってきた（野島・河野－2001、野島2009）。

　この谷合いの工房群の下方、裾地の集水地点に奈具谷遺跡がある。板材と杭によって護岸された排水路が50 mを越えて取り付けられていた。さらにはそこに取水を目的とした施設があり、トチノミの集積が出土したことからアク抜きのための水さらしを行なっていたようだ。近くでは剣形木製品や砧、網代状の編み物などが出土した。そのほか、石庖丁や磨製石斧類、砥石などの石製品、田下駄、柄振、鋤などのほか、槽・桶・箱材・高杯・杓子・火鑽臼・機織具・梯子など多数の木製生活用具も出土した。土壌サンプルからは高密度のイ

ネの機動細胞珪酸体（プラントオパール）が検出されたことから、この護岸された排水路は、周辺低湿地の氾濫原に整備された水田に導水するための灌漑施設を兼ねていたと考えられている（田代1994、柴1997）。
　奈具岡遺跡の玉作工房では、食糧の生産と供給にかかわる労働を隣接した奈具谷遺跡に委ねていたようにみえる。玉作りを行っていた竪穴建物には、食糧自給のための生産具がみつからなかったことから、玉作りの作業に実際に携った工人たちは少なくとも一定期間、食糧生産にかかわっていたとは思えない。おそらく奈具谷遺跡は玉作り従事者に、食糧や生活資材を提供する人びとの活動の場所であったのだろう。専業生産と食糧供給システムがともに機能していたと想定することができ、専業工房を支える基盤的施設・設備が整備されていた状況を垣間見ることができる。
　このような専業工芸品生産と食糧の生産加工、供給が、奈具岡集落における経済活動では両輪の関係にあったとみることができる。必然的にこの両者を統括する管理者が必要になる。統括管理者は専業性を高めて商品価値を向上させたり、製品の増産を企図せねばならないだけでなく、食糧の安定供給にも腐心せざるをえなかったであろう。さらには専業生産で得られた工芸品を他地域、遠隔地の集団管理者、おそらくはそれぞれの地域首長たちとの交易に利用し、入手した交換物資を集落内に分配する集団構造に再構築していかねばならなかった。
　実際に奈具岡遺跡で生産された5〜6mm程度の水晶製小型算盤玉・小玉の類似品は、竹野川を上流に10kmほどさかのぼった京丹後市三坂神社3号墓（今田編1998）の副葬品にみることができる。ほかにも、奈良県唐古遺跡や香川県大田原高洲遺跡（乗松編2014）、長野県天王垣外遺跡・桟敷出土品（岡谷市編1973、桐原1973）などに類例がみられる。近畿地方から中国・四国地方や中部地方といった遠隔地のリーダーとの交流・交易に供されていたのだろうか。奈具岡遺跡でみたカリガラス製小玉の再生利用による2次加工品は、近畿地方を中心に関東から東北地方、中国・四国地方など広範囲にみつかる。大賀克彦らが示唆するように、カリガラス2次加工品が拡散していたとすれば、奈

具岡遺跡生産の水晶製玉製品もかなり広範に流通していた公算が大きくなろう（大賀・望月・戸根ほか 2005）。つまり、対内的な長距離交易のために、特殊な装身具を専業的に生産し始めた経済活動を奈具岡遺跡にみることができるのである。

　また、奈具岡遺跡の東、隣接した細長い丘陵頂部に、中期中葉ごろの方形台状墓3基と方形周溝墓2基、丘陵周辺にも方形周溝墓が造営されていた（河野 一 1995）。方形台状墓の奈具1号墓は一部削平されてはいたものの、墳丘長辺21.2 m、短辺11 m以上、高さ1.5 mに達する。残りの2基もほぼ同規模のものであったが、2号墓の第4墓壙から石英片が出土したほか、緑色凝灰岩片もみつかった。奈具岡遺跡において玉作りを統括管理したリーダーたちの墓であったと想像できよう。

註
（1）バイメタル鉄器とは、刃部や剣身が鉄（鋼）で作られており、把部に青銅などを利用するもので、トランスコーカサス周辺では、鉄剣茎部を青銅で鋳包んで把部を造形した銅柄鉄剣が普及した。
（2）弥生時代中期の開始期は紀元前3世紀前半期以前となる。後期は王莽の新が滅亡した後、紀元後1世紀前葉から倭国乱となる2世紀後葉までを3小期（初頭〜前葉・中葉・後葉）に分ける。乱が収束した終末期は、いわゆる庄内甕の成立する庄内1式期から3式期で、公孫氏政権が台頭する2世紀末葉から3世紀前葉ごろに位置付けられる。古墳時代の開始は布留0式古相を前後する3世紀中葉以降となる（岸本 2014・2022、坂本 2022）。
（3）京都府埋蔵文化財調査研究センターでは、弥生時代の管玉穿孔具を学史上から、また磨製穿孔具の形態上の類似から「石針」と呼称した。しかしそののち、管玉穿孔内に「石針」先端部の遺存例が増加した。本書では管玉穿孔用の錐と判断し、「玉錐」とした。
（4）辰砂よりさらに高価だったのが奴婢である。『史記』貨殖列伝、王褒の『僮約』『居延漢簡』などから、奴婢価格については、成人一人、15,000〜20,000銭、籾7,500〜10,000ℓ、青銅器原料50〜70 kg、内行花文鏡50〜70面、鉄原料200〜280 kg、辰砂3〜4 kgなどとほぼ等価であったと推測できるという（難波 2016）。なお、近

年、湖南省長沙市走馬楼から出土した三国時代の簡牘には、生口の記述が多くみられた。それらには一人あたり、およそ 50,000 銭前後で売買されたことが記されていた（門田 2021）。さらに高価になっていたとみられる。倭の生口もそのような価格で対外的交易に利用されたのであろう。

（5）奈具岡遺跡の谷あいの竪穴遺構群からは食料生産のための農業生産具がみられなかった。水晶やガラス、鍛冶にかかわる遺物の少なさから一般住居と想定された区画があるものの、玉作など生産工房といった性格を推測させる遺構が多いことから、「竪穴建物」とした。

第2章
弥生時代後半期の手工業

1. 手工業の専業化と水田稲作の拡大

（1）手工業の専業化にむけて

『文明学原論』に掲載された論考「世界のなかの弥生文化」（中村慎 1995）において中村慎一は、新進化主義人類学を援用した西欧考古学の研究成果を平易に紹介し、弥生時代の倭人社会と首長制社会段階の社会類型との比較検討を行った。伝統的な研究規範をもつ日本考古学のなかで育った弥生時代研究者が新進化主義人類学といった、新たな視点で倭人社会をみつめなおすことを容易にしただけでなく、倭人社会を題材とした比較考古学的研究の進展ともなった。このなかで中村は威信財のやり取りによる首長制社会の進化過程を説いた。舶載された威信財や富の分配が政治的な集権化をもたらすといったJ. フリードマンとM. J. ローランドの研究成果（Friedman and Rowlands 1978）を重視し、特殊な工芸品の製作とともに長距離交易の実情を把握することが弥生時代の倭人社会を理解するために必要であるとした。

また、一方で特殊な工芸品の生産に関しては、専業化（クラフト・スペシャリゼーション）が重要な指標となってくる。V. G. チャイルドは都市革命（The Urban Revolution）の特徴的基準のなかでも、灌漑農耕による食糧の恒常的余剰を経済的基盤とした首長層に支援されたフル・タイムの手工業専業化、とくに金属工芸分野の重要性を指摘した（Childe, 1950）。生産種目やその性格、生産規模・生産能力などはさまざまでも、専業的工人の出現は、生活に欠かせない農業生産から特定の人びとを離脱させることとなった。食糧をほとんど自給

できない工人集団の存在が前提となるため、その食糧を代替して生産・供給する集団との経済的な相互依存性が顕現してくる。もちろん、さまざまな専業化の定義・解釈はあろうが、一般的には、手工業生産者と食糧生産者の相互依存が計画的、かつ恒常的な様相を呈している場合、専業化が進展するということになろう。首長制社会における手工業の専業化と食糧増産はまさにその両輪であり、この相互依存性の統括管理、発展を企図するための管理者の出現もその政治経済的背景として想定せねばならない。狭義の手工業専業化とは、社会のさまざまな文化的・政治的な活動を行う特定の階層やソダリティを成長させることにもつながり、より複雑な社会システムへと変容していくための原動力として理解される。血縁単位集団の生産活動を超えて専業化した手工業生産が、複雑化する首長制社会の指標の一つとも想定されるわけである（Peebles and Kus 1977）。

首長制社会における専業化の実態について、たとえば、E. ブラムフェルとT. アールらは、専業的工人とその組織の存立形態には多様なバラエティがあることを指摘しており、以下の五つの指標を重視した（Brumfiel and Earle 1987; Costin 1989）。

指標（1）製作者の所属（首長やその組織などから独立しているか、あるいは付属しているか）

指標（2）生産・製作される物の性格（生活必需物資〈日常的消費財〉か、贅沢品・奢侈品、あるいはサービスか）

指標（3）専業化の度合い（フル・タイムか、パート・タイムか）

指標（4）生産工房の規模（個人や家内生産規模か、数人の工房、あるいは大規模工場か）

指標（5）製作者あたりの生産量

とくに、工芸品など生産物の製作者・製作集団が独立しているか、首長層や階層的に高位のエリート層に従属、あるいは支配組織に付属しているかによって、生産物の性格に差異があるという点は重視すべきであろう。たとえば、首長などに従属しない、独立した工人であれば、一般的には社会的な要請によっ

て生産物を製作するため、より広い階層、多数の人びとから要求される生活必需物資（原料がある程度偏在している土器や生活道具、あるいは穀物・食糧など）を大量に生産することになる。必需物資の専業生産は人口の増加や人口密度の上昇、市場の発展などによって発生する現象とみられるが、日常的に消費される必需物資の生産が拡大するにつれ、暴力を背景としたような強制力でもない限り、首長層の介入は一部分にとどまらざるをえなくなる。日常的に消費される必需物資の生産・流通・保管を管理する機能が発達したとしても、首長層による独占的な流通・保管管理の可能な範囲は相対的に狭く限られてしまい、管理機構の多極化を生むこととなる。首長制社会においてこのような必需品財政（Staple Finance）を中心とする場合、穀物食糧をはじめとした使用価値・交換価値の高い必需品の大量生産が促されるとともに、それらの流通・保管管理が大きな課題となり続ける。最終的には軍隊や軍事拠点、牢屋など公的強力の強化が首長権限の伸長と密接にかかわるようになると想像できるだろう。

　しかし一方で、首長層やその組織に属した専業的工人は、必需品や食糧などの生活必需財を供給されることとなるかわりに、高位者の要求にしたがって遠隔地の貴重資源を原料とし、限定された特殊工芸品の製作を行わざるをえなくなる。日常的な生活圏を越えた対外的な交易を助長しつつ、威信財を含む貴重財・貴重資源を入手し、付属工房での特殊工芸品の生産にあたるようになる。このような貴重品財政（Wealth Finance）を中心とする場合、首長の権限は対外的な交易の実施とともに、特殊工芸品の生産、保管管理、贈与・分配に及ぶ。このような特殊工芸品は首長たちの地位を示し、宗教的奥義を秘めたきわめて高い象徴的価値を有する装飾品や装具、装身具となる場合が多く、首長たちの宗教的リーダーとしての性格を助長することとなる。

　首長制社会においてこの２種類の手工業は相対的に弁別されるべき経済システムを規定することにはなるものの、現実社会では併存しており、どちらか一方の手工業のみが単独で存立しているわけではない。とはいえ、ある程度は社会の類型とその発展過程を読み取る視座とすることができるのである。

このような視座からすれば、先ほどの指標は遺跡、遺構や遺物などといった考古学的証拠から十分に類推できる場合があろう。実証可能性が高いことから、考古学的に社会進化を推し量るには有意な指標と考えることができる。
　たとえば、指標（1）については、首長層の墳墓や屋敷の周辺に、特定の工芸品の生産を示す設備や製品関連遺物（原料・素材・未成品・失敗品・素材片・屑片、加工具など）の存在を確認することができ、かつそれら生産痕跡が墳墓や屋敷の周囲にのみ限定して分布していれば、工芸品生産への首長層の関与のレベルは高いと判断されることとなり、首長層に付属する生産工房の性格を想定することができる。製品原料を得ることができる資源産地の近辺に首長層の墳墓や屋敷が存在していた場合、資源開発にかかわった首長層の伸長も考慮されねばならない。このため、首長層に付属した専業化手工業の成立の経緯は因果的には説明しえない場合もあろう。また、製品原料がきわめて偏在した金属鉱物などの資源であれば、原料の抽出や素材化の過程において多くの労働力やコストがかかり、資源産地周辺に生産遺構が集中してしまう場合もありえる。その際はそれらの工芸製品が首長層にいかに占有されていたかどうかによって判断することもできよう。上記したように、指標（1）の異同によっては、首長制社会でも専業化する手工業の存立形態や、首長層の経済活動にかかわる認識が異なってしまうことにもなりかねない。
　指標（2）は指標（1）に深く関連し、製品原料・素材、生産された製品そのものによって判断できよう。装飾性の著しい工芸品生産は、当然ながら年齢階梯以外に財・サービス・地位へのアクセスの格差がない平等社会とされるバンド・部族社会レベルの未開社会にはみられず、複雑化・階層化した首長制社会に特有なものである。生産物の性格判断はその対象となる社会の統合形態の階梯にも影響する場合もあるだろう。
　また、指標（3）は製品あるいは、生産残滓から工芸製品の生産量を推し量り、遺構出土遺物やその存続期間から就労レベルを割り出していくことができる。先述したとおり、生産遺跡・遺構における食糧生産具の有無から判断できる場合もあろう。食糧生産具がともなわない場合は、他者・他集団からの食糧

の供給を想定することができることから、食糧生産具の存在比率の低さはある程度、専業化の高さやフル・タイムの職人の存在を示しているとみてよい。また、生産具が専用工具か、生活道具の転用品であるかどうかにも留意すべきであろう。

　指標（4）については、さまざまな考古学的方法によって生産遺構の規模、存続期間を推定することが可能となり、おおよその把握はできよう。

　指標（5）については、たとえば当該生産にかかわるテキストがなく、考古学的な調査のみによって判断することは、現実的にはかなり難しい。指標（3）に関連して生産量の総体を想定し、指標（4）にある生産遺構の規模・存続期間から製作者一人あたりのおおよその生産量を割り出していくほかはなかろう。

　このほか、文化的には脈絡をもたない 53 の未開社会からの専業化にかかわる民族誌（HRAF：The Human Relations Area Files）のデータを分析した J. クラークと W. パリーの通文化的研究では、首長層に付属、あるいは首長層が支援する専業化した工芸品生産は、社会の階層化や政治的統合との間に最も強い相関関係があるという結果をみることができる。社会集団の人口密度や規模、農業生産への依存度については、その次に相関性がみられる事象でしかなかった（Clark and Parry, 1990）。仔細にみれば、首長層に支援された専業生産は、じつは単純な農耕社会あるいは単純な階層しかもたない首長制社会でも出現するものであった。しかし、装飾性の著しい工芸品生産は政治的にも複雑化した首長制社会との相関が高いことが推察された[1]。また、フル・タイムの工人を抱える大規模専業生産は、とくに高度に複雑化、階層化した国家段階の社会や都市、あるいは集約化された農耕社会にのみ出現するといった結果になった。

　なお、G. ファインマンらの、アメリカ大陸における首長制社会の通文化的研究によると、立派な墓や屋敷とともに一般の人びととは異なる装身具を身につけることこそが、首長を含めたエリート層を表象、表現する有効な手段であったことが指摘されている（Feinman and Neitzel 1984）。首長の装身のためには装身具となる貴重な資源やその交換財が必要となり、それらを入手し、

その生産を統括・管理するためのある種の規制が前提となる。結局、装身によって社会的身分が表象されるためには、ある程度専業化され、管理化された生産組織が必要になってくるのであろう。このような装身による身分表象は、軍事的な強制力や法体系をもたない首長制社会にあっては、首長の権限行使の正当化や、その威信体系の維持、階層性の顕示のためには必要欠くべからざるものであったことは想像に難くはないだろう。

以上の理解からすれば、上述の奈具岡遺跡の玉作りは地域首長層の指揮下で運営された、かなり専業性の高い特殊な工芸品生産の実態であり、そこでは地域首長の装身にかかわる重要なステータスシンボル（社会的地位を示す外表的な所有品）が作り出されていたことを追認することができる。おそらくは一定期間フル・タイムに近い生産活動があったと推測できる。第7・8次調査で生産が確認された水晶製勾玉・棗玉、小型算盤玉・小玉、ガラスの2次製品などは丹後地域を離れ、遠隔地の首長層との交流・交易に供されていた可能性が高いことからも、まさに首長層の貴重品財政による経済的基盤の伸長をみせるものであったとみてよかろう。

（2）水田稲作の進展と銅鐸祭祀

日本列島では、縄文時代から雑穀やクリ、マメ科など食用植物の馴化育成・栽培の痕跡を見出すことができる。雑穀をはじめとしてさまざまな植物の利用が開始されていた。食糧源がきわめて多様性に富んでいたのである。この点についてはたんに植物質食糧だけの現象ではなかった。著者らが参加した広島県北東部の帝釈峡洞窟・岩陰遺跡群の発掘調査では、縄文時代草創期から後期にかけて、食糧とされた動物骨が遺存していた。帝釈峡遺跡群は吉備高原の西端、古生代の石灰岩地帯にあり、強アルカリ土壌になる縄文時代の包含層をもつ。そのため、更新世以来の動物骨が良好に遺存しているわけである。調査ではニホンイノシシ・ニホンシカ・カモシカだけでなく、ニホンザル・タヌキ・キツネ・アナグマ・テンなど身近にいた多くの哺乳動物を日常的に捕食していたことがわかる（広島大学大学院文学研究科考古学研究室編 2012）。複雑化し

た狩猟採集社会（Complexed Hunter Gatherer）の進化的階梯とみなされる縄文社会では、網羅的な食糧資源を認識し、それらを獲得するために捕獲対象となる動物の行動にかかわるさまざまな知識を前提とした高度な狩猟活動が展開されていた。そして、このような発達した狩猟技術による食糧獲得活動や食糧の加工・保存処理技術が農耕文化を受け入れるセーフティネットとしての経済的基盤とみられるわけである。

　縄文時代晩期後半期、あるいは弥生時代早期となる刻目突帯文式土器の盛行期までには、韓半島南部から畠作・水田稲作が九州北部に伝播した。水田稲作は炊飯に耐えうる土器製作技術や磨製石器製作技術、環濠集落による生活規範、松菊里型住居の建築技術、支石墓や独自の木棺墓などとともにもたらされており、その文化的影響はきわめて著しかった（端野 2018）。縄文時代の狩猟文化・精神生活などにおける行動規範さえも変革するものであったと想像することができる。だが、これらの総体的な文化的影響は、AMSによる炭素14年代測定技術の進歩により、西日本でもかなりの時間を要して拡がっていったこともわかってきた（藤尾 2011）。帝釈峡遺跡群でも弥生時代の包含層があるように、西日本の山間部地域では、縄文社会の自然環境にもとづいた生活文化と融合しつつ、食糧獲得技術が変革されていったとみてよい。第1章第3節でみたように、弥生時代中期後葉の奈具谷遺跡では、取水施設にトチノミの集積が検出され、アク抜きのための水さらしなどの食糧加工を行なっていた。このことは引き続き、森林資源の活用とともに縄文時代からの食糧加工技術が継承されていたものとみることができよう。

　このような経緯をもつ弥生農耕文化ではあるが、遺跡からみつかるイネと雑穀類の比率をみると、イネの遺存比率が著しく高くなっていく。韓半島の農耕文化と比べても、水田稲作にのみ重点が置かれ始めたとみるしかないようになってきた（設楽 2009）。近年、奈良県御所市秋津遺跡と南接する中西遺跡において、弥生時代前期の水田稲作遺構 40,000 m^2 が確認された。その後、中期から後期にまで、水田稲作遺構はきわめてながく存続していた実態も明らかになってきた。水田域内の流路において検出された合掌組みの井堰からは、周辺

一帯に水田域がさらに広がっていたと推測されている（岡田・絹畠編 2021）。岡田憲一らによると、広域に展開した水田には涵養地が含まれており、頻発する洪水からの作物被害を最小限にするために、休耕地をつくり、耕地を分散する水田経営が実施されていたという。大規模な食糧生産を実現しつつ、自然環境や気候による危機管理を組み込んだ堅実な運営体制を構築していたようにみえる。その後も畿内中枢域（大和地域）では、水田稲作が進展していき、地域集団の構成員の拡大とともに分村しつつも、自然災害に対峙する強いリーダーシップが発揮され、大規模な穀物生産とその管理を中心とした経済的基盤を創り出していったことを想像させるのである。

　東日本でも、弥生時代中期中葉以降の集落遺跡の分析から、水田稲作への依存度がきわめて高くなっていたと想定されている（安藤 2009a）。中期以降、稲作耕地では、近くに水源と涵養地を確保し、微傾斜地における小規模畦畔を形成する小区画水田を拡充させていた。一部畠作で補完した農耕経済的基盤を形成して、人口収容力を増大させていた社会状況を想定できる。灌漑と微傾斜地の造成だけでなく、自然災害を前提とする水田経営には、集約的な労働力の投入が必要となる。季節的労働力を生み出すための集団構成員の編成から、農耕労働集団とともに水田自体の管理が常態化することになり、さらには定住化をも促すこととなった。灌漑型水田稲作を主体とした農耕社会の進展は、不可逆的な拡大再生産を維持・統率する仕組みが必然となる社会進化へと向かっていったわけである。

　水田経営と銅鐸　安藤広道は水田稲作中心の生業システムの成立によって、人口の急激な増加が引き起こされ、大規模集落群の出現に至ったとした。そのなかで水田経営を拡大することによって、自然の超克を志向する不平等原理あるいは直線的な時間意識にもとづく世界観の形成が相互に絡み合いながら展開したことを指摘した（安藤 2009b）。たとえば、それは銅鐸絵画、とくに雄鹿の狩猟や男女の生業、水鳥と水棲生物の捕食関係といった絵画のモチーフにもみることができよう。このようなモチーフからは、自然に対する人間、とくに水田を経営する男性集団の優越を強調するイデオロギーが形成されていったと

説明される（佐原編 1997）。銅鐸はまた、水田稲作の生命たる稲魂や穀霊などといった稲の成長を促す精霊の収納器であり、かつ鐸身内の舌を使って雷鳴（稲妻）のような金属音を鳴らし、稲の生長を促す音響効果を演出する青銅祭器と想定されている。近畿地方を中心にして水田稲作の農耕祭祀にはなくてはならない青銅器物であったといえよう。実際、弥生時代中期、畿内中枢域では水田経営による余剰資源を利用して、華北地域からの青銅原料を入手し、銅鐸製作とその農耕祭祀に専心していたのである。共同体的規制のもとで水田経営にかかわる人びとの集団祭祀によって対内的に完結する儀礼行為であり、決して首長権限の伸長に直接的に結びつくわけではなかった。しかし、大規模な穀物管理を中心とした地域首長の経済的基盤の形成には、やはり欠かせない集団祭祀であったとみることができる。

　さて、水田稲作の農耕祭祀にはなくてはならない銅鐸であったが、中期末葉から後期初頭にはこのような、いわゆる「聞く」銅鐸は一斉に埋納され、あらたに「見る」銅鐸が製作され始めた。福永伸哉は、この種の「見る」銅鐸は近畿地方周辺から東海地方にまで拡がり、首長層のネットワークを形成したという。とくに対外的交易によってもたらされる情報や舶載品のやり取りのために、再度、作り直され、近畿地方首長層のシンボルを表象する新たな青銅祭器に生まれ変わったと考える（福永 1998）。これまでのような雷鳴を演出する音響機器ではなく、首長層の政治的権威を示し、周辺地域への贈与によって首長間の同盟関係をも表示する政治的役割を帯びた青銅器物へと変容したのである。以前のような農耕祭祀にかかわる青銅器の形態を継承していることについては、首長の宗教的権威の正当性を保証するものとみており、おそらくはその正当性が水田稲作を基盤とした計画経済の維持・管理に由来するものであったというわけである。巨大化した青銅祭器による儀礼・祭祀は九州北部地域を中心とした武器形祭器の埋納祭祀にも共通していた。弥生時代中期後葉から後期に至り、これらの青銅祭器はさらに大型化を遂げたものの、首長権威の発揚といった側面については、やはり少なからず限界があった。青銅祭器を儀礼資源とした共同体祭祀とその贈与は弥生時代の終焉まで引き続いたが、銅剣・銅

矛・銅戈型祭器や近畿式銅鐸、あるいは三遠式銅鐸などといった青銅祭器は古墳時代にまで引き継がれる造形とはならず、そのモチーフさえ継承されはしなかった。一方で、南海産貝輪の造形・モチーフは青銅や碧玉などに材質が替わりつつも、前期古墳の副葬品に継承される意匠となっていった。

　要するに、これらの青銅器祭祀を止揚し、あらたに対外的交易にかかわる首長層の関与を大幅に推進していく契機となったのが、日本海沿岸域の地域首長たちの経済活動であったとみることができる。山陰地方では弥生時代後期以降、すでに青銅祭器の埋納は行われなくなっていた（岩永2010）。そのかわり、水田稲作農耕が生み出す余剰生産を石製装身具生産に振り向け、対外的交易に費やす経済戦略を選択した。山陰地方において発展した方形貼石墓や台状墓、初期の四隅突出型墳丘墓の被葬者となった地域首長たちは、水田稲作農耕の経営に関与はしつつも、農耕祭祀に偏るわけではなく、装身具など特殊工芸品の生産管理を行い、対内的交易によって交易原資を蓄え、遠洋航海のための準構造船の建造にも注力したのである。

　弥生時代の港湾集落、鳥取県青谷上寺地遺跡では、大量の卜骨が出土した（河合・水村ほか2010）。青谷上寺地遺跡の首長層は対外的交易にかかわる判断を任されており、卜骨によって渡海の神託を得たと想像することができる。『魏志』倭人条にある「持衰（じさい）」のような性格を帯びた人物の存在も想像できよう。中国大陸や南洋に向かい、対外的交易に成功すれば、生口や財物がもたらされることになったのだろう。遠隔地との海上交易を司るために外部環境やその情勢にも鋭敏に対応しつつ占術を得意とし、呪術的能力を発揮して神聖性を帯びたリーダーに成長していったのかもしれない。

2. 鉄器の普及とその保有形態

（1）鉄器・鉄素材の流通

　第1章第1節で述べたように、鉄器使用の開始期は弥生時代前期後葉に降る。戦国時代の鋳造農具が舶載され、その破片の再利用が始まる。その後、中

期後葉までには日本列島独自の鍛造鉄器が出現してくる。後期中葉には、鍛造鉄器の製作技術は西日本一帯に拡がる。さらに後期後葉以降、北陸から関東北部にまで浸透していった。鋳鋼素材の供給量は相対的に低減するが、それでも一定程度は継続して輸入され、山陰・北陸地方の玉作りなどに供給された。このほか、韓半島でも直接製鋼技術で生産された塊錬鉄を原料とした低炭素鋼が出回ることになる。弥生時代後期には、このような加工しやすい低炭素鋼や軟鉄素材を入手して鍛造鉄器が製作された。拙い鍛冶加工技術しかなくとも鍛造鉄器が各地に浸透、定着していった時期であった。

　これらの鉄素材・鉄器の輸入量が増加するには、九州北部地域における対外的交易の発展が必要であった。玄界灘に浮かぶ壱岐島にある長崎県原ノ辻遺跡では、中国や韓半島のさまざまな金属製品が出土する。壱岐島から九州北部の湾岸地域には、中国大陸東北部や韓半島からの対外的交易による物資の流通、とくに金属資源が流入する交易の中継地点が形成されていくこととなった。

　『魏志』韓伝弁辰条に「國出鐵韓濊倭皆従取之、諸市買皆用鐵如中國用錢」とあることから、倭韓の交易では、おもに韓半島南部の弁韓の地（加耶地域）で産出された鉄を倭が独自に入手していたことがわかる。中国の銭のように鉄を用いていたことからすれば、日常的に鉄と対価物との交換を行っていたのであろう。『魏志』倭人条に「乗船南北市糴」とあるように、倭韓の間では日常的な航海によって米などの穀物がもっぱら交易されていたとみられる。のちの時代から推測すれば、各種絹製品や船材も対価物とされていたのかもしれない。弥生時代後期中葉から後葉にかけて、日本列島における鉄の出土量が跳ね上がっていくことからすれば、倭韓交易の発展は倭人たちの鉄資源の入手にも起因していたとみることができる。穀物などの生活必需物資がその対価として支払われ、日本列島に大量の鉄素材が流入していったのだろう。

　しかし一方で、壱岐島からは九州北部だけでなく、山陰地方や近畿地方各地の土器も出土することから、西日本の各地から直接交易を行う人びととの往来があったことを知ることができる。辻田淳一郎は弥生時代後期から終末期、九州北部地域から東方、西日本への青銅鏡の流通や拡散について、「水先案内モデ

ル」を提唱した（辻田 2019）。このモデルは瀬戸内海以東の各地から派遣された人びとが、九州北部地域の有力集団を介さずに、日ごろ玄界灘近辺を航行する海人集団を水先案内人として加耶地域から西海岸沿いに楽浪・帯方郡へとおもむき、青銅鏡を入手したあと、地元に持ち帰るような交易の様子を示している。二郡では、鋳鉄焼鈍製品や鉄製刀剣、定型化した鉄素材などの入手も想定できそうだ（李・武末 2023）。

なお、辻田は青銅鏡の拡散については瀬戸内海を介した流通を想定しているが、鉄素材や鉄器、鉄製刀剣の場合、その出土地から推測すれば、日本海沿岸域を東行・北上する地乗り航路の方がより重要な移動ルートであったかと思える。海底地形の起伏と潮汐のため、潮流が複雑に入り組み、渦潮を生む瀬戸内海は、たとえ地乗り航路であっても当時の準構造船で航行すること自体、かなりの危険を覚悟せねばならなかったろう。それからすれば、大陸棚となる日本海沿岸に沿い、比較的緩やかに北上する対馬暖流に乗る日本海沿岸ルートの方が、準構造船での航行には適していたであろう。島根半島や丹後半島周辺をはじめとした潟港には、数々の難所があるものの、日本海沿岸の地乗り航路の重要な停泊港となった。

先ほど述べたように、弥生時代後期中葉以降は西日本だけでなく、北陸地方や中部地方を介して関東地方にまで鉄素材が流入していった。日本海沿岸域の玉作りには鉄製楔・鏨や鉄製玉錐などの加工具、関東地方では鉄製短剣や鉄釧、中部地域でも鉄釧の出土例が際立ち、その地域的様相も明らかとなってきた。日本海沿岸域の玉作りに利用された鉄素材には、鋳鋼・高炭素鋼素材が含まれると想定されるが、中部・関東地方でみられた剣身の薄い短剣や螺旋状鉄釧などには、低炭素鋼や軟鉄素材が使用されていたとみられる。まったく異なる鉄素材の供給が意図的に行われていたと想像することができるだろう（野島 2023）。このような鉄素材の性能差も含んだ地域性の発現からみれば、やはり九州北部地域において、対外的交易を掌握した一部の有力集団によって独占された鉄素材が一括して列島東方に供給されたというわけではなく、辻田のいうような水先案内モデルに近い状況での鉄資源の入手機会があったかに思えるの

である。

　またこれとは別に、九州北部の東方周辺となる瀬戸内海地方では、鉄器出土量が「西高東低」となる傾向が終末期にいたるまで一貫してみることができる。瀬戸内海西部地域では、九州東部地域との日常的な海上交易による物資の流通が想定できることから、隣接した集団との交易を通した鉄素材の入手機会が増加していったのであろう。おそらく鉄器・鉄素材の長距離交易とはやや異なり、隣接した瀬戸内海西部各地のチェーン・トレード（交易の連鎖）による鉄素材の入手も行われていたとみることができる。現状の鉄器出土状況から大局的にみれば、九州北部の水先案内モデルを中心として、さまざまな金属物資の流通・交易が組み合わさっていたと想定する方が実情にみあっていると思われる。

　鉄素材の入手に関しても地域差の著しい普及状況を勘案すれば、鉄製武器や農工具など各種鍛造鉄器が導入された社会的背景は地域によって異なっていたようだが、鉄器普及の社会背景を推察するためには、鉄素材や鉄器がどのように入手されていたのかを推察することも重要であろう。

　その際、まずは鉄素材や鉄器の入手が地域首長の交易能力に差配されていたのか、あるいは日常的な近隣集団との交易の連鎖によるものなのか、またそれらは貴重品だったのか、それとも消耗品だったのかについて推察することにしたい。それは、社会的に優劣のある住居跡からそれぞれ出土する鉄器・鉄片の数量や器種組成比率の比較によってある程度明らかにすることができるだろう。出土した鉄器・鉄片がどのような財であったのかを間接的に推測してみよう（Hirth 1998）。

　複雑化した首長制社会においては、立派な屋敷が首長層を表現する一般的な手段であったことは、第2章第1節で述べたとおりである。よってたとえば、社会的格差があるとみられる2種類の住居跡から出土する特定の遺物の出土量や組成比率に格差が認められないのであれば、この遺物は「市」を介して入手されたか、あるいは日常的に使用・消費されていた一般的な財と認識することができる。それに対して、出土量や出土比率に一定の格差が認められるなら

ば、より上位の社会階層を中心に占有されていた貴重財としての性格を推測することができる。遺物自体やその出土状況、分布状況からも日常的な生活にかかわる消費財であったのか、いわゆる貴重財とすることができるのか、流通した財の性格を想定することは可能であろう。さらには、地域的首長の政治・経済的基盤の伸長がどのようになされていったのかを想定する一助とできるかもしれない。この点について、まず実際に九州北部地域と中国地方の鉄器出土事例を確認しておきたい（野島 2010）。

（2）九州北部地域における鉄器保有

　筑前地域から一部筑後地域を中心として鉄器出土量はかなり充実しており、潤沢な鍛造鉄器の流通・消費が実現していた。福岡市周辺域の宅地開発や幹線道路の建設などによって大規模調査が引き続き、弥生時代の集落遺跡の調査成果も蓄積されることとなった。ここで取り上げる筑前地域の筑紫野市以来尺遺跡、筑後地域北端の小郡市三沢栗原遺跡は、九州北部の中枢域とはいえないが、弥生時代後期を通して集落が営まれ、竪穴となる住居遺構の遺存状況が良好で、かつ竪穴住居の重複が少ない。先述したような住居建物の優劣（住居規模とする）によって出土量の比較をする場合、どうしても住居跡全体の遺存状況が良好でないと、集計結果が信頼できなくなることから、この2遺跡を選択した。

　さて、以来尺遺跡（秦編 1997）の住居別鉄器数および器種組成の集計をみてみよう（図9）。対象住居数76基、住居平面形はすべて方形になる。住居規模（掘形規模）は長辺3.70 mから9.62 m、平均6.14 mとなる。方形住居の規模を示すグラフは緩やかな逆「S」字状を呈しており、長辺4 m前後の最小規模住居とともに、長辺8 m以上となる最大規模の方形住居も存在していることがわかる。長辺6 m前後の平均的住居のなかでは、このような大型住居が視覚的にも注目されやすい状況にあったと想像することができる。ほかとは異なる首長層の大型方形住居である可能性が高い。しかし、住居規模によって鉄器出土数が左右されたわけではなさそうである。むしろ、住居規模とは関係な

く、鉄器・鉄片が出土する傾向があるようにみえる。出土した鉄器・鉄片の総数は29点、住居ごとの出土点数はそれぞれ1～2点程度、多くても4点しかないものの、鉄器器種は多彩である。また、以来尺遺跡では鉄鎌が7点と突出しているが、これらが大型方形住居から出土するといった傾向もみられない。

もう一つ、三沢栗原遺跡（片岡編 1985）では、対象住居32基、住居平面形はやはりすべて方形になる。方形住居の長辺は2.97mから9.00m、平均5.92mと以来尺遺跡の住居規模とそれほど変わらない。鉄器・鉄

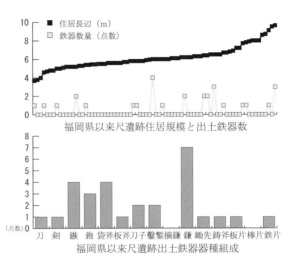

図9　福岡県以来尺遺跡住居規模と出土鉄器の集計

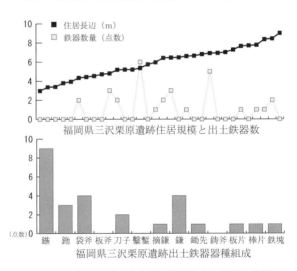

図10　福岡県三沢栗原遺跡住居規模と出土鉄器の集計

片出土総数は27点である（図10）。ここでもやはり、住居規模と鉄器出土数との間に明確な相関関係は認められない。

弥生時代後期には、九州北部地域の各集落において鉄刃農具をはじめとした

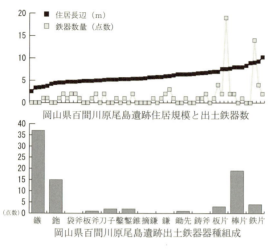

図11 岡山県原尾島遺跡群住居規模と出土鉄器の集計

各種鉄製農工具が保有される。しかし、ほかの集落遺跡からみても、大型住居からの鉄器数が群を抜くような出土状況にはない。また、大型住居に大型鉄斧や鉄刃農具などが集中するものでもなかった。このことから九州北部の集落では、構成員の社会的地位によって鉄器の保有に著しい格差をみることはできないといえるだろう。しかし、九州北部地域では、竪穴住居から鉄刀や鉄剣、あるいはガラス製小玉が出土することさえ珍しくはないが、これらの遺物は平均以上の規模となる大型住居から出土する場合が多い。やはり、鉄刀や鉄剣は鉄製農工具などとは異なる手段によって入手された、異なる交換領域の財であったことを示唆しているともいえよう。また、このようなかなり多くの貴重財が集落跡から出土すること事態、鉄製刀剣やガラス製玉類の供給量が、日本列島のなかでは抜きんでて豊富であったことを推測させるのである。

(3) 山陽地方における鉄器保有の様相

　山陽地方では、備前地域岡山市百間川遺跡群原尾島遺跡において、後期の住居調査例が蓄積されている（図11）。原尾島遺跡では住居57基を対象とした。住居平面形は円形と隅丸方形が混在しており、円形から徐々に隅丸方形へと変化していくが、大型住居は、ほぼすべて円形である。住居規模は長辺・長径2.53 mから10.24 m、平均5.92 mとなる。鉄器・鉄片出土総数も84点とかなり多い。百間川後期Ⅱ期からⅢ期にかけて出土鉄器数が増加し、Ⅳ期では6

割近くの住居から鉄器が出土した。長径が 7.0 m を超える大型円形住居では、51 点の鉄器・鉄片が出土した。村落内の階層上位者が鉄器流通に関与していたと想定することができる。村落内の階層構造の維持のために、かなり小規模な住居にも鉄器がもたらさ

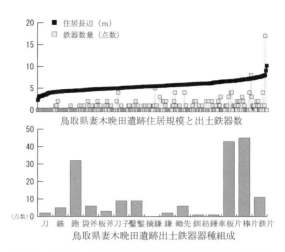

図12　鳥取妻木晩田遺跡群住居規模と出土鉄器の集計

れていたとみてよかろう。ただし、鉄鏃や鉇が主要器種となり、鉄刃農具の出土はほとんどみられないことから、やはり貧弱な器種組成といわざるをえない。山陽地域では、大型鉄器が少なく、鉄鏃や鉇などといった小型素材から加工できる鉄製品しか普及しない。素材の供給量が九州北部地域に比べて少なかったために、逆に鉄器自体の稀少性は増していたものと思える。

（4）山陰地方玉作遺跡における鉄器普及

　山陰地方では近年、調査事例が蓄積されている鳥取県伯耆地域の集落を中心にみていく。まず、大規模な弥生集落として注目された鳥取県米子市・西伯郡大山町妻木晩田遺跡（松本哲編 2000、岩田文・岩田珠・植野編 2000）をみる（図12）。対象とした住居288基、住居の規模は長辺・長径が2.30 mから10.15 m、平均5.52 mであった。出土鉄器・鉄片の総数は175点となる。後期を通して住居平面形は円形から徐々に隅丸方形、方形へと変化していくようだが、大型住居では円形とともに隅丸五角形など多角形のものが混在し、小型住居は方形となる。妻木晩田4期から鉄器が出土するが、9期以降、住居の増加とともに鉄器も急増するようである。鉄器・鉄片は小規模な住居からも出土

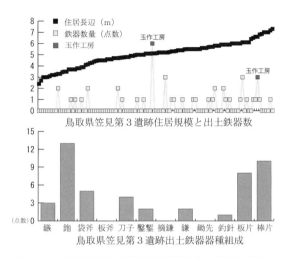

図 13　鳥取県笠見第 3 遺跡住居規模と出土鉄器の集計

するが、平均以上の住居規模になると、2 点以上の鉄器・鉄片をもつ住居が増加する。長辺・長径が 7.2 m 以上になると、各住居で鉄器が頻繁に出土するようになり、さらに 4 点以上の鉄器をもつものが目立つようになる。住居規模別出土点数において緩やかな格差と序列を読み取ることができる。瀬戸内海地方よりも器種は多彩であるが、その総数は決して多くはない。鉇などが主要となるほかは農工具などの出土数はかなり少ない。むしろ、板状あるいは棒状の鉄片の出土数がかなり多くなっていることがわかる。このなかには玉作りや木器製作に利用されるような、小型の鉄製工具が含まれているものとみることができる。

　山陰地方では、玉素材を加工して装身具を製作した竪穴建物「玉作工房」が集落内に少なからず認められる。鳥取県東伯郡琴浦町笠見第 3 遺跡では、碧玉や緑色凝灰岩、水晶などを素材とした玉作りを行なった竪穴建物から、玉作用に利用されたと思われる棒状の鉄製工具（棒状工具）や鉄製玉錐が出土した（図 13、牧本編 2004、湯村・高尾・大川ほか 2007）。同町久蔵峰北遺跡でも、小型建物に玉工房とされるものがある（小山・野口・長尾ほか編 2004）。大型建物にも、玉素材を分割する際、楔として利用されたと思われる棒状工具や鉄製玉錐が出土しており、玉作りが行われていたことがわかる。後述するように、辰砂を粉末化した石杵も出土しており、貴重財の複合的な生産活動の痕跡も見受けることができよう。両集落では装身具玉類の加工製作に小型鉄器が投入されていた。山陰地方では鉄器出土数の多寡に、住居・建物規模とは異なる

要因が入り込むことになる。

（5）弥生時代後期における鉄器普及

　ここまで集落内において、鉄器がどのように保有されていたのかをみてきた。今回の分析は、大型住居には村落内の階層上位者が居住していることを前提とした。大型住居の居住者の社会的地位が想定とは異なれば、今回の集計結果は的を射ないものとなる。しかし、これ以外にも 30 基以上の住居が調査された集落遺跡における鉄器出土状況からすれば、地域ごとにほぼ同じような傾向をみることができるとわかってきた。集落内の住居・建物規模からみた出土鉄器の偏在状況からは、おおむね以下のような鉄器保有類型の分類を行うことができる。

　A 類：大型住居（建物）に鉄器が偏在する（首長層や村落内階層上位者などによる鉄器の占有あるいは分配が想定される場合）。

　B 類：大型住居（建物）に鉄器が偏在しない（首長層や村落内有力者などによる鉄器の占有が想定できない場合）。

　C 類：住居（建物）規模とは別に、工芸品の生産を行なう住居に鉄製工具等がともない、加工製作に鉄器が利用されたと想定できる場合。

　九州北部地域では、首長層の顕現と地縁的結合をもつ農業共同体の成立後、さらなる可耕地開発のために独自に低炭素鋼を使って鉄刃農具を作り出すにいたったとみることができる。一般的な集落における鉄器保有類型は B 類が主体となる。九州北部地域では鉄刃農具などが貴重財として贈与交換に供されていたわけではなく、また首長層や村落内階層上位者の人びとによって独占されていたわけでもなかった。おそらくそれらは九州北部中枢域の各地の「市」から供給され、拡散していった耐久消費財と認識することができよう。

　山陽地域では、弥生時代後期中葉ごろまでには瀬戸内海沿岸各地の集落で鉄器が普及するが、鉄鏃と鉇を基本としてその組成には共通性が高い。鉄器・鉄片の供給量は九州地方と比較するとやはりかなり少ないことからも、村落内階層上位者によって分配された可能性が高いようだ。鉄器保有類型は A 類が主

体となる。山陰地方と比較しても、村落内上位者でさえ刀剣などの威信財鉄器の入手は容易ではなかったとみられる。九州北部地域から瀬戸内海を介した小型鉄素材の交易の連鎖が頻繁となり、小型鉄器の入手機会が増加したと想定できる。

　山陰地方では、各地の集落で鉄器が普及するが、その器種は山陽地方よりも多彩である。鉇を基本とするものの、不明鉄器や棒状あるいは鑿・錐状の小型鉄器が多数出土する傾向がある。鉄器保有類型ではA類が主体となるものの、のちにC類が出現してくる。先述したように、玉作りを行なった工房に小さな鉄器・鉄片が出土することから、これらは石製管玉を主体とした装身具など特殊工芸品の生産に使用された鉄製工具とすることができる。九州地方や山陽地方とは異なり、装身具の生産に鉄製工具が投入されていた実態を看取することができよう。このC類の鉄器保有についてさらに多角的に見定めるために、第3節において、弥生時代後期における玉作り技術の変容について確認し、第4節において、鉄器の導入と手工業生産の複合化にかかわる具体的様相について把握しておきたい。

3. 管玉生産の変革とガラスの2次生産

(1) 弥生時代後期の管玉作りとその分布状況

　玉作りには、玉の原石素材となる糸魚川産翡翠や北陸・山陰地方の碧玉といった半貴石だけでなく、四国地方東部周辺の紅簾片岩やサヌカイト、玉髄・珪化木・砂岩などをはじめとした加工具の石材も必要であった。石製玉生産は、当時の日常的な生活圏を越えた列島内遠隔地との対内的な交易を通した原料・素材の獲得が前提となっていた。弥生時代後期には、北陸西部からの碧玉素材の供給が滞り、その流通量が減衰したことから、韓半島の碧玉（未定C群）が断続的に流入するものの、大局的には緑色凝灰岩による管玉生産に移行していった。紅簾片岩製石鋸による施溝分割はみられなくなり、加工具の多くは鉄製ハンマーや、間接打法で使用する不定形な鉄製楔・鏨へと移り替わっ

た。管玉の穿孔には、鉄製玉錐が使用され始めた。山陰地方では布勢技法、北陸地方では加賀技法といった鉄製工具を用いた石製管玉加工技術が普及した（寺村 1980、清水 1982、寺村編 2004 ほか）。原石の分割、素材加工にかかる手順と工程、列島内での加工具石材の入手が省力化されたかわりに、鉄素材、それも夾雑介在物が少ない鋳鋼など、高炭素鋼の入手に腐心することとなったといえる。

　後期以降、山陰出雲地域では碧玉原料の開発・供給がなされ、しだいに暗濃緑色の花仙山産碧玉が供給されるようになってきた。後期後葉新相から終末期前後になると、水晶製丸玉・小型算盤玉・小玉などの加工生産が九州北部、伊都国に移殖されるにいたった。いずれも鉄製工具を導入したのちの玉作り技術の動向として特筆すべきところになろう。まずは鉄製工具についてみていこう。

　鉄製工具の導入　弥生時代中期末葉から後期になると、鉄素材の供給量が増加し、鉄製楔・鏨や鉄製玉錐などといった鉄製工具に置き換わっていく。これまで日本列島内に偏在した玉素材や加工具石材の原石を取り寄せ、難渋な作業を繰り返した加工工程を抜本的に改革し、砂岩の筋砥石以外は鉄製工具による分割加工を中心に行うようになる。さらに、日本海沿岸域にガラス製玉類の流入が継続する時期でもある。とくに丹後地域ではカリガラス製小玉の流入が著しくなる。水晶製小型算盤玉の生産拡大はこのようなガラス製品の流入とも関連しているのであろう。

　最も古い段階で鉄製工具を使用したのは、丹後半島の奈具岡遺跡である。先述したように、碧玉・緑色凝灰岩や水晶、ガラスなどの原石・未成品・失敗品・剝片類をはじめとした膨大な玉素材・原料などとともに、玉錐・石鋸・筋砥石などの石製加工具が出土した。くわえて鉄製工具類や工具未成品も多量に出土したが、鞴羽口や鍛冶炉の存在から玉作り用の鉄製工具の加工も集落内で行われていたことがわかった。このような鉄製品のなかには、夾雑介在物の少ない銑鉄を焼鈍した鋳鋼素材、鋳鉄脱炭鋼がみつかっている。拳大ほどの水晶結晶体からわずか 6 mm 以下の小さな玉を加工する際に、鋳鋼素材で作られ

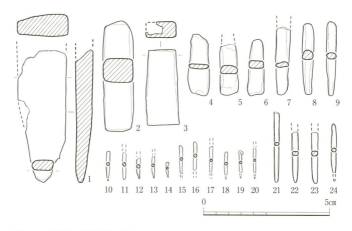

図14 玉作り用鉄製工具（1-3. 塚崎遺跡第1号竪穴　4-24. 林・藤島遺跡泉田地区）

た鉄製工具が利用されていたのである（大澤1997）。

　奈具岡遺跡の水晶製玉作りで復原される加工方法は次のようになる。すなわち、水晶や石英塊の結晶境界や不純物が嵌入した部分を打割除去し、直方体の素材石核を整形する。その長辺を左右から交互に打割して板状剝片を作り出し、それを縦方向に分割して長い角柱体と楔形剝片を量産する。前者は調整剝離を加えて多角柱体に整形する。さらに研磨整形した多角柱体を算盤玉の規格に輪切りして穿孔し、直径3〜6 mm程の小型の算盤玉数個を作り出す。後者の楔形剝片は、打面側を切り離して調整剝離を加えて穿孔し、直径3〜4 mmほどの算盤玉1個に仕上げる。このような玉作りの工程に各種鉄製工具が使われていた。断面長二等辺三角形の鉄塊や先端がやや細くなる板状工具は、水晶結晶体を分割する際に、楔として使われた（図14-1〜9に相当）。小さな棒状工具は、角柱体の調整剝離に使われたものと思われる（図14-21〜24に相当）。これらの棒状工具の多くは尖った先端部が緩く曲がっていた。基部側を叩いて使用したものもみられることから、穿孔前の導孔のポンチとして使用されたものもあったと想定できる。しかし、中期後葉の段階までは穿孔具となる鉄製玉錐（鉄針）はみいだせず、引き続き、穿孔には安山岩や碧玉の磨製玉錐

が使われていた。鉄製工具はまず、水晶製玉作りでも、水晶や石英塊の分割や整形に利用され始めたといえる。その後、鉄製玉錐の製作、使用へと鉄素材の利用がさらに進んでいったのである。

玉作技術の変容　弥生時代後期中葉までには、直径1mm以下の鉄針状の鉄製玉錐が製作され、穿孔具として使用された（図14-10～20）。現在は錆化して出土するため、やや太く感じるが、当時はかなり細かったと思える。透過画像でも金属鉄の遺存が認められず、本来の直径は厳密にはわからない。加工の具体的な方法について復元するのは難しいが、このような鉄製玉錐の鍛冶加工には、炭素量が多くて硬い鉄鋼素材が必要となったのは間違いなかろう。その加工には新たな鍛冶技術の投入があったとみられるが、玉作り同様に研磨を繰り返した工程もあったであろう。片面から穿孔し、細い漏斗状の穿孔形状を残した。磨製玉錐の穿孔にあるような回転擦痕はまったくみられない。水晶製算盤玉や碧玉製管玉の穿孔裏面（貫孔面）には、浅い割れ円錐がみられる場合が多い。ただし、後期になっても、ガラス製管玉や水晶製小型算盤玉のなかには、石製の磨製玉錐を使用して穿孔したと想定できるものもあり、磨製玉錐も引き続き存続していたようである。

玉作遺跡の分布状況　先述したように、濃緑色系の石製管玉の生産を中心とした玉作遺跡の分布状況は、中期段階とは大きく異なる変動をみせたことがわかる（図15）。これまで、玉素材の原産地を中心に山陰地方と丹後半島、北陸地方南部、佐渡島と近畿地方琵琶湖南部周辺に広く分かれて存立していたが（図6）、後期になると、丹後地域や近畿地方では、石製管玉作りはみられなくなる。後述するように、丹後地域では、ガラス製勾玉や管玉といったガラス製品の2次生産に移行したのであろう。鉄製工具を使用した玉作りは、後期後半期には山陰地方（出雲・伯耆地域）と、加賀地域を中心とした北陸西部地域に集約されていく様相をみることができる。後期後半期以降、ようやく花仙山産碧玉の本格的な開発に踏み切った出雲地域では、水晶製玉類の生産も拡大した。北陸西部地域では、碧玉生産が低調となりつつも、石川県小松市の弥生集落では、個別住居で完結するかなり小規模な玉作りの痕跡がきわめて多くみられる

● 緑色管玉生産　▲管玉+翡翠等勾玉生産　■管玉+水晶製玉生産

図15　西日本の玉作遺跡（弥生時代後期）

ようになる。

　第2章第2節で説明したように、弥生時代後期、日本海沿岸域の地域首長は独自に鉄資源を入手するようになった。鋳鋼や高炭素鋼の供給を背景とし、鍛冶・研磨技術の向上とともに、石製管玉や水晶製玉類の生産活動が日本海沿岸域に収斂していくようになったことがわかる。鉄製玉錐の鍛冶・研磨加工による生産とその使用は、それに拍車をかけたように思える。

（2）輸入ガラス製品の成分による分類

　ガラスの生産には、その基材としての二酸化ケイ素（SiO_2）やケイ酸塩鉱物の熔融が必要となる。これらの鉱物は融点が1650℃前後と非常に高く、炉内

温度を高温に維持できないと熔融が難しくなる。そこで融点を下げるフラックス（融剤）として酸化鉛やカリウム、ナトリウムを混ぜ、加熱して熔融し、着色剤などを添加して有色ガラスを生産した。このため、融剤や着色剤の違いから化学組成がさまざまに異なってくる。

　これまで弥生時代のガラス研究においては、高温によるシリカの熔融物とみられた生産残滓がガラス生産の根拠とされる事例が少なくはなかった。このため、日本列島でのシリカの熔融によるガラス素材の製作（1次生産）を想定する意見もあったが、いずれも確証を得たものではなかった。その後、大賀克彦らにより、ガラス製小玉が南アジアから東南アジアに生産地の源流をもつ IPB（Indo-Pacific Beads, Indo-Pacific Monochrome Drawn Glass Beads）であることが明らかになってきた（Francis 1990; Oga and Gupta 2000; Oga and Tamura 2013）。紀元前4〜3世紀以降、インド亜大陸東岸から東南アジアにおいて、アルカリケイ酸塩ガラスの管引き伸ばし・切断技法によるビーズ（ガラス製小玉）が生産され、商業的交易品として広く流通していたのである。日本列島では弥生時代前期末葉から中期初頭に出現したガラス製品だが、この時期、アジア海域における商業的流通の革新的な発展がみられたと考えられるようにもなってきた。しかし、これについては、燕の鋳造鉄器の流入とかかわっているとは少し想定しにくい。ほぼ同じ時期に舶載される理由についても、なぜなのか明らかにはなってはいない。紀元前4〜3世紀までにはインド亜大陸東岸周辺で IPB が開発されたらしいが、そうなると弥生時代前期末葉の実年代がそれを著しくさかのぼることも難しくなる。我われが想像する以上に倭人たちはアジア海域に広く交易の相手を求めたのではなかろうか。アジア海域の国際的な海上交易の隆盛からみた弥生時代舶載遺物の総合的な調査研究も必要となってきた（Wang, K., Jackson, C. 2014）。

　また、中国戦国・漢代にみられた鉛ガラスや鉛バリウムガラスの輸入もあった。成分分析を行わないと、その出自や生産地の判断が困難な資料も少なくはない。これらの膨大な古代のガラス製品は基礎ガラスと融剤の成分によって、鉛ガラス・鉛バリウムガラス（鉛ケイ酸塩ガラス）、カリガラス（アルカリケ

表2 弥生・古墳時代における基礎ガラス材質の分類

肥塚・田村・大賀(2010)・大賀・田村(2016)				OGA and TAMURA, 2013	
鉛ケイ酸塩ガラス		鉛バリウムガラス	PbO-BaO-SiO2系	LⅠ	中国北東部・南部
		鉛ガラス	PbO-SiO2系	LⅡ	中国大陸・韓半島（百済）
アルカリケイ酸塩ガラス	カリガラス	中Alタイプ	K2O-SiO2系	PⅠ	南アジア,コバルト着色,管引き伸ばし技法による小玉
		高Alタイプ	K2O-SiO2系	PⅡ	ベトナム北部・中国南部,銅（青銅）着色,管引き伸ばし技法による小玉
	ソーダ石灰ガラス	プロト高Alタイプ	Na2O-Al2O3-CaO-SiO2系	SV	一部南〜東南アジア,小型小玉の特徴
		高Alタイプ	Na2O-Al2O3-CaO-SiO2系	SⅡ	南〜東南アジア
		低Alタイプ　ナトロンガラス	Na2O-CaO-SiO2系	SⅠ	地中海周辺,連珠技法
		低Alタイプ　植物灰ガラス	Na2O-CaO-SiO2系	SⅢ	中東〜中央アジア,連珠技法他
		低Alタイプ　ナトロン主体ガラス	Na2O-CaO-SiO2系	SⅣ	南〜東南アジア,コバルト着色

イ酸塩ガラス）、ソーダ石灰ガラス（アルカリケイ酸塩ガラス）に大別分類される（表2）。

　鉛ケイ酸塩ガラスには、二酸化ケイ素に酸化鉛を添加する鉛ガラスがある。引き伸ばしに難点があるため、IPBのように管状に引き伸ばしてカットするビーズ（小玉）の大量生産には向かない。鉛同位体比法により一部、韓半島に比定できるものもあるようだが、おおむね中国大陸の鉛鉱物が使用されていたことから、中国での生産が想定されている。ほかに中国の古代ガラスには、酸化鉛に酸化バリウムが含まれる特殊な鉛バリウムガラスがみられる。弥生時代に輸入された鉛バリウムガラスには、漢代の顔料「漢青」（ケイ酸銅バリウム$\langle BaCuSi_4O_{10}\rangle$）が含有されたものもみつかる。戦国時代から漢代に使用された着色剤と同成分であった。楽浪郡などからもたらされた鉛バリウムガラスを素材とし、再熔融して勾玉や管玉を生産した場合もあったようである。

　一方、カリガラスは二酸化ケイ素と酸化カリウムが主成分となるが、それに酸化アルミニウム、酸化ナトリウム、酸化カルシウムなどが数%の重量比で含有される。コバルト（紺色）や銅（淡青色・青空色）、マンガン（紫色）、鉄（アクアマリン・薄青色）などが着色剤となる。古代西アジア以西には確認されないことから、インド・アジアに特有のガラスとみられる。管引き伸ばし・

切断技法で生産されるものが大半となり、これが IPB の製作上の特徴となった。さらに、酸化アルミニウムと酸化カルシウムの含有量によって2種（中Al と高 Al）に細別される。酸化アルミニウムの含有量が重量比 2〜4％、酸化カルシウム重量比 1〜2.5％となるコバルト着色の一群と、酸化アルミニウムの含有量が重量比 4〜7％、酸化カルシウム重量比が 1％以下、銅着色で淡青色・青空色となる一群がある（肥塚・田村・大賀 2010、大賀・田村 2016）。

また、ソーダ石灰ガラスには、高アルミナ（酸化アルミニウムが 6〜10％、酸化カルシウムが 1〜4％）の一群があり、赤褐色から橙色、黄色、黒色など不透明なものも含めて、さまざまな色調を発色させる特徴がある。これも管引き伸ばし・切断技法をもっぱらとする IPB に属する。

このほかソーダ石灰ガラスには、塩湖底に溜まる炭酸塩鉱物・塩を原料としたナトロンガラスがある。エジプトや東地中海沿岸が産地とされ、IPB とは異なる包み巻き技法や連珠技法によって製作された玉がみられる。紀元前 5 世紀までにはユーラシアにも広く普及したようで、地中海から黒海を経て、中国西部へと「原シルクロード」を伝来したとする見解（Qin, *et al.* 2021）がある。紀元前後には、地中海から紅海を経て、南アジアや東南アジアにもたらされたと想定できる（蕣訳註 2016）。このほか、植物灰をアルカリ原料とした植物灰ガラスもよく知られる。ササン朝ペルシアなど、メソポタミア周辺地域のガラス器の特徴とみられている。のちには、瑪瑙を真似た重層ガラス玉やガラス切子碗などが将来された。

ここではすべてを網羅しないが、最も基本的な材質分類と製作技術の相関からすれば、谷澤亜里が指摘するように弥生・古墳時代出土ガラスは次の 3 群に大きくまとめることができる（谷澤 2020）。

A群：アルカリケイ酸塩ガラス素材による、管引き伸ばし・切断技法、加熱貫入技法、連珠加工技法、包み巻き技法などで製作される。
B群：鉛ケイ酸塩ガラス素材による、巻き付け技法、包み巻き技法、捩じり引き技法で製作される。
C群：A・B群を素材として、再熔融・鋳造や分割・削り出し、研磨成形し

た2次加工品。勾玉や管玉生産のための2次生産による一群となる。再熔融後、玉錐によって貫孔された管玉類もある。

現在では、デュスビューや大賀らの研究成果を基礎とし、谷澤によってA群に属するIPBは基礎ガラス成分、着色剤、大きさを基準として、下記8種類に整理された（谷澤 2020）。

① 高AIカリガラス、着色剤Cu（Pb+）、青色・小～大型
② 中AIカリガラス、着色剤Co（Mn+）、紺色・小型
③ 中AIカリガラス／ナトロン主体ガラス、着色剤Co（Mn+）、紺色・大型
④ 中AIカリガラス、着色剤Co（Mn+）、紫色・極小型
⑤ 高AIソーダ石灰ガラス、着色剤Co（Mn+）、淡紺色・小型
⑥ プロト高AIソーダ石灰ガラス、着色剤Cu+錫酸鉛、緑色・小型
⑦ プロト高AIソーダ石灰ガラス、着色剤Cuコロイド、茶色・小型
⑧ 高AIソーダ石灰ガラス、着色剤Cu（Pb+）、青色・小型

IPB①（PⅡ）は、現在ではベトナム北部から中国南部にその生産地があったとみられている。大賀らによると、IPB②③のグループ（PⅠ）はローマとの交易を行っていたインド南部の沿海交易都市アリカメドゥ（Arikamedu）遺跡などの出土例に酷似することから、インド南部、あるいは一部東南アジアでの生産が想定されている（Oga and Tamura 2013）。IPB⑥⑦もまたインド南部での類似例が報告されており、IPB②と近縁性が指摘されるが、厳密な生産地の同定は将来に待たれる。

先述したように、紀元前5世紀ごろまでには、ナトロンガラスも地中海から中央アジアを経由して東アジアにもたらされていた可能性が指摘されており、時を経て、これらの一部が日本列島にもたらされた可能性もあろう。しかしその後、大陸規模での長距離海洋交易が実現しなければIPBの入手が不可能であったことを想起すれば、すべてが楽浪・帯方郡を経由して日本列島に流入したとするのは難しいと思える。弥生時代に流入したガラス素材は、地中海から中央アジア近辺、南アジアから東南アジア、ベトナム北部から中国南部など、

世界各地にその生産地が想定されている。海洋交易や大陸横断ルートなどさまざまな入手ルート、入手方法・機会が検証されるべきであり、今後の課題とすべきであろう。

　日本列島ではこれらの海外から流入した鉛（バリウム）ガラス製品（B群）やカリガラス製品（A群）を粉砕して原料とし、再熔融・鋳造、あるいは削り出して勾玉や管玉を作り出す（2次生産）ようになる（C群）。中期初頭には、すでに鉛バリウムガラスだけでなく、カリガラスも九州北部地域にもたらされていた。博多湾中枢域の福岡県須玖遺跡群や赤井手遺跡などでは、勾玉の石製鋳型が出土しており、おそらくは楽浪郡から輸入した鉛バリウムガラスなどを再熔融してガラス製勾玉が生産され始めたのであろう。勾玉の独特な形状は、海外で生産された輸入ガラス製品にはない。透明な素材に青色や青緑色の色彩を帯びて輝くガラスを使って勾玉を作る願望が倭人たちにあったことは想像に難くない。

　後述するように、弥生時代後期前葉になると、近畿地方北部、丹後・丹波・但馬地域でも墳丘墓の副葬品としてガラス製の勾玉や管玉がみつかるが、小寺智津子によると、その形態的特徴や製作技法から丹後地域での2次生産が想定できるという（小寺2016ほか）。丹後地域では、後期前葉から中葉にかけて、先ほどみたIPB①の小玉が大量に出土した（図16）。これらの小玉の一部が勾玉や管玉の原料素材になったとみられるわけである。その多くは発達してきた墳丘墓の被葬者たちに占有されるものでもあった。以下にその様相についてみておこう。

（3）丹後地域のガラス生産

　日本海沿岸域となる近畿地方北部（丹後・丹波・但馬地域）の墳丘墓から出土したガラス製小玉は、大型だと外径が5〜7 mm以上、小型では3 mm前後となる。南アジアから東南アジアでの大量生産を契機とし、ベトナム北部、あるいは中国南部周辺などでも生産されたガラスビーズ（IPB）である（表2）。

　民族誌の事例から推測されるように、いずれも窯炉から半熔融状態のガラス

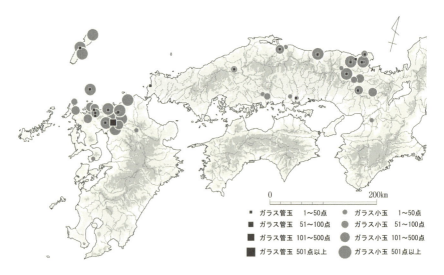

図 16 谷澤による弥生時代ガラス玉の分布（後期前半期）

を取り出して、筒状に長く引き延ばしてから、細かくカットして分割した（図17）。その後、灰を入れた別の炉にビーズを加え、再加熱して攪拌し、カットした端部のエッジを丸く整形して製品化したとみられている（Francis 1990; Shinu 2016, et al.）。

京丹後市左坂墳墓群から出土したカリガラス製小玉の成分分析は、インド南部アリカメドゥ遺跡出土のガラスビーズのそれと酷似しており、コバルト色や青空色の小玉が卓越する共通性から、以前は南アジア海域からもたらされた可能性も想定されていた（Oga and Gupta, 2000）。しかし、小寺によると、これらのカリガラス製小玉が直接南アジアあるいは東南アジアから輸入されたとは考えにくいことや、青空色の小玉（IPB①）の鉛同位体比が B 領域（中国南部鉱山）となり（大賀・田村 2016）、N 領域（タイ SongToh 鉱山）に含まれないこと、含有された微量タリウムの産地が貴州省に絞り込めることから、IPB①は中国南部広西・広東省周辺で大量生産されたとみられるようになった。当時、開削された運河、霊渠（湘桂運河）によって北上し、楽浪郡など中

国後漢の窓口にまで流通していたという（小寺 2016）。

後漢になると、内陸のシルクロード交易の衰退により、海上交易の比重が増大し、南アジアから東南アジアへの海上交易ルートが活発化した。紀元1世紀、インド洋貿易に従事した名もないギリシア系商人が記録したエリュトゥラー海案内記（*Periplus of the Erythraean Sea*）（村川訳 1993、蔀訳註 2016）にみられるように、紅海を経由し、地中海からアフリカ東岸のアラビア海、ペルシア湾、さらにインド洋を中心とした南アジア海域への海上交易網が大きく結びついていく。それとともに、インド亜大陸の東、ベンガル湾から東南アジアに及ぶ海上交易が日本列島や韓半島など極東アジアへも拡大していったとみられ、共時的な現象として理解できる。紀元前後、東南アジア海域において活発化した長距離海上交易の影響を受けて、大量のIPBが東アジアにも流入したと想定するS.グプタの意見も興味深い（Gupta 2018）。

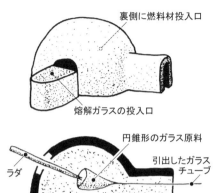

図17　民族事例からのIPB生産状況想像図

第1章第3節で述べたように、弥生時代中期後葉、大規模な玉作りを行っていた奈具岡遺跡においては、鉛バリウムガラスやカリガラス製小玉を分割再加工して、研磨・穿孔を施し、ほんの小さな垂飾品として再生産していた（大賀・望月・戸根ほか 2005）。

その後、後期初頭から中葉にかけて、近畿地方北部には、カリガラス製の小玉（IPB①：PⅡ）が大量にもたらされた。現在13,000点を超える出土資料が確認されている。丹後地域ではIPB①が9割を超え、コバルト発色によるIPB②を著しく上回ることから、丹後の地域首長が独自に入手したと考えることができる。なかでも、京丹後市大宮町で調査された三坂神社墳墓群と左坂墳

墓群では、あわせて10,000点を超えるカリガラス製小玉が出土した（石崎ほか 1996、肥後・細川 1994、今田編 1998）。出土量からすれば、当該期の近畿地方北部において80％近くを占めることになる。このカリガラス製小玉は半透明で淡青色・青空色を呈しており、かなり斉一性の高いものとみられた。つまり、第1次生産者からそれほど多くの媒介を経ずにもたらされたと想定されるのである（肥後 2016）。

　もちろん、同時期にIPBが50,000点近く出土した九州北部地域と比べれば、出土総数量は確かに少ない（図16）。しかし、ガラス製小玉出土の中心地となる丹後地域では、九州北部地域よりも開発行為が圧倒的に少ない。これまでの弥生時代の遺跡発掘調査件数（報告件数）も福岡県域（筑前・筑後地域）とだけ比べてもおおよそ30分の1程度しかない。当然単純な比較はできないものの、一度の対外的交易においては、九州北部地域を超えるほどのガラス製小玉を一括大量輸入していた可能性があろう。竹野川中流域、丹後地域の拠点的集落では、おそらくは数万点を超えるガラス製小玉を入手・保管していたとみてよかろう。

　また、後期初頭から中葉にかけて、おもにカリガラスと鉛バリウムガラスを使って、ガラス製勾玉・ガラス製管玉の2次生産を開始していた。丹後地域での出土は80例を超える。三坂神社墳墓群では、鉛バリウムガラス製とカリガラス製の管玉、左坂墳墓群ではカリガラス製の空豆形勾玉や管玉が出土した（今田編 1998）。空豆形勾玉は丹後地域に特徴的なもので、薄いガラス素材を削り出し、研磨して成形した。管玉は整美な円筒型で、カリガラス（IPB①）を再熔融したため、半透明淡青色の統一的な色彩を呈していた。不定形な複数のガラス片を半熔融にして融着させ、棒状のガラス塊を作り出し、冷却固化後に円柱状に研磨して丁寧に仕上げていた（大賀 2010b）。その後、石製玉錐によって上下端面から穿孔を施したもので、玉作りを行っていた丹後地域での熟練した技術を取り入れて生産されたガラス製品であったといってよい。この左坂タイプの出土品は規格性が高く、兵庫県梅田東15・18号墓や福井県小羽山30号墓などにももたらされたと想定できる（小寺 2006・2016）。丹後地域の

首長たちはガラス製管玉を但馬や因幡、あるいは越前など周辺地域との交流・交易のための贈与品として利用したのであろう。

　丹後地域では、少ない対外的交易のチャンスを活かして一度に大量のガラスビーズを入手し、それを原料素材としてさらなるガラス製装身具の加工生産に利用した。もちろん、決してガラス再生産の技術水準が高かったわけではないのだが、日本海沿岸域の装身具生産に変革をもたらしたといえる。陽光にかざせば、青緑色あるいは淡青色に透き通る魅惑的な輝きは、翡翠にも似て魂魄を護るに相応しい。倭人がとくに好んだ色合いだったのであろう。弥生文化に特徴的な勾玉や管玉の造形を遵守したことからすれば、伝統的な権威や正当性を維持しようとしたといえる。一方で、「外部社会とのつながりを象徴する財であるガラス」（小寺 2016）を素材としたことで、海外文明世界とのつながりを背景とした新たな権威をも象徴する価値を付加することを目論んだのではなかろうか。そうだとすれば、これまでの碧玉製あるいは緑色凝灰岩製管玉を連ねた装身具よりもさらに上位の装身具威信財と位置付けられたに違いない。これらのガラス製勾玉・管玉は、尾根上に連接した台状墓でも階層性の高い埋葬にともなう場合が多いものの、カリガラス製小玉は一般的な周辺埋葬からも出土しており、上位の埋葬施設にのみともなうわけでもなかった。穿った見方をすれば、それほど大量に入手していた証にもなろうか。

　後期中葉から後葉には、カリガラス製小玉（IPB）の輸入は滞る。一方で、与謝野町大風呂南１号墓において、直径9.7 cm、断面形状が五角形となる特殊なガラス製釧が出土した（図48、白数・肥後ほか 2000）。マグネシウムの少ないカリガラスで、不純物として含まれた鉄分で淡青色に発色している。東南アジア、ベトナム北部のゲアン省ランヴァック（Lang Vac）遺跡やグアンナム省ヌイタイン（Nui Thanh）遺跡など（Nguyen［平野訳］2006）、北部ドンソン文化や、中南部サフィン文化に類似品がみられる。彼地からの輸入も想定できるという（小寺 2016）。

　またこの時期には、尾部が強く屈曲せず、尾部先端の尖突形状が強まるガラス製勾玉や、同様に先端が尖がる小型細身のガラス製勾玉が出現する。全体の

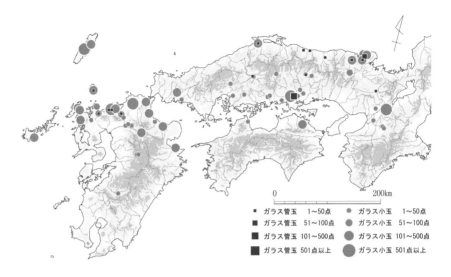

図 18　谷澤による弥生時代ガラス玉の分布（後期後半期）

形状と尾部の窄まり方からみれば、九州北部地域出土例とは異なる。輸入した鉛バリウムガラス製品を原料として、「丹後型勾玉」を鋳造生産し始めていたということができる（小寺 2006・2016）。丹後地域では、ガラス製管玉の出土事例も減少し（図18）、丹後型鉛バリウムガラス製勾玉と、碧玉や緑色凝灰岩製管玉にガラス製小玉の組み合わせが定着してくる。これらのガラス製勾玉はすでに大型化した方形台状墓の中心的な埋葬施設にのみ副葬されるものとなっており、2次生産されたガラス製装身具の占有化がさらに進んだことを示唆する出土状況を示していた。

　後期後葉から終末期には、京丹後市赤坂今井墳丘墓が造営された（図50-2・51）。赤坂今井墳丘墓の第4主体では、ガラス製勾玉・管玉や石製管玉を中心とする豪華な頭飾りが出土した（石崎・岡林峰 2001、岡林峰・石崎ほか 2004）。三連を一つに纏めたもので、外側の一連には、大型ガラス製勾玉13点、青空色のガラス製管玉57点で構成され、勾玉と勾玉の間に4〜5点の管玉を配する。中央の一連はガラス製勾玉9点、石製管玉39点、これも勾玉

と勾玉の間に管玉を4点ほど配置させる。内側の一連には小型のガラス製勾玉3点以上と細身のガラス製管玉39点以上で構成されていた。なお、この三連の頭飾りの内側には、小型石製管玉55点を簾状に連ね、ガラス製勾玉5点を垂下した二つの耳飾りも出土した（大賀 2010b、肥後 2016）。三連の頭飾りは鉛バリウムガラスを主体としたものであった。漢代の顔料「漢青」の含有からみれば、楽浪郡経由のガラス製品を原料とした2次生産品といえる。伝統的な権威や正当性とともに漢文明の権威を象徴した。傑出した首長たちによって、荘厳さを増したガラス製装身具が威信財として独占され、装身されていたものとみられる。ガラス資源の占有化、集約化が以前にも増して著しくなっていたものと推察することができよう。

　丹後半島における玉生産については弥生時代中期中葉から後葉にかけて、奈具岡遺跡で専業的な生産形態をみることができた。その後、玉作りにかかわる専業的な遺跡は確認されてはいない。だが、後期に連綿と造営された台状墓の副葬品からみれば、大量のカリガラス製小玉や鉛バリウムガラス製品を多様な機会を利用して積極的に輸入していたことがわかる。ガラス素材の供給が安定的ではなかったにしろ、それらを原料としてガラス製勾玉・管玉の2次生産を継続していた。中期後葉の分割・研磨、切削・穿孔から、後期前葉には再溶融接合後の研磨成形と玉錐穿孔、後期後葉には鋳造生産へと、時期が降るにつれ製作技術の進展をみせていたわけである。製作技術の進展とともに、しだいに台状墓の中核的な埋葬に限定されていく階梯もみてとることができる。地域首長主導のもと、ガラス原料の輸入と2次生産技術の向上とともに、徐々にガラス製装身具の荘厳化を図り、それらを占有していった動向を把握することができよう。

　つまり、丹後地域では、奈具岡遺跡でのリサイクルガラスの分割・研磨加工技術を受け継ぎ、おそらくは有数の首長たちに支援されたガラス製勾玉・管玉の2次生産が開始されたが、しだいに大首長によってガラス専業工房が占有化され、その傘下の付属工房へと変容していったものと想像できよう。奈具岡遺跡でみられた石製磨製玉錐による穿孔技術がガラス製管玉の穿孔に援用されて

いることから、現在はまだみつかってはいないが、おそらくは奈具岡遺跡の周辺において、ガラス製勾玉・管玉の加工生産にかかわる後継工房が経営されていた公算は大きい。ガラスの2次生産を行う生産遺跡は、丹後地域の大首長の経済的基盤の形成過程を如実に示すものと想像できよう。今後の調査にも期待したい。

4. 手工業生産の集約と複合化

　第2章第1節で述べたように、手工業の集約・専業化や特殊な工芸品の生産は複雑化していく首長制社会の動態を把握するために重要な指標となる。しかし、加熱による化学変化を利用する技術、パイロテクノロジーの進展が遅れた日本列島では、容易には金属やガラス資源の開発、原料精錬には向かわなかった。このため、依然、装身具玉素材などの原料や加工具石材を利用した手工業が継続した。だが、それとともに後期には、輸入素材の加工生産も進展していった。

　弥生時代後期前後から、玉素材・石材原石の原産地周辺や流通拠点において、まったく別の原料であるにもかかわらず併行して加工生産が営まれるようになる。特殊な技術を必要としない簡便な手工業生産であっても、特定の遺構群にみられる場合には、手工業の複合化が萌芽的にも進んでいたといってよい。後期中葉以降になると、九州北部以東、中国・四国地方から近畿・北陸地方では、鉄素材の輸入とともに独自に鍛冶加工が活発化し、青銅やガラスなど輸入製品を原料・素材とした2次生産もさらに進展した。複合化した手工業を扱う拠点的な大規模集落は、倭人社会の物流の仲介地として再生し、機能し始めたようである。さらに、四国地方東部では、対外的交易のための貴重資源として辰砂・水銀朱の大量生産が始まった。ここでは、弥生時代後期を中心に手工業の複合化の状況を把握しておきたい（図19、野島 2016）。

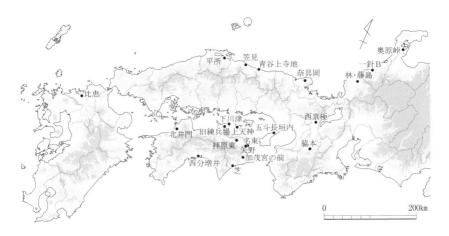

図19 弥生時代後期に手工業生産の複合化を示す主要遺跡

（1）九州地方筑前地域における手工業の複合化

後期以降、筑前地域における手工業生産は青銅製武器型祭器などの鋳造を継続するものの、やはり陰りがみえてくる。福岡市の比恵遺跡第 43 次調査においてみつかった円形の大型竪穴建物 SC66 は手工業の複合化を示す遺構とみられる。後期前葉に属し、多角形に配列された主柱穴のうち、二つの間に焼土が検出された（山崎 1996）。太形蛤刃石斧を転用した敲石や磨石、大型の粗砥石などの加工具も揃っていたことから、かなり大型の鉄器の鍛冶加工が行われていたようである。一方で、碧玉製管玉やガラス玉とともに銅戈鋳型や銅滓なども出土した。これらは竪穴建物 SC66 あるいは SC85 に帰属するようであり、鉄器加工と青銅器生産がきわめて近い関係をもち、玉作りにもかかわっていた可能性が想定できるものの、このような複合的な生産遺跡は減少し始めていた。

その後の筑前地域では、福岡市東入部遺跡や飯倉 D 遺跡、野多目 A 遺跡、大塚遺跡などで、鉄器生産遺構が検出されており、ほかではみられない多量の鉄器片や石製工具、さらには重量のある鍛冶滓の廃滓がみられた。本格的な鍛冶技術を会得し始めていた様子が認められるが、鉄器生産がほかの手工業生産

と複合していった状況を積極的に示す遺構は多くはない。

野多目 A 遺跡には、弥生時代後期後半期に属する竪穴建物 SC13 から出土した直径 7～8 cm 程度の椀形滓や鉄滓がある（吉武編 1997）。砥石や磨石、鉄片 87 点などとともに出土したもので、弥生時代を通してこのような椀形滓は非常に珍しい。これらの椀形滓を観察した古瀬清秀によると、その形状から浅い鍛冶炉とともに尖底となる深い鍛冶炉があったとみられ、送風装置も備わっていた可能性があるという（古瀬 1999）。沸かし工程をともなう鍛錬鍛冶が行われていたようであり、炉内では 1,100～1,200℃ 前後の温度が発生していたとみられる。後期後半期には、炭素量のコントロールを行う精錬鍛冶技術の向上をみてとることができよう。

九州中部肥後地域でも、これまでに阿蘇山麓周辺の後期後半期の集落から多くの鍛冶遺構が検出されてきた（村上 1998）。大量の鉄器・鉄片が出土する傾向があるものの、多数の竪穴建物から小さな鉄素材の加工痕跡が多々みつかるといった傾向はかわらない。ベンガラ（酸化第二鉄〈Fe_2O_3〉）の生産も指摘されるところだが、阿蘇山麓周辺の集落群では、ほかの手工業生産との複合や、あるいは集約的な生産活動に変容していった形跡はみられない。

（2）山陰地方における手工業の複合化

第 2 章第 2・3 節でもみたように、山陰地方では、弥生時代中期末葉から後期には、石製管玉や水晶製玉類の加工に鉄製工具を使用するようになっていく。一部には辰砂の粉砕、粉末化による水銀朱の生産工程が付随していく様相もみてとることができる。具体的な事例をみてみよう。

後期前葉になると、伯耆地域笠見第 3 遺跡の玉作工房とされる竪穴建物 SI49 に鉄器加工を想定することができる（牧本編 2004、高尾・大川編 2007）。花仙山産や菩提産の碧玉と緑色凝灰岩を素材として短い管玉を製作していたようであり、多数の剝片が遺棄されていた。竪穴建物の床面には炭化物が広く遺存しており、また三角形鉄片や棒状鉄片のほか、敲石や磨石・砥石など玉作りの加工具が出土した。鉄製玉錐での穿孔が想定できる。同遺跡内で

は、辰砂を粉砕した石杵が多数出土しており、弥生時代中期後葉から古墳時代初頭にいたるまで、水銀朱の加工生産を連綿と続けていたことも注目できよう。花仙山産碧玉の開発とともに緑色凝灰岩や、石英塊、鉄器素材、カリガラス製小玉を入手しており、吉備系の丹塗り長頸壺からもこの地域における対内的な交流・交易の中核を担ったと想定できる集落である。

　出雲地域、島根県松江市平所遺跡では、後期後葉となる4号竪穴建物（玉作工房）および周溝から、多量の水晶・石英砕片などが検出されたが、これらの玉作りに関する遺物とともに、109点もの鉄製工具が出土した（松本岩 1976、松本岩・前島 1977）。床面には炭化物の集積2カ所のほか、被熱痕跡が多数みられた。水晶や碧玉を素材とし、算盤玉や丸玉などを製作する竪穴建物であるが、実際に使用した鉄製工具にしてはあまりにも多い。床面被熱痕跡や炭化物、玉作り以外の砥石や台石、石槌ともなる自然礫からすれば、先述の笠見第3遺跡同様、鉄器加工も行っていた可能性が高いものと想定できよう。

　日本海沿岸域における手工業の複合化　山陰地方を含めた日本海沿岸域においては、弥生時代後期以降、管玉作りを中心とした手工業生産が鉄器化とともに変容しつつ、対外的交易によるさまざまな原料・素材の入手により、手工業複合化の拠点ともなっていた。

　先述したように丹後地域の奈具岡遺跡では、水晶製玉類の生産に鉄製工具を利用した加工技術を駆使していた。地理空間的に隔離され、生産工程が把握しやすい編成となっており、首長層に支援された手工業生産を想定できる。丹後地域では、かなり早い段階から手工業の複合化を確認できる。

　青谷上寺地遺跡では、手工業生産にかかわる明確な遺構がほとんど検出されてはいないため、その具体的な様相はやや不明瞭だが、翡翠や碧玉、緑色凝灰岩、水晶、蛇紋岩など、さまざまな玉素材を用いて装身具生産が行われていた。弥生時代中期、菩提系の碧玉を使った大中の湖技法による管玉生産が中核をなし、北陸から出雲地域や九州北部地域との中継港として機能していたが、後期以降に衰退した（河合編 2013）。その後、水晶製小型算盤玉類の生産に移行したようである（大川ほか編 2020）。また、後期には高級木器の専業的生産

の発展が想定され、やはり専用の鉄製工具を作り出した。星雲紋鏡をはじめとした青銅鏡や貨泉などの銅銭、多量の鋳造鉄器などといった舶載金属製品は、この青谷上寺地海浜集落が対外的交易を積極的に行ってきたことを物語っている（水村編 2011）。線刻によって船団を表した木板や、多数の船材・櫂の出土からすれば、おそらくは季節ごとに遠洋航海を繰り返していたといえよう。青谷上寺地遺跡から出土した多量の卜骨からは卜占が幾度も行われていたことを示している（河合・水村ほか 2010）。『魏志』倭人条にもあるように、重要な行事には卜占によって吉凶を占ったが、遠洋航海にかかわる神託を得ていたのであろうか。海上交易を統括する首長層によるリーダーシップを想像することができよう。先述した「持衰」のように、遠洋航行の安全を保障する能力と神聖性を併せもつ大首長の存在も想像できよう。

　このほか、集落周辺で生産された木製品も多数出土しているが、建築部材以外の木製品の多くが農具や漁撈具など食糧生産具である。又鍬や木製穂摘具など青谷上寺地遺跡にしかみられない特徴的なものも出現した（君嶋編 2012）。つまり、弥生時代中期後葉以降、この集落独自の計画的な食糧増産を示唆することができよう。一方で、さまざまな手工業生産にかかわる専業者人口の増加を想定することも可能であろう。居住域の具体的な様相が不明なため、厳密な判断は難しいが、港湾都市的な機能も併せもっていたといえる。なお、この青谷上寺地遺跡の出土遺物（1,353 点）も 2019（平成 31）年 3 月 18 日、重要文化財に指定された。舶載金属器と交易資源となる特殊な工芸品生産が対外交易の実態を示すものとして評価された。

　よりマクロにみれば、鉄製工具を使った玉作遺跡の分布は日本海沿岸域に収斂していき、四隅突出型墳丘墓の発展していった分布範囲にほぼ収まってくることがわかる（図 15）。これらの地域では対内的な消費のためだけでなく、集約化した労働力を利用して貴重な装身具工芸品の生産を推進した。これを元手として対内的交易を促進し、同時に日本海沿岸域における対外的交易の機会をも増やしていったとみられる。それとともに入手した貴重財・貴重資源の差配をもコントロールした。首長層配下にもその一部を供与しつつ、下位集団から

の必需品・労働力を収奪する交換連鎖を地域の社会経済に組み込み、集団間を階層的に分化させることに成功したとみることができよう（Meillassoux 1978）。

（3）四国地方東部地域における手工業の複合化

　四国地方東部、讃岐（香川県）・阿波（徳島県）地域に手工業の複合化を示す遺跡・遺構はかなり多い。徳島市名東遺跡の竪穴建物 SB2004 は中期末葉の大型円形竪穴遺構で、取手付広片口鉢を含む多数の土器・土製品（紡錘車・銅鐸型土製品）や鉄片、石器（石杵・石鏃・打製石庖丁・スクレイパー・石鍬）が出土した（菅原・藤川ほか 1995）。中央土坑付近に鍛冶炉があり、さらに水銀朱が付着した石杵や取手付広片口鉢（皿）などが出土したことから、鉄器加工とともに辰砂を粉砕、粉末化し、水銀朱の精製を行っていたと想定できる。小規模ながらもすでに鉄器生産と水銀朱の加工生産が併行して行われていたのであろう。なお、出土した鉄片の金属組織分析によると、鋳鉄脱炭鋼と特殊な炒鋼が含まれていたことが指摘されており（大澤 1995）、漢代の先端技術で生産された鋳鋼素材であったことがわかる。また、近年発掘調査がなされた徳島県阿南市の加茂宮ノ前遺跡では、中期末葉の鍛冶遺構が検出された。18 号竪穴建物からは、細形ないしは中細形銅剣模倣石剣が平形銅剣の形状に再加工された銅剣形石剣がみつかった。近畿地方での類例もあり、彼我の交流を示唆する。四国地方東部における手工業の複合化には丹後地域などと同様、本州他地域に先んじた様相をみてとることができる。

　弥生時代後期以降、四国地方東部、讃岐・阿波地域や四国地方南部の土佐地域（高知県）では、引き続きサヌカイトの分割加工や、辰砂の粉砕と水銀朱の精製にかかわりながら、鉄素材がもたらされ、鉄器加工もなされるようになった。香川県坂出市下川津遺跡竪穴建物群（SHⅡ01〜03・05〜09）、善通寺市旧練兵場遺跡 51 号住居では、鍛冶遺構とともに多量のサヌカイト製品・素材・剝片がみつかっている（信里 2004・2011）。讃岐地域では、サヌカイト原産地付近の集落において石器原石・素材の供給を行うための加工生産を継続してお

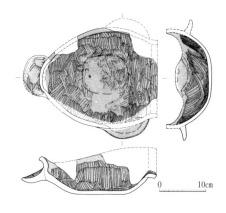

図20 広片口三耳鉢（福岡県辻垣・長通遺跡）

り、瀬戸内海を介して広く流通させるとともに、反対給付として輸入交易物資の入手に成功していたとみてよい。

また、讃岐地域を中心にして、水銀朱の精製だけでなく加熱調合も行われていたようである。香川県上天神遺跡は、高松市石清尾山の南東にある。弥生時代後期前葉を中心として営まれ、近畿地方や吉備地域の外来系土器や、結晶片岩製石器がみられる拠点的な大規模集落である。特筆すべきは水銀朱の精製、加熱調合に使用されたと思われる取手付広片口鉢（皿）が80点、朱が入れられた大型鉢55点が出土したことである（大久保・森 1995）。理化学分析に供された23点のうち、19点に水銀朱の付着が確認された。それだけでなく、ほかの3点には砒素も検出されたという。砒素は水銀中に微量に含まれるようなものではなく、故意に持ち込まれたようである（本田 1995）。

この上天神遺跡出土取手付広片口鉢の類品として、福岡県行橋市辻垣遺跡の長通地区大溝から出土した広片口三耳鉢がある。取手ではなく三方向に耳をもつ（図20、柳田編 1994）。遺存状況のよい精巧品で、使用痕跡が明瞭に観察できる。取手付広片口鉢同様、内面に丁寧なミガキが施されており、液体を扱った容器とみることができる。中型甕の口縁部を3分の1ほど残して縦に半裁し、底部と両胴部破面に耳（取手）を付加したような形状となる(3)。朱の付いた広片口三耳鉢には、器壁の剥離や黒色炭化が認められたため、三耳鉢に水銀朱を入れて加熱していたと想定されることとなった。

本田光子によると、広片口三耳鉢や取手付広片口鉢と大型片口鉢を使って水銀朱を加熱調合して焼煉し、仙薬を作っていたとする（本田 1995）。辰砂粉末を400度ほどに加熱すると、水銀蒸気と亜硫酸ガス（二酸化硫黄）が生じる。

この水銀蒸気を冷却させて水銀を精製分離するが、広片口鉢に水銀朱を入れ、底部を加熱し、大型鉢などで覆えば、蒸留された水銀を集液することができるかもしれない。実際に乾溜したかどうかは、わからないものの、取手付広片口鉢で水銀朱を加熱したことは間違いない。砒素の検出事例からすれば、砒素化合物の添加さえも行っていたことにもなろう。

　上天神遺跡では、石杵や石臼・石皿など、辰砂を粉砕、粉末化する磨製石器はまったくみつからなかった。しかし、ほかの遺跡では数点も出土しない水銀朱の加熱調合に使用した広片口鉢や大型鉢、あわせて135個体以上が出土したのである。このことからみても、阿波地域から搬入された水銀朱の加熱調合を専業としていた工房があったとみてよい。本田の意見に従えば、硫化水銀や水銀化合物を焼煉して仙薬を専業生産していた可能性さえ想定できるのである。

　また、第3章第1節において詳述するが、後期後半期には徳島市矢野遺跡（近藤玲編 2001）、徳島県美馬市拝原東遺跡（藤川 2005）、徳島県海部郡芝遺跡（林田・白石・魚島 2006）などにおいても、辰砂粉砕による水銀朱生産と鍛冶加工が認められる。後期後葉から終末期には、さらに徳島県内を中心として辰砂粉砕、粉末加工を行った遺跡が多数確認されてきた（西本編 2016・2017・2019）。それとともに四国地方東部、とくに讃岐地域周辺ではサヌカイト生産から、辰砂を粉末化した水銀朱の精製・調合などへと主要手工業生産が移行していったことがわかる（図22）。遠隔地との貴重資源の交易を支えていたといってよかろう。

　このほか、高知県吾川郡春野町西分増井遺跡では、後期に営まれた鉄器加工遺構群が検出された（出原 2004）。鍛冶遺構SX1では、広形銅矛片が共伴するなど、さまざまな青銅器破片も出土した。太平洋の外洋航路による九州北部との直接的な交易を想定することも可能であり、対外的な長距離交易のための生産工房群と推測することができる。後期前葉の鍛冶炉は確認されてはいないものの、出土した大量の鉄片から、この段階においてすでに鍛冶加工を行い始めたようである。後期中葉段階では平地式鍛冶炉に土坑が付設されるが、後期後葉から終末期には、防湿を目的とした掘り込みをもつ炉や浅い窪みの炉が出

現してくる。炉床の構造が複雑化し、より高温を維持できる機能を備えた炉に変化していく状況からは、さらなる鍛冶技術の向上が図られ、専業化に向かう様子をうかがい知ることができよう。

（4）近畿地方中部地域における手工業の複合化

京都市西京極遺跡では、後期前半期の 474 号竪穴建物において鍛冶炉が検出された（柏田 2009）。弥生時代の鉄器加工遺構に通有な石鎚や砥石、台石が出土しており、簡易な熱処理による鉄器加工が行われていたようである。当該建物からはガラス製小玉や碧玉製管玉などの玉類やサヌカイト、粘板岩、動物骨片などもみつかった。だが、岡山県の夏栗遺跡 11 号住居などと同様にさまざまな素材を搬入してきてはいるものの、遺存した素材原料は相対的にかなり少ないものと見積もることができる。

奈良県桜井市脇本遺跡では青銅器生産にかかわったと考えられる竪穴建物周辺において、複数の手工業生産が実施されていた（光石 2011）。弥生時代後期後葉から終末期となる竪穴建物 SB13004 は 8 m 近くとなる大型の方形掘形をもつ。銅鏃鋳造の際の失敗品や銅鐸・銅鏃・銅剣の一部と考えられる青銅破片をはじめ、土製鋳型外枠や銅滓、水銀朱が付着した磨石などが出土した。青銅器生産とともに、水銀朱の加工生産にもかかわっていたことになろう。またこのほか、鉇や鑿状工具などとともに鉄片やガラス製玉類なども出土した。鉄器加工に関する遺構や工具、鍛造剝片などは出土していないため、青銅器生産にかかわる鉄製工具や型持たせ素材の可能性が残る。つまり、青銅器のリサイクルによる 2 次生産を中心とし、鉄・ガラス・水銀朱など、手工業にかかわる資源を搬入していたことがわかる。このことから、後期後葉段階になると、畿内中枢域において手工業生産の集約化、複合化が企図されていた実態をみることができる。青銅器生産を継続した畿内中枢域では、青銅器の再利用や加工生産に付随して、小規模な鉄器加工や水銀朱の利用が行われたのだろう。

このほか、兵庫県淡路市、播磨灘を一望できる高所でみつかった弥生時代後期の五斗長垣内遺跡の竪穴建物群（伊藤編 2011）がある。SH205・SH302 な

ど、多くの竪穴建物は中央土坑の周囲に複数の焼土面となった鍛冶炉をもつもので、遺棄された端切れ鉄片や加工具としての石槌や砥石が共伴した。石鎚には酸化鉄（ベンガラ）が付着していたため、ベンガラ生産もあったかもしれない。隣接するSH204では石鏃や楔形石器のほか、多量のサヌカイト砕片が床面に散在して出土した。サヌカイトは淡路産のものもみられたことから、讃岐地域と同様に、石器石材の加工・供給とともに鍛冶を行う複合的な生産工房の様相を示していた。なお、この五斗長垣内遺跡は、弥生時代の鉄器製作技術の水準を示す遺跡として、2012（平成24）年9月19日に国指定史跡となった。

（5）北陸地方西部地域における手工業の複合化

　北陸地方西部地域では、後期前葉以降、石製管玉生産や青銅器生産に付随して、鉄器加工がみられるようになる。越前地域となる福井市林・藤島遺跡は緑色凝灰岩を主体とした管玉の加工・生産を実施した拠点集落である。円形竪穴建物SI01・SI11からは管玉未成品や砕片が多数みつかっている。管玉の穿孔に使用する針状の鉄製玉錐も多数出土しており、鍛冶炉等の検出はみられなかったものの、これら鉄製工具の加工も付近で行われていたと想定された（冨山・野路・山本ほか編 2009）。なお、これらの出土遺物も北陸地方の石製玉作りに鉄製工具を受け入れた実態を示すものとして、2014（平成26）年8月21日に重要文化財に指定された。

　石川県小松市一針B遺跡C区では、竪穴建物SI01排水溝から連鋳式銅鏃、あるいは細身の銅剣土製鋳型外枠と取瓶が出土した（荒木編 2002）。青銅器生産の一工程を担っていたことがわかる。また、大型管玉の未成品とともに、筋砥石や玉髄なども認められ、小規模ながら管玉生産も近くで行われていたようである。中央土坑内からは被熱痕のある粘土塊や椀形滓が出土したことから、鍛冶、鉄器加工を行っていたことも明らかとなった。青銅器と管玉、さらには鉄器を製作する工程を併行して行っていたといえる。

　また、能登半島にある弥生時代終末期の石川県七尾市奥原峠遺跡では、竪穴建物SB07において、翡翠あるいは頁岩製の小型勾玉未成品が出土したことか

ら、小規模ながら勾玉生産を行っていたことがわかる。中央に堀込み式の鍛冶炉 SK10 が検出された。炉は赤褐色に被熱して焼結しており、鉄片や砥石が出土した（善端編 1998）。付近には溝によって連結された屋内土坑があり、玉作工房での鍛冶加工を想定することができる。

　以上から北陸地方でも山陰地方でみられたように、玉作りに付随して鉄器加工が行われていた。またこのほかには、青銅鋳造に付随した鉄器加工も行われており、今後その実態が明らかになっていくだろう。なお、東海地方においては現在のところ、愛知県豊田市に鉄器生産に専業化したと考えられる南山畑遺跡（天野編 1999）があるが、ほかの手工業との複合化を示す顕著な事例をみいだせてはいない。

註

（1）アメリカ北大陸ミシシッピ川上流域、イリノイ州コリンズビルにあるカホキア（Cahokia）遺跡はミシシッピ文化期（9〜15 世紀）の政治・宗教の中心地であり、人口は 1 万人以上とも推測されている。防御用と推定される柵で囲まれた遺跡の中心には、「中央広場」を囲んで 20 基ほどの墳丘が造営された。なかでもモンクスマウンド（Monk's Mound）は長さ 316 m、幅 241 m、高さは 30.5 m もある巨大な長方形墳丘となる。大きく 2 段に段築された墳丘の上に神殿が造営されていたとみられている。遺跡のなかには有力者の墓も検出されており、72 号楕円形墳丘墓では 2 万点近くの貝殻ビーズを敷き詰めた壮年男性の墓壙が検出された。中部大西洋地域と北アメリカ東南部に生息するライトニングツブ貝（*Sinistrofulgur perversum*）の貝殻を素材とした装身具である。ツブ貝の殻口付近で直径 1〜2 cm ほどの小円盤状の小玉を作成した後、殻軸を取り出して管玉を生産していた。円盤玉は敲石で打割し、チャート製の錐で穿孔して、砂岩製砥石で円形に整形する。殻軸を割り取り、管玉を一定の長さに調節する際には、殻軸周囲に施溝して不要な上下端部を切除していた。カホキアにおける貝殻ビーズの製作は銅板の鍛銅や宝石細工とともに専業生産によるものとみられている（Yerkes 1983）。

（2）岡山市百間川遺跡群原尾島遺跡の住居跡にかかわる文献は多く、煩雑になるため下記に略示しておく。光吉勝彦・葛原克人・伊藤 晃ほか 1980『岡山県埋蔵文化財発掘調査報告（以下、岡山県報告）』39、正岡睦夫編 1984『岡山県報告』56、宇垣

匡雅編 1994『岡山県報告』88、平井 勝・岡本寛久ほか 1995『岡山県報告』97、柳瀬昭彦・高田恭一郎ほか 1996『岡山県報告』106、小嶋善邦・宇垣匡雅ほか 2004『岡山県報告』179、下澤公明・高田恭一郎ほか 2008『岡山県報告』215。

（3）取手付広片口鉢（皿）は四国東部を中心に中期末葉から後期前葉に多くみられるものである。もとは甕を半裁し、口縁部を3分の1ほど残した片口となる甕破片を水銀朱の調合に利用していたのであろう。のちに甕破片を模して専用土器として製作されたとみることができる。辻垣遺跡の広片口三耳鉢は後期中葉前後となり、取手付広片口鉢よりも新しい型式といえる。なお、図22・81には時期的にはさかのぼる後期前半期の取手付広片口鉢の出土地が示されていることに留意いただきたい。

第3章

弥生時代後期後葉以降の手工業

1. 水銀朱生産と水晶製玉作り

（1）辰砂の採掘と朱の生産

　『魏志』倭人条には「出眞珠・青玉、其山有丹」とあり、辰砂を産出していた、と理解することができる。また、「以朱丹塗其身體」ともあり、朱やベンガラを身体に塗っていた習俗を推測することができる。弥生時代には、一般的に遺骸に朱、石棺・木棺の内面にはベンガラを塗布する。木棺底面に水銀朱が塗布されていた場合は、社会的階層がかなり高いランクの被葬者であることを物語る。朱やベンガラを土器に塗布したり、練り込んだりもしており、さらには銅鐸にさえ塗布されるようになる。赤色顔料としての朱はさまざまな工芸品の製作にも欠かせない素材でもあったわけで、その使用事例は枚挙にいとまがない。

　辰砂鉱石がみつかる水銀鉱脈は火山活動によってできる熱水鉱床に生成される。火山の集中する日本列島はまさに辰砂鉱石の一大産出地であり、三重県から奈良県、徳島県、大分県を貫いて走る中央構造線に沿って帯状に鉱床が分布する。西南日本内帯に大和水銀鉱山、外帯には水井・由岐水銀鉱山などがある。三重県丹生鉱山の辰砂は縄文時代から利用されていた。弥生時代における朱の消費量は中国産の水銀朱を含め、かなり膨大なものであったと推測できる。後期には、辰砂の採掘、粉砕と粉末化による水銀朱の精製・加工とその流通が大きな経済活動となっていた。辰砂を砕いて磨り潰し、色彩が劣化しない水銀朱を生産した。しかし、坑道を掘るような鉄製の掘削道具がなかったため

図 21　徳島県若杉山遺跡出土の水銀朱生産石器

か、もっぱら地表付近の鉱脈を露天掘りするしかなかった。

　辰砂の採掘・粉砕から水銀朱の生産を行っていたことで知られる阿波地域（徳島県）の若杉山遺跡は、県南部の剣山山系に水源を発して紀伊水道に流れ込む那賀川の下流域、阿南市にある。阿南市付近には水井・若杉・細野・大竜寺・加茂谷などといった水銀鉱床が知られ、第2次大戦中の水銀探査の際に、付近は古代の辰砂採掘場所の遺跡群であったと確認された。

　その後、若杉山遺跡で採集された石杵や石臼などは製粉や脱穀に利用されたのではなく、水銀原石となる辰砂を砕いて磨り潰すために使用されたものであり、阿南市付近には水銀朱の生産のための辰砂採掘遺跡が分布するといった評価が定着した。これらが若杉山遺跡を代表とし、辰砂採掘、粉砕加工を行った弥生時代以降の辰砂採掘遺跡群である。西端の若杉山遺跡から東端の津之峰山北斜面遺跡にかけ、南北 3.5 km、東西 12.5 km と、かなりの広範囲にわたる。遺跡の多くは低地集落から離れており、那賀川の浸食によって形成された開析谷や急峻な丘陵斜面に位置していた。地表にみえる鉱脈を丹念に探し出しており、弥生時代後期には綿密な踏査が行われていたことが推察できる（西本編 2016）。弥生時代に属する辰砂採掘遺跡としては、若杉山遺跡のほかにも津之峰山北斜面遺跡や野尻石灰岩採掘跡などがみられる。正福寺山遺跡からは石杵なども出土しているが、発掘調査による確認を経てはいないので、未明な部分

が多い。

　1984（昭和59）〜87（昭和62）年には、徳島県立博物館の岡山真知子らによって若杉山遺跡の発掘調査がなされ、辰砂鉱石のほか、辰砂が付着した石杵（敲石・潰石・磨石）や石臼（敲台・凹台・磨台）が大量に出土した（図21）。近年では、これらの石器が辰砂鉱石の岩塊を割り、砕石して潰し、粉末化・乳状化する工程に使用されていた詳細がわかってきた。石杵や石臼の多くは近くの那賀川流域から供給された砂岩由来の川原石を使用していた（西本編 2016）。なお、若杉山辰砂採掘遺跡は弥生時代後期から古墳時代初頭における辰砂採掘、水銀朱生産の実態を示すものとして、辰砂採掘場とズリ場をあわせて、2019（令和元）年10月16日に国指定史跡となり、辰砂を採掘・粉砕・精製した石杵・石臼124点も2023（令和5）年6月27日、重要文化財に指定された。

　若杉山遺跡では、辰砂の採掘から水銀朱への加工生産の工程は次のように進行する。まず、石鍬で地表をひろく掘削して石灰岩を露出させる。この石灰岩表面を少しずつ破砕して辰砂鉱脈を探す。石灰岩内にわずかでも鉱脈がみつかれば、母岩ごと割り取って、敲石状の石杵で打割して不要部分を粉砕除去し、鉱脈に含まれた鉱石部分だけを取り出す。次に数センチの鉱石礫を潰石と凹台で数ミリの辰砂粒塊に砕いていく。併行して水簸による比重選鉱も行ったとみられている。最後に辰砂粒塊を磨石と磨台で粉末状、乳状に磨り潰していくわけである。実験によると、5名の作業者が2日間かけて、2.9gほどの粉末化に成功している（西本編 2016）。地表にみえる数センチから数ミリレベルのわずかな辰砂鉱脈をみつけるために、石灰岩母岩を破砕し続けており、その石屑が堆積してズリ場を形成した。多大な労働力を投入して辰砂粉末を得ていたことがわかる。

　若杉山遺跡の発掘調査では、弥生後期土器がかなり出土した。それをみると、後期前葉以降に採掘が始まるが、後期後葉から終末期を盛期として活動していたことがわかる。出土土器には、地元産（23％）以外に吉野川下流域周辺産（59％）、讃岐産（6％）、畿内系・山陰系（1％）、ほか不明（11％）がある

（西本編 2017)。地元砂岩川原石とともに、加工具石材となった玢岩類は香川県東部、東讃潮越海岸からもたらされたと想定されており、讃岐地域からの土器・石材の流入・調達、製品の搬出により、讃岐地域との日常的な交流・交易をうかがうことができる。高松市上天神遺跡の片口鉢や取手付広片口鉢などの出土事例からみれば、おそらく辰砂粉末、水銀朱は讃岐地域に搬出され、その一部が加熱調合されたとみられる。さらには一部に砒素などを添加して仙薬を焼煉し、瀬戸内海北岸から中国地方や近畿地方に流通していたと想定することができよう。

(2) 四国東部で発展する倭の水銀朱生産

四国地方東部、讃岐地域では縄文時代以来、サヌカイト製石器生産が継続していた。これに阿波地域での水銀朱の生産、讃岐地域での水銀朱の精製・調合が加わる。さらに鉄器加工が付随する事例が増加し、手工業生産の複合化が他地域に比べて抜きんでていた。ここでは後期中葉前後から終末期にわたって、おもに水銀朱を扱った手工業生産が実施された生産遺跡の概要について述べておこう。

後期中葉となる徳島県海部郡芝遺跡竪穴建物33200からは、鉄器加工遺構において、朱の付着した石杵やサヌカイト砕片、動物骨などがみつかっており、小規模な鉄器加工とともに水銀朱の生産が併行して行われていたことがわかる（林田・白石・魚島 2006)。弥生時代終末期から古墳時代初頭になる徳島市矢野遺跡では、朱の付着した片口鉢などが多数出土した。水銀朱の調合を行い、讃岐地域との交易にかかわった集落であったとみなすことができよう。2037号竪穴建物では、鍛冶を行った痕跡とともに結晶片岩製の石臼が出土しており、辰砂の粉砕が想定できる。遺跡からはほかにサヌカイトや蛇紋岩、管玉、ガラス製玉類などが確認されており、玉作りをはじめ、さまざまな手工業生産にかかわっていたとみられている。2044号竪穴建物では砂鉄が確認されたが、その組織分析によると、四国地方産出のものとは異なることから、他地域から搬入されていたようである（大澤・鈴木 2001)。美馬市拝原東遺跡でも、2基

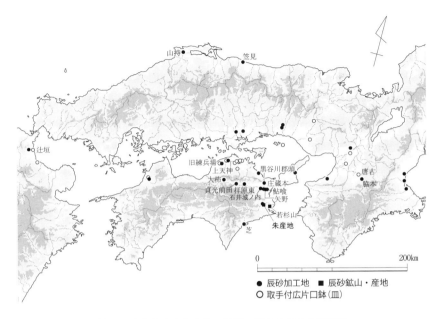

図22　水銀朱生産と水銀の精製・調合を行う主要遺跡

の鍛冶炉とともに、辰砂を粉砕した石臼がみられた（藤川2005）。

ほかにも、後期後葉から終末期前後となる徳島市鮎喰遺跡、庄・蔵本遺跡、板野郡黒谷川郡頭遺跡、名西郡石井城ノ内遺跡、美馬郡貞光前田遺跡、三好郡大柿遺跡（西本編2017）などで、辰砂粉砕加工具や朱の付着した鉢などが出土しており、徳島県一帯にかけて水銀朱の生産にかかわる遺跡が急増していたことがわかる。辰砂の採掘が活発化し、辰砂粉末や水銀朱が地域一帯に流通していた当時の状況を垣間見ることができる（図22）。引き続き、四国地方東北部、讃岐地域へ水銀朱精製品がもたらされていたとみて間違いなかろう（岡山編1997）。

南武志らの硫黄同位体比の分析によると、弥生時代後期後葉までだと、日本海沿岸域の大型墳丘墓の中心埋葬でみつかる水銀朱は、西安秦嶺山脈など中国大陸の水銀鉱床産と推定できる事例がほとんどだが、終末期には、近畿地方を中心に日本列島産の水銀朱を大量に使用し始めていたことがわかってきた（岡

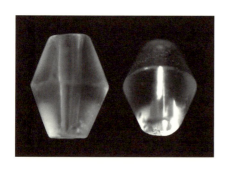

図23　鳥取県青谷上寺地遺跡出土水晶製
　　　小型算盤玉（個体番号330、全長5.2㎜）

林孝・水野編 2008、南・河野摩・古川ほか 2013）。やはり、終末期には、徳島県永井・由岐水銀鉱山がさらに開発され、水銀朱生産量が飛躍的に増加していたことがわかる。またそれだけでなく、奈良県宇陀から桜井にかけて露頭鉱脈が広がる大和水銀鉱山や三重県丹生鉱山が開発されていた可能性もあろうか。

『魏志』倭人条には、「其（正始）四年（西暦243年）、倭王復遣使大夫伊聲耆、掖邪狗等八人、上獻生口、倭錦、絳青縑、緜衣、帛布、丹、木猚、短弓矢、掖邪狗等壹拜率善中郎將印綬」（括弧内は著者追記）とある。解釈には諸説あるが、「丹」が辰砂（丹砂）、または水銀朱であった場合、おそらくは水井・由岐水銀鉱山などの辰砂やそれを精製した水銀朱を献上していたと想定できよう（市毛 1975）。また、それだけでなく鉛や砒素などを調合して仙薬を献上したのかもしれない。第1章第3節でみたように、漢における辰砂の価値はきわめて高いものであった。発掘調査の出土資料からみても、やはり献上品がベンガラとは考えにくく、倭の水銀朱だけでなく、水銀仙薬さえも献上された可能性を考慮すべきであろう。

（3）水晶製玉作りの生産動向

　水晶製勾玉や小型算盤玉（図23）の生産は、弥生時代中期後葉の奈具岡遺跡から徐々に西方へとその製作拠点が移動していた（河野一・野島 2003）。後期前葉には鳥取県西高江遺跡や笠見第3遺跡、後期中葉から後葉には久蔵峰北遺跡、後期後葉には島根県平所遺跡などで水晶製玉類の生産が継続していった。[2]

　弥生時代後期後葉から終末期になると、福岡県糸島市潤地頭給遺跡や北九州市城野遺跡など、筑前地域糸島半島から博多湾、あるいは豊前地域に点在する

玉作遺跡において、水晶製玉類や碧玉製管玉などの生産が開始された。なかでも、糸島半島中央に位置する潤地頭給遺跡は、碧玉製管玉などとともに水晶製算盤玉類を生産した伊都国の中核的玉作工房といえる（図24）。

図24　九州北部地域の玉作りと水晶製玉類生産遺跡（終末期）

韓半島の水晶製玉類と比べれば、透明度が劣るところが倭人独特の製作技術となる。故意に粗い研磨で仕上げたようにみえるものもある。あるいは、透明度の低い結晶を選んでいたのかもしれない。東南アジアで生産された半透明ガラス製のファセットカットビーズを真似たものであろうか。

　潤地頭給遺跡では、9,600 m^2 を越える広大な工房域がみつかり、小型方形の竪穴建物とそれを取り巻く周溝（Ⅰ－Ｅ区10号住居、Ⅲ－Ｅ区１号住居）、掘立柱建物、作業用土坑などが検出された（江野・江崎 2005、江野 2006）。そこでは、水晶や花仙山産碧玉・玉髄・鉄石英・蛇紋岩などの玉素材が鉄製工具（鉄製楔・鑿や鉄製玉錐）や筋砥石などとともに出土した。水晶素材からは丸玉や小型算盤玉類を生産し、碧玉で管玉、蛇紋岩で勾玉を加工生産した。花仙山産碧玉素材とともに山陰系の甕も搬入されていたことから、出雲地域から玉作工人が派遣され、鉄製楔・鑿や鉄製玉錐を駆使した出雲地域の加工技術で丸玉や小型算盤玉類、管玉などが生産されたと推察されている。出雲地域の水晶製算盤玉の加工技術が九州北部地域に移植されたとみることができる。このような水晶製小型算盤玉類は慶州市舎羅里130号墓など、韓半島南東部にも散見されるものであり、日本列島製の小型算盤玉類が輸出されていた可能性もあろう（楊 2021）。

城野遺跡でも、2基の玉作り専用の竪穴建物が検出された（佐藤浩 2012、佐藤浩編 2013）。大量の水晶製品と緑色凝灰岩、碧玉片とともに、128点以上にもなる鉄製楔・鏨や鉄製玉錐が出土した。水晶製玉類の原料（水晶・石英塊）は、北九州市小倉南区の水晶山の石英脈からのもので、小型算盤玉などを生産していた。

　冒頭で水晶製玉類の生産地が西方に移動していたことを述べたが、ではどうして九州北部地域に移転したのだろうか。『魏志』倭人条（正始8年〈西暦247年〉以降）に、「壹與遣倭大夫率善中郎將掖邪狗等二十人、送政等還、因詣臺、献上男女生口三十人、貢白珠五千孔・青大句珠二枚・異文雑錦二十匹」とある。倭王壹與が魏に贈った「白珠」は『漢書』輿服志の王侯の装身規定にも登場する。アコヤ貝などに生成する真珠とされる場合もあるが、当時の倭の手工業生産を考慮すれば、真珠の可能性は低い。白濁色あるいは半透明で穿孔があり、かなりの生産量を見積もることができる玉類とすれば、やはり水晶製小型算盤玉を想定すべきであろう。「青大句珠二枚」と考えられるものには、碧玉製あるいは翡翠製の勾玉があろう。装身具のランクと稀少性からすれば、翡翠から作られた特別な大型勾玉が二つ献上されたと想像できようか。[3]

　つまり、邪馬台国政権[4]（福永 2001）から派遣された一大率が常治した伊都国において、出雲地域からの玉作工人に実務を担当させ、装身具玉類の生産を計画的に開始させていたとすれば、それは邪馬台国政権からの政治的要請と考えられよう。倭の外交上の港湾拠点である伊都国中枢域の北西、当時の海浜に面した潤地頭給遺跡で生産された水晶製玉類、とくに水晶製小型算盤玉の類は公孫氏政権、のちには魏への朝貢の際の貢物・献上品として利用されたと想定することができる。九州北部地域、とくに伊都国の国際交易港近くでの水晶製玉類の生産は中国王朝や地方政権との貢賜関係を取り結ぶために必要な重要事業であり、邪馬台国政権管轄下の新たな手工業生産であったとみたい。

2. 朝貢献上品の集約的生産

　漢代以降、歴代王朝の華夷思想には、蛮夷を教化する王化思想が付加された。歴代の中華皇帝は周辺地域の君長が貢物をもって通行を求めてくると、それを皇帝の徳を慕う朝貢とみなし、貢物の価値を大きく上回る返礼品をもって応え、臣として王・侯の爵位を与えて冊封した（田中史 2016）。魏明帝（曹叡）も邪馬台国女王卑弥呼を「親魏倭王」として冊封したことはつとに有名な史実であろう。

　景初3年（西暦239年）あるいはその前年、倭の女王卑弥呼は大夫の難升米と次使の都市、牛利を帯方郡に派遣して明帝に拝謁することを願い出た。明帝はこれを喜んで、女王を親魏倭王と為し、金印紫綬を授け、各種の錦織物や毛織物、絹織物とともに、金八両・五尺刀二口・銅鏡百枚・眞珠・鉛（鈆）丹各五十斤（およそ11 kg）を下賜した（『魏志』倭人条）。ここでは、「鉛丹各五十斤」に注目してみたい。「各」とあるから、鉛と丹（辰砂）の二者となれば、やはり中国の昇仙思想・神仙術の影響を想定すべきであろう（都出 2005）。漢代の富裕階級においては昇仙思想の影響を受けて鉛や水銀を原料とした仙薬（仙丹）を口にすることが流行しており、馬王堆1号墓の貴婦人（利蒼の妻）の内臓器官や筋肉組織には、鉛と水銀の含有量が多かったという（樋口 1975）。仙薬の服用による水銀中毒、鉛中毒が彼女の死因であったと想定する研究者も少なくない。漢魏の貴族が嗜好した仙薬の原料や素材の下賜が行われていたとみることができる。

　神仙になるための修行方法を解説した『抱朴子』の内篇巻11「仙薬」には、上薬として最上のものに丹砂（辰砂・硫化水銀）があり、これを飲めば長寿延命、昇天して鬼神を使役し、欲しい物を得ることができる、との記載がある。ちなみに卑弥呼の遣使の前年（あるいは同年）、景初2年（西暦238年）には、司馬懿によって燕王公孫淵は倒され、公孫氏政権は滅亡した。曹操の子、曹宇が燕王となるが、曹宇の妻は初期道教の一種、五斗米道の指導者、張魯の

娘であった。五斗米道とは、祈祷と呪水で病気を治す民間信仰であり、人びとが罪過を贖罪することで平癒に至るとする考えをもつ。平癒した受道者に五斗の米を供出させたことから、その名が付いた。『魏志』張魯伝には、「魯遂據漢中、以鬼道教民、自號「師君」」とある。張魯は漢中を拠点にして、「鬼道」で人びとを教化し、自ら師君と称したという。『魏志』倭人条にも、卑弥呼が「鬼道」によって人心を掌握した、とあるが、張魯の「鬼道」と同一のものかどうかはわからない。しかし、呪力をもつ大型鏡が製作され、倭人の好みで大量に舶載されていることからも神仙思想を汲んだ民間信仰が体系的にではなくとも、支配と教化の道具立てとして選択的に移入されていたとみてもおかしくはない。

『抱朴子』内篇巻15「雑応」には、直径9寸（21.6 cm）以上の大型鏡に自身の姿を映し、思いを凝らすと神仙の姿が現れ、自身は長寿となり、千里もの彼方を知る霊視力を得る、と記されている。また、9寸以上の鏡には、年老いた魑魅も近づけないような呪術的な威力があることも記されている（巻17「登渉」）。三角縁神獣鏡の面径は平均でおよそ22.3 cm、神仙と霊獣をあらわした背面図像からもこのような霊力を期待して3世紀第2四半期以降、大量に製作された霊具と想定してもよかろう。三角縁神獣鏡が幾度かの特鋳生産を経たのちでも、その面径を変えず、9寸をかたくなに遵守したことも神仙術への期待が失われてはいなかったことを示唆している（福永 2005）。

西村俊範によると、2世紀後半から好んで舶載された画文帯神獣鏡には、文様の配置に高い規格性と整合性があるという。すなわち、鈕を挟んで西王母と東王公が左右に対峙し、鈕の上下には伯牙、黄帝を配し、それぞれ相対する二つの要素を調和・中和する機能を果たす図像が主要モチーフとなっている。浮彫式となる周囲の画文帯は天帝（北斗君）の巡行をあらわし、その巡行がつつがなく世界を調和させていく図柄である。後漢末から魏代、公孫氏政権からの画文帯神獣鏡の流入にもやはり、その図像的解釈に対する理解がまったくなかったわけではなかろう。だがしかし、後世には継承されなかったとみるほかない。三角縁神獣鏡はこのような神獣鏡のモチーフを真似るものの、そのデザ

インを換骨脱胎した感があろう。

　このように、鬼道、あるいは昇仙思想・神仙術にかかわるいくばくかの影響を考古資料からも垣間見ることができるわけで、初期前方後円墳の成立に際しても魏代の昇仙思想を巨大墳丘墓の造営と葬送儀礼に取り込んでいたと推量することができる。

　このような政治・社会情勢からは、辰砂・水銀朱の類が当時の朝貢外交における献上品として、重要かつ貴重な交易資源であったことは間違いなかろう。先述したように、赤色顔料や朱の理化学的分析を牽引した本田によると、取手付広片口鉢は水銀朱を加熱して水銀仙薬を調合したものとする（本田 1995 ほか）。水銀朱の付着した取手付広片口鉢は讃岐地域を中心に出土しており、四国地方東部では、引き続き水銀朱の精製から、おそらくは仙薬の調合生産さえも行い、これらを供給していた可能性を指摘しておきたい[6]。

　先述したように、正始4年に倭王卑弥呼は再び魏に使者として大夫伊聲耆、掖邪狗らを送り、生口や倭錦、絹布、弓矢などとともに「丹」を献上している。後期後葉以降、とくに活発になった水銀朱生産を考慮すれば、やはり、「丹」はベンガラや鉛丹などではなく、倭の良質な辰砂か水銀朱であったのだろう。秦始皇帝の時代、徐福が不老不死の仙薬を求めたと伝えられる東方絶海の地、蓬莱、そのようなイメージのある東方の仙境からもたらされた辰砂や水銀朱はいかばかりの価値があったであろうか[7]。実害はどうあれ、水銀仙薬なら、なおのこと喜ばれたのではなかろうか。正始4年は倭において辰砂生産が最も盛んになっていた弥生時代終末期最終段階から古墳時代初頭への移行期と考えられる。

　また、次代倭王壹與は倭の大夫、率善中郎將掖邪狗ら20人を遣わし、張政らとともに魏都洛陽に向かった際に、「白珠五千孔・青大句珠二枚」を貢物として献上した。孔の開いた5000もの「白珠」は、真珠ではなく、伊都国で生産された水晶製小型算盤玉と想定できる。弥生時代終末期、糸島半島の水晶製小型算盤玉の生産遺跡は、倭王卑弥呼や壹與の朝貢外交と貢賜関係の構築にかかわる重要な貢物・献上品の生産が活発化し始めた様子を如実に物語るものと

みることができる。邪馬台国政権、あるいは初期大和政権の手工業生産は、初期前方後円墳の集中する大和盆地東南部において直接運営されたわけではなく、邪馬台国連合によって分担されていた可能性を考えてみなければなるまい。この点については、第6章において弥生時代終末期の墳丘墓の動向とあわせてみていこう。

　第4・5章では、中国地方山間部から日本海沿岸各地、山陽吉備地域から瀬戸内海東部に焦点を絞って、弥生墳丘墓の造営とその進展の過程をみていく。墳丘の形態だけでなく埋葬施設の系譜や墳丘構築方法の変容にも留意しつつ、墓壙上での葬祭の痕跡から墳丘墓の系譜、墳丘墓グループをみいだしていくこととしたい。これまで述べてきたように、弥生時代に芽生えた特殊工芸品の生産活動は、従前からみられた日本列島内の資源活用とともに海外の金属・ガラス資源の流入によって、著しく変容を遂げた。日本海沿岸地と瀬戸内海東部地域における墳丘墓の発展とその動向を概観しつつ、対外的交易にかかわる手工業生産が地域首長の経済活動の中心に据えられていく過程を詳らかにしていくこととしたい。

註

（1）「真珠」を真朱、上質の硫化水銀とする説もある（市毛 1975）。また、「丹」を丹土（ベンガラ）、あるいは鉛丹（『抱朴子』）と理解する場合もある（鶴田 2002）。ここでは、考古学的見地から弥生時代後期の手工業生産を考慮に入れ、並記された「真珠・青玉」を装身具玉素材、「丹」を丹砂（辰砂）と想定しておきたい。

（2）青谷上寺地遺跡の中心域では、菩提系南女代B遺物群や猿八産の碧玉を使い、施溝分割と安山岩製磨製玉錐穿孔による管玉生産を行っていた。弥生時代終末期前後の包含層（6a層）などから水晶製小型算盤玉が出土したが、石製玉錐で穿孔されており、ガラス製管玉を製作する丹後地域同様、中期後葉から続く加工技術の存続がみられた（図23、第17次調査〈大川ほか編 2020〉）。

（3）以前「青大句珠」の候補として、小型品の翡翠よりも九州北部地域の水晶工房にもち込まれた花仙山産碧玉によって製作された大型勾玉かと想定したが（野島 2009、273頁）、類例に乏しい。奈良県唐古遺跡出土例を越えるような、大型翡翠

製勾玉の可能性の方が高いだろう。
（4）福永伸哉は、卑弥呼が女王に共立され、宗教改革とともに画文帯神獣鏡が流入した段階と、魏の冊封とともに破格の厚遇を得て「親魏倭王」となり、東アジア政治秩序において倭人の盟主と認知された段階を峻別し、前者を前期邪馬台国政権、後者を後期邪馬台国政権とした。また、隔絶した巨大墳丘をもつ箸墓古墳の築造を3世紀中葉、250年前後とし、そこに初期大和政権の開闢をみる（福永 2001）。本書でも初期中央政体の成長過程を明確にするために、福永が提示した邪馬台国政権、初期大和政権といった倭の行政権力機構名を用いる。AMSや年輪年代法などの理化学分析の結果、後期邪馬台国政権の実質的な存続期間は短くなってくるとみてよかろう（岸本 2022）。
（5）本章註1にもあるように、「真珠」を真朱とすれば、上質の水銀朱と鉛丹それぞれ五十斤と考えることもできる。いずれにせよ、水銀朱と鉛か鉛製品を下賜されていたことは確かであろう。なお、鉛丹は粉末鉛を加熱酸化して丹とする四酸化三鉛（Pb_3O_4）のことで、鮮赤色の粉末顔料となる。鉛製矛の出土からすれば、当時の倭において鉛素材・鉛製品の認識はあったであろう。
（6）弥生時代後期中葉以降も引き続き水銀朱の精製や加熱調合が行われたとみられることから、取手付広片口鉢に替わる新たな調合容器を作り出していたのかもしれない。アマルガム化しない鉄器の可能性もあろうか。
（7）黄龍2年（西暦230年）、孫権は遼東公孫氏への干渉を開始するなか、衛温らに夷洲・亶洲を求めさせた。徴兵の目的もあるかもしれないが、あまりに遠いと想像されたことからも、東方海上の仙境への強い関心があった可能性も想像できよう。

第4章
墳丘墓の系譜とその発展

1. 弥生時代前半期の墳墓

（1）石で覆う木棺墓

　弥生時代前期から中期中葉までは、それほど明確な規模・規格をもつ墳丘墓は現れない。木棺を石で覆い、わずかな封土（被覆土）を施す場合が大半である。墳丘墓が著しく変容して発展するのは、前漢が滅び、後漢が再興する弥生時代中期後葉から後期前葉と、倭国乱（2世紀後半）にはじまり、その超克に向かう後期後葉から終末期の二つの時期である。このため、弥生時代前半期を扱う本章では、最初の変革期、中期後葉から後期前葉となる中国山地の三次庄原地域と、丹後半島の墳丘墓の変遷までをおもに扱う。まずは日本海沿岸域の「標石」をもつ墳墓に注目して、方形貼石墓を造り出していく経緯をみていきたい。その後、墳丘墓の大型化とともに標石の形骸化が起こることを説明していこう。

　弥生時代前期、九州北部地域の宗像市田久松ヶ浦遺跡では、木棺の周りを板石で囲い、蓋板上も板石材で覆う、いわゆる石槨木棺墓がみられた（原・白木・秋成 1999）。「配石（木棺）墓」あるいは「石囲い（木棺）墓」などと呼ばれたが、このような簡便な「石槨」状の施設をもつ特殊な木棺墓は、九州北部響灘から関門海峡を越え、おもに日本海沿岸域へと伝わった。山陰地方から中国地方山間部では、墓壙内で木棺側板を支え、側板外側から固定するための礫石の配置がみられるようになる。また、標石と呼ばれる扁平な礫を墓壙上面や木棺蓋板上面に多数配するものも出現した。その後、木棺周囲への石材の配

置はかなり簡略化するものの、蓋板上に平石材を配置するような「標石墓」が増えてくる。標石はすべての埋葬施設にともなうものではないものの、中国地方、おもに山陰地方から山間部周辺に広く受容された埋葬行為であった。

(2) 中国地方における標石木棺墓の分類

いわゆる石槨木棺墓からの系譜をもつため、標石墓は木棺上面あるいは木棺上の封土を礫石で被覆するものであった。木棺蓋板上面の標石は木棺を被覆する目的をもっていたのだが、しだいに墓標の一つとみなされるようになった。木棺が腐朽すると、棺蓋が棺内に陥没し、墓標としての標石も棺内に落下した。人格をもった死者（被葬者）が集合的性格となる祖先・祖霊へと統合されていく過程を想起させる機能も付与されていたと想像できるかもしれない。

しかし、のちにはそれらの機能が形骸化していく過程もみることができる。結果的に標石は、墳丘表面に配置される場合と墳丘内部に埋め込まれる場合に分かれるようになった。墳丘内、封土に埋め込まれる際にも、層位的判断から標石の配置時期が異なる場合もあるようだ。一般的には墳丘が大きく発達すると、墳丘内に埋め込まれていく傾向にあるといってよい。標石の被覆機能の形骸化と墳丘の発展から、配置形態と被覆石数による分類を試み、その変容を明らかにしておきたい（図 25・26）。

全面被覆型：弥生時代前期から中期前半期に拡がる。墓壙の封土上面あるいは木棺蓋板上を覆うように多数の平石、礫石を配置する。20石前後またはそれ以上の石を使用する。木棺が腐朽すると、標石自体も陥没する（図 25）。

周囲・側辺型：弥生時代中期を中心にみられる。墓壙内に埋置された木棺蓋板周囲部分に配石される。長側辺のみの場合もあるが、いずれも 10 石以上の礫石を配置する。全面被覆型同様、木棺が腐朽すると、標石自体も陥没する（図 26）。

四隅・両端型：弥生時代中期後葉ごろから後期前葉にみられる。墓壙の短側辺、木棺小口部分を中心に複数の扁平な石を配置する。四隅あるいは方

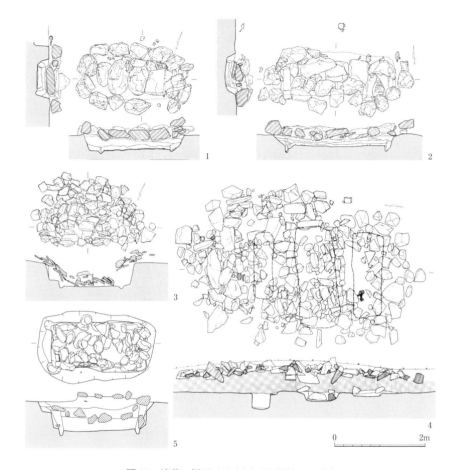

図 25 墳墓の標石 (1)（弥生時代前期から中期）
1. 堀部第1遺跡1号墓　2. 堀部第1遺跡2号墓　3. 友田遺跡A区木棺墓SK04　4. 高平遺跡A号墓　5. 岡ノ段C遺跡木棺墓SK47

　形区画を意識した配置（4石以上）にする場合や、小口両端部分を意識した配置（2石以上）にする場合、または一端（頭部側か）にのみ配置する場合があり、それぞれ四隅配置、両端配置（あるいは一端配置）とする。棺が腐朽しても標石は落ち込まない位置にある（図39・40）。
　一部集中型：弥生時代後期に多くみられる。墓壙の一部にのみ、わずかな石

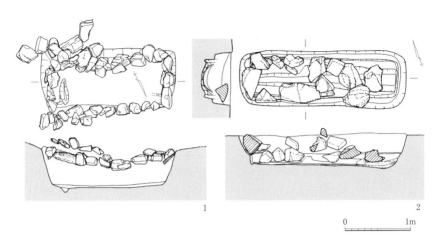

図26 墳墓の標石 (2)(弥生時代中期)
1. 友田遺跡A区木棺墓SK05 2. 槙ヶ坪2号遺跡木棺墓SK1

を複数配置する。墓壙掘形あるいは墓壙短辺付近に配置するものは四隅・両端型がさらに形骸化、その行為の意味が衰退したとみなすことができる。墓壙掘形の外側に配置される場合もある。墓壙に埋置した木棺上に位置する場合、葬祭土器とともに墓壙内に落ち込んだか、陥没坑に遺棄された。墓標というよりも、葬祭土器の設置やその台石として使用されるものとなった場合がある（図39〜41）。

全面被覆型の標石事例　全面被覆型は島根県八束郡鹿島町堀部第1遺跡（赤澤・川西・徳永ほか2005）や松江市友田遺跡（岡崎1983）、あるいは広島県北部の三次市高平遺跡（潮見・川越・河瀬1971）・三次市陣床山遺跡（潮見編1973）・山県郡北広島町岡ノ段C遺跡（梅本健編1994）などに類例がある（図25）。弥生時代前期、山陰地方から中国山地に拡がる。木棺蓋板上の重石として人頭大ほどの石を入念に配列している。蓋板の周囲に重石を置き、内部中央を重点的に積み込むものから、蓋板上に一列に平石を並べるようなものまである。石材の大きさもさまざまであり、バラエティが豊富である。

たとえば、広島県岡ノ段C遺跡には、前期に属する木棺墓SK47がある（図

25-5)。長側板を固定するために小ぶりの角礫を裏込め石として使用していた。その上に木棺蓋板を押さえるための角礫を中央と両側辺を中心に全面配置し、亜角礫で頭部上となる西側の部位を被覆する。注目すべきは蓋板上の重石だけでなく、被覆封土の上にもさらなる亜角礫を配置していたところである。墓壙上面の礫堆の源流ともみることもでき、興味深い。

広島県高平遺跡 A 号墓では、墳丘被覆型ともいえる標石が出現する。高平遺跡 A 号墓は一列に並んだ土壙墓 1 基と木棺墓 2 基の上に「黒フク」の封土が施され、長楕円形の範囲に角礫が積み込まれていた（図 25-4）。南から第 3・第 2・第 1 主体(1)がそれぞれ配置されていたが、木棺の設置の際にも側板の固定に裏込め石をあてがった。木棺を埋置したあとに墓壙を封土で被覆し、角礫を敷き詰めた状況をみることができる。角礫の配置は墓壙一つずつに施されたもので、3 回の埋葬の結果、最終的に一つの墳丘状のまとまりになってしまったかのようにみえる。木棺蓋板の重石としての機能は低下した。出土土器からは弥生時代前期後葉から中期前葉と考えられる。

全面被覆型となるものは現在のところ、九州北部地域に端を発し、弥生時代前期を通して山陰地方石見地域から江の川上流域の広島県北部（備後北部）周辺に拡がっていたことがわかる。江の川上流域では、棺蓋の重石としてではなく、封土を被覆する目的をもつ初期の小規模な墳丘墓にも利用されたようである。のちには、平坦な墳丘の周囲を平石で被覆する方形貼石墓が山陰地方から中国地方山間部や丹後地域に拡がっていく（図 44）。墳丘に石材を多用する墳丘墓の源流は埋葬施設封土上や棺蓋上の重石として敷き詰めた標石墓にあろう。

周囲・側辺型の標石事例　墓壙長辺および短辺内側の周囲に配石されるもので、全面被覆型の簡略とみてよい。全面被覆型と同様、おもに棺蓋の被覆・固定のために施されたものだろう。堀部第 1 遺跡・友田遺跡（図 26-1）や、特異な舟底状の木棺をもつ広島県東広島市槙ヶ坪 2 号遺跡（図 26-2、青山・沢元編 1990）などに類例がある。周囲・側辺型は全面被覆型とは異なり、木棺側板などを固定する裏込め石、詰石などとともに使用される状況にはなく、配

石の個数も少なくなる。しかし、棺蓋上面周囲に配石されることから、棺蓋の上面を覆う機能だけが残る。全面被覆型と同様に、墓群内でも優位性を示唆する中心的な埋葬施設にみられる場合も多い。おもに弥生時代中期段階に認められるものの、副葬品が含まれる埋葬施設も少なくない。

　中期後葉から後期初頭に四隅・両端型、後期には一部集中型がかなりみられるようになる。四隅・両端型は墓壙の四隅、あるいは両端に数個配置するのみであり、すでに棺蓋上に置かれるものではない。一部集中型も墓壙内外にわずかな個数の石を埋置するだけである。いずれも墓壙の埋め戻しの際に配置されたとみられ、墳丘表土下に埋め込まれたと考えられる。つまり、標石としての機能はなくなったといえる。これらについては、第4章第4節で個別に説明する。

2. 弥生墳丘墓の萌芽

(1) 弥生墳丘墓の構築とその分類

　ここでは、弥生時代中期後葉から発展していく墳丘墓の源流をみておきたい。まず、墳丘墓とは、広義には墳丘をもつ墓として単純に括れるが、墳丘規模・墳丘土量の程度などについてさまざまな意見がある。あてはまる事例は非常に多く、一昔前の「古墳」といった言葉の意味合いに近いかもしれない。しかし、現在の日本考古学では、「古墳」という用語は古墳時代に造営された、いわゆる高塚系の「墳丘墓」のなかでも、階層的秩序にもとづいた造営原理を反映した墳墓に限定して使用される場合が一般的である（都出1986）。前方後円墳を代表とし、前方後方墳、円墳、方墳と、多くは定型化した土台となる墳丘を構築したあとに、墳頂平坦部に墓壙を形成してそこに埋葬を行うものである。その際、少数の被葬者しか認められない古墳時代の高塚が「古墳」とみなされるのである。そして、「古墳」も墳丘墓概念の一つのグループとして属すことになる。これに従うと、ヨーロッパのハルシュタット文化の巨大円形墳墓、たとえばマグダレーネンベルクの円形墳墓については「古墳」とは呼ば

ず、「墳丘墓」と表記することになる。アラビアのバーレーン、ディルムン王国の墳墓群もまた、墳丘墓の一つのグループである。

以前に近藤義郎が示したように、弥生墳丘墓は弥生時代に築造された墳丘墓と規定することができる。近藤は弥生墳丘墓の諸属性として、墳丘（規模・平面形・突出部・盛土・地山利用・立地）、墓域標示（周溝・列石・貼石）、埋葬や葬送祭祀に使われた品々、その遺棄状態、墓壙、棺と室または槨、副葬品を列挙した。そのなかでも初期前方後円墳との関連性、連続性が確実視されるものとして、「貼石」「石室」「祭祀用土器」を挙げた。そして、とくに外表施設について、弥生墳丘墓と前方後円墳など畿内の枢要な古墳との間には隔絶した規模の格差があるものの、山陰地方の四隅突出型墳丘墓や山陽地方の円形墳丘墓には、墓域標示に関して前方後円墳との強い関連性が認められるとした。また、木棺周囲を石で囲い、密閉する埋葬施設や祭祀用の壺形土器なども山陽地方の墳丘墓にみられるとしており、やはりそれらの諸属性が飛躍的に変化するものの、初期前方後円墳はそれらを源流としつつ、革新的に統一化させた属性をもつとした（近藤義1986）。

弥生墳丘墓については、大規模古墳にも匹敵するような墳丘規模をもつ後期後葉の大型墓が取り上げられる場合が多い。前方後円墳の原型とされる岡山県楯築墳丘墓はその代表といえるが、巨大化した墳丘墓のみを古墳と区別するために、弥生墳丘墓と位置付けることには躊躇を覚える。まずはそれらを「大型弥生墳丘墓（高塚系弥生墳丘墓）」としておきたい。

本書では、墳丘形状とともに墳丘構築の系譜、埋葬施設や墓壙内での石材利用を重視して墳丘墓の系譜とグループを把握していく。埋葬施設の上にわずかな封土を行う程度のものでも、墓壙掘形を越えて土を盛り上げる墓については小規模な墳丘墓に包括する。弥生時代前期にみられた標石墓（覆石墓）については、棺蓋上に重石を配置するだけでは墳丘墓とはいい難いが、墓壙掘形を越えて封土を施した事例は、盛土構築に繋がる「小型弥生墳丘墓」の範疇とみておきたい。

また、集落遺跡との比高差が属性として加わる場合もある。墳丘は土砂を

盛って形作られる場合が多いが、一部には山塊尾根筋先端の丘陵地形を利用して墳「丘」を造成する場合がある。尾根先端を区画し、方形平坦部を削り出して墓壙を掘削する。盛土をほとんど行っていなくとも、相対的な比高差をもつ位置関係が作り出された場合、盛土墳丘と同じ効果をみいだすことができることから、低丘陵の尾根を階段状に成形した連接台状墓も小型、あるいは中型の弥生墳丘墓として扱っておこう。

　さらに、弥生墳丘墓には埋葬の手順と墳丘の構築にもさまざまな様態が認められることから、下記のような墳丘墓構築の分類（和田 2003）を援用し、墳丘構築と埋葬の時期関係を明らかにして埋葬儀礼の変容を知る手立てとする。なお、以降では、「弥生墳丘墓」を扱うことから、煩雑さを避けるため「墳丘墓」と略す場合がある。

　墳丘後行型：弥生時代前半期にみられるもので、墓壙（墓穴）の掘削を行い、棺を埋置し、埋葬を完了したのち、墓壙を埋めて封土を施す。あるいはさらに盛土を構築して、墳丘とするものもある。この場合、墳丘は墓壙を埋めるための封土の積み重ねといってよい。墳丘裾部周囲に貼石を施し、外護機能を強化させる場合がある（図38-1）。

　同時進行型：多くは弥生時代前半期にみられるものだが、一部後半期にも存続する。墳丘後行型の封土上にさらに墓壙を穿ち、再度の埋葬を行い、ふたたび封土で被覆することで、さらなる墳丘を増築していくことになる。これまでの埋葬施設を意識し、隣接した位置に次の墓壙を掘削して棺を設置するので、結果的には、墳頂平坦部に埋葬施設が並列する場合が多い。墳丘後行型の墳丘墓が拡がる地域において経時的に出現する（図38-2・3）。

　墳丘先行型：弥生時代後半期に広く普及するもので、埋葬の前に土台となる墳丘の構築・成形を行う。墳丘の大部分を構築したうえで墓壙を掘削し、埋葬を行う。墳丘を構築しながら墓壙を造り出す場合もある。複数の埋葬施設を設置する場合、中心に造墓の契機となった最初の被葬者の墓壙を墳頂平坦部中央付近に設置して埋葬を行い、その周りに周辺埋葬

が継続する。複数同格型は少数派となり、複数格差型（岩永 2010）の墓壙配置が出現してくる。墳丘盛土は墓壙封土や被覆土ではないことから、墳丘構築範囲の制限はもとからなかった。中国地方山間部から日本海沿岸域では、青銅器祭祀の終焉とともに、この墳丘先行型の墳丘墓が大型化していく。古墳時代の前方後円墳の墳丘構築に多大な影響を与えた（図38-4）。

（２）山陰地方における墳丘墓の遡源

島根県江津市波来浜遺跡墳墓群　江の川下流域にある江津市波来浜遺跡は石見海岸の砂丘地帯にあり、弥生時代中期中葉から後期中葉の墳墓群である（門脇 1973）。Ａ調査区では、6基の列石・貼石をもつ中期中葉の墳墓が確認された。4号墓は長辺2.5 m、短辺2.0 m前後の小規模な墳丘をもち、周囲斜面に板石を配する（図27-1）。墳丘下、中央部に墓壙を穿ち、遺体を埋葬し、埋め戻して側辺両側に棺外配石を施したあとに20 cm前後の黄白色砂で覆って、その周囲に板石をめぐらせたものである。規模は小さいものの、墓壙の掘削と棺の埋置後に、墳丘を構築する墳丘後行型の小型墳丘墓である（図38-1）。

　Ａ調査区2号墓（図27-2）はやや規模が大きく長辺5 m、短辺4 m前後となる。墳丘内に2基、北側に増設された貼石内部にも1基の墓壙が確認された。南側に傾斜する斜面地に砂を盛って高くした土台（盛砂層）を造り上げている。その後、第1主体を穿ち、埋葬・封土・土器供献を行い、墓壙東側（被葬者の頭部側）に棺外配石を施し、黄褐色砂で墳丘全体を覆っていた。第2主体はさらにその黄褐色砂を穿って二段墓壙が造られており、同様に土器供献と頭部付近に配石を行っていた。最後に薄黒色砂で墳丘全体を覆い、墳丘の構築を終えている。第3主体がいつ設置されたかは不明ながら、墳丘周囲をめぐる板石状の貼石を改変しているところからみると、貼石を施したあとであり、最後の埋葬になったと思われる。小規模な同時進行型の墳丘墓といえる。

広島県三次市四拾貫小原遺跡墳墓群　四拾貫小原墳墓群は三次盆地東部、宗祐池西遺跡の北東にある。塩町式土器が出土したことから、弥生時代中期後葉に

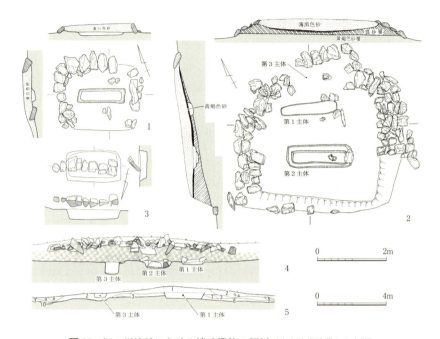

図27 江の川流域における墳丘構築の類例（弥生時代前期から中期）
1. 波来浜遺跡A調査区4号墓　2. 波来浜遺跡A調査区2号墓　3. 四拾貫小原遺跡2号墓　4. 高平遺跡A号墓　5. 宗祐池西遺跡1号墓、5のみ右の縮尺

属する（潮見編 1969）。2号墓実測図などからは、墳丘周囲の外表施設と考えられる板石を貼った列石の下部に墓壙が検出されたと考えられる（図27-3）。おそらくは下層において数回墓壙を掘削し、埋葬が行われたのちに墓壙群の中央付近に長辺6～7 m、短辺5 m前後の長方形墳丘を構築し、周囲斜面に貼石を貼り並べ、周溝を掘削したのだろう。方形貼石墓の可能性が高いが、初期四隅突出型墳丘墓でなかった根拠もみつけにくい。墳丘周囲の板石付近にしか墓壙を検出できなかったことからすれば、おそらくは上述した波来浜遺跡A調査区4号墓と同様に墳丘後行型の墳丘墓であった可能性があろう（今福 2016・2017）。

広島県三次市高平遺跡A号墓　三次盆地のほぼ中央、三次市高平遺跡A号墓は、先述したように弥生時代前期後葉から中期前葉ごろに属する。土壙墓1基

と木棺墓 2 基の上に黒フクの封土が施され、長軸 5.5 m、短軸 3.4 m の長楕円形の範囲に角礫が積み込まれていた（図 25 - 4・27 - 4、潮見・川越・河瀬 1971）。南から第 3・第 2・第 1 主体がそれぞれ配置されていたが、3 基の墓壙底面は南から北に向けて徐々に浅くなっていた。封土の上に配された積石は墓壙掘削・埋葬・封土ごとに施されたもので、3 回の埋葬の結果、最終的に一つの封土（墳丘）になってしまっていた。墳丘内の土層分層が不分明ではあったものの、小規模ながらも同時進行型の墳丘構築方法の先駆的形態を示しているとみてよいだろう（図 38 - 2）。

　三次市宗祐池西遺跡 1 号墓　宗祐池西 1 号墓は三次市市街地の南東、西流する馬洗川の南西岸、宗祐池の北西隣にあった。長辺 11 m、短辺 5.4 m、高さ 0.5 m 前後の初期四隅突出型墳丘墓である（尾本原編 2000）。第 1 主体は 3 層（灰黒色粘質土）などを盛ったあとに掘削された中心墓壙だが、第 3 主体の墓壙はその上層の 1 層（赤褐色土）と、そのあとに盛られた 2 層（暗黄褐色粘質土）の上から穿たれていた（図 27 - 5）。墳丘構築を継続しつつ埋葬が繰り返されたことから、同時進行型の墳丘構築を想定することができる。

　以上からみれば、江の川流域の弥生時代前・中期にみられる小型墳丘墓には、埋葬後に封土や盛土を施す墳丘後行型と埋葬と、封土・盛土を繰り返す同時進行型が併存していたようである。現況の調査事例からすれば、かなり小規模な墳墓は墳丘後行型、やや墳丘が大きくなると同時進行型に移行していたものと思われるが、地域ごとに跛行性があり、時期的な細分はできない。弥生時代中期以前には、墳丘後行型および同時進行型の小型墳丘墓が普遍的に存在していたことを重視しておきたい。また、中期段階の方形区画墓の多くは、長副比の大きい長方形墳丘をもつものが多いが、この要因を考える際、長辺方向に順次埋葬と封土を繰り返した同時進行型の墳丘墓が少なからず存在していたことにも留意しておかねばならない。

（3）大型方形貼石墓の登場

　京都府北部の丹後地域では、弥生時代中期中葉から後葉に方形貼石墓が代表

図28　京都府与謝野町日吉ヶ丘墳丘墓

的な墓制として定着する。山陰地方の方形貼石墓との共通点が多いものだが、中期中葉において、すでに墳丘長辺が30mを越える日吉ヶ丘遺跡の大型墳丘墓が出現する。以下にその詳細についてみておきたい。

加悦谷の大型方形貼石墓　京都府北部の加悦地域(与謝野町南部)は三方を山で囲われた小さな谷地形となっている。丹後三大前方後円墳の一つとして有名な蛭子山古墳の周囲は現在、古墳公園として蛭子山古墳群や作山古墳群が保存公開されており、古墳公園はにわ資料館が併設された。この公園の北側で大型方形貼石墓がみつかった(加藤編 2005)。日吉ヶ丘遺跡のこの墳丘墓は長辺32m、短辺20mもあった(図28)。周囲には幅4mにもなる大きな周溝が掘削されていた。出土土器から、弥生時代中期中葉に造営されたことがわかる。墳丘の周囲斜面には、大人一人では持ち上げられないほどの大型の平石が貼り込まれており、当該期にはほかに例をみないものであった。2005(平成

17）年 7 月 14 日、国史跡に指定された。

　埋葬施設 SX01 は南西側にやや偏って検出された。与謝野町寺岡遺跡 SX56 同様に大規模な墓壙を掘削していた。長さ 5.0 m、幅 3.2 m もある長方形の巨大な墓壙に「H」字形の組合せ式木棺の痕跡が確認された（図 29 - 下）。両長側板が小口板を挟み込むもので、弥生時代には通有の木棺型式である。4 枚の板材に蓋板数枚を置いただけで釘や鎹を使わず、臍組みもなされてはいない。小口板を墓壙床面に差し込むか、あるいは小口穴を穿っておき、舌状に細長くした小口板下端部を埋め込み、両側板を小口板に立て合わせて棺としての安定を図ったのである。棺板材同士を接合させる工夫に乏しいことから、つねに封土の土圧で崩壊する危険性があった。

　注目されたのは墳丘規模だけではない。被葬者の頭部付近、40 cm 四方に広がる水銀朱の層内に碧玉や緑色凝灰岩製の小

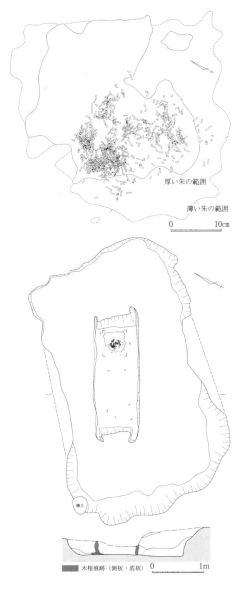

図 29　日吉ヶ丘墳丘墓の埋葬施設と副葬された管玉

型管玉が677点以上確認されたのである（図29 - 上）。蛍光X線分析による元素比法とESR法の結果、北陸（菩提・那谷周辺か）産の碧玉とされる女代南B群が含まれていた。水銀朱の層内から出土したことから、有機質繊維に管玉が飾り付けられていた可能性も指摘された。直径は1.6～2.6 mm、かなり細身の良質な管玉製品もあった。頭部付近で面を成すように整然と並んだ状態で出土したことから、頭飾り、あるいは冠の垂飾（冕冠、冕板の旒）とする意見もみられた。細身の管玉を首飾り以外に利用していた実態がわかるものでもあった。佐賀県柚比本村遺跡の甕棺墓からみつかった赤漆玉鈿装鞘付銅剣の鞘には、細板状に加工された碧玉製管玉が片面8行20列、総数300点ほどを使って整然と飾り付けられていた。このような使用例からも、何らかの布状の織物を朱彩して漆で固めていた可能性が高い。

　奈具岡遺跡の玉作りにおいて碧玉・緑色凝灰岩を管玉として加工するには、さまざまな加工具石材が必要になったことはすでに述べておいたが、直径2.0～3.0 mm、全長1.0 cmほどの小さな管玉を一つ作るにしても、かなり難渋な単純作業が必要となる。ましてやそれが700点近くともなると、とてつもない労働力を集約した工芸品、貴重財とみなければなるまい。それらを一人の被葬者が所有しうる社会的状況になっていたことをうかがい知ることができる。やはり丹後地域では、北陸西部の碧玉を素材として、これらの小型石製管玉の製作を行う生産集団がすでに成立していた可能性さえ考慮せざるをえないだろう。

3. 四隅突出型墳丘墓の成立と佐田谷・佐田峠墳墓群

（1）三次地域の初期四隅突出型墳丘墓（弥生時代中期後葉）

　三次盆地は可愛川（江の川上流）、西城川、馬洗川の三川が合流して江の川となる中国山地西部の要衝地である。この三川合流地は三次市市街地となっている。三次市市街地の南東側、西流する馬洗川流域の南北両岸やその支流の美波羅川東岸に、初期の四隅突出型墳丘墓が造営され始める。長辺が短辺の2倍

近くにもなる長い長方形の平面形態をもつが、墳丘高は数10 cm ときわめて低い。その低墳丘の四つの隅角、斜面が交わり稜線となる部分に数点の石を階段状に配列して、わずかばかりの突出部が造形される。回転台を使い、凹線文様と櫛歯状の工具刺突を多用した塩町式土器の甕、高坏、小型脚付鉢を供献土器とした。当初これらの土器は墳丘周辺や周溝に供献されたが、墳丘先行型、つまり墳丘構築が先になると、墳頂平坦部の墓壙上で葬送用の専用祭祀土器、脚付注口付大型鉢の使用が始まったようである。墳丘先行型の墳丘構築とともに大型中心墓壙上での新たな葬送祭祀が開始され、画期的な発展を遂げる。このような墳丘墓は相前後して伯耆地域など周辺隣接地域に拡散していくことになる。

　　三次市宗祐池西遺跡1号墓　先述したように、宗祐池西1号墓は三次市市街地の南東にあった初期四隅突出型墳丘墓である。墳丘斜面には貼石がやや無造作に施されるが、その周囲に長方形の墳丘墓域を画する列石はまだない。四隅の低い墳丘稜線には3〜4石のステッピングストーンが配列される。墳丘を形成する途中で墓壙が穿れており、同時進行型の墳丘構築となる（図27‐5・38‐3参考）。

　　三次市陣山墳墓群　陣山墳墓群は三次市市街地の南東、西流する馬洗川の北岸、四拾貫町と向江田町の間の丘陵尾根上に築造された5基の四隅突出型墳丘墓である（落田編 1996）。5基の墳丘墓は尾根線上に40 mほど一列に並んで検出された。いずれも長方形の平面形だが、2〜4号墓はそれぞれの長辺と短辺を交互に隣接させて配置されていた。2・4号墓は長辺が尾根筋に平行しており、10 mを越える墳丘をもつ。逆に3・5号墓は長辺が尾根筋に直交しているため、墳丘規模は5 m前後とかなり小さい。1号墓は屈曲した尾根筋にあわせているため、ほかの墓列軸とは斜交していた。長辺が5 m前後で、5号墓と同じ規模の墳丘となる。1〜3号墓には墳丘に貼石が貼られ、貼石下部からやや離れて列石がめぐらされる。墳頂平坦部近くまで貼り込まれている部分も多いことから、墳丘の遺存状況は良好であった。しかし、墳丘自体はかなり低く、最下段の貼石下部から40〜50 cm程度しかない。3号墓は突出部にステッ

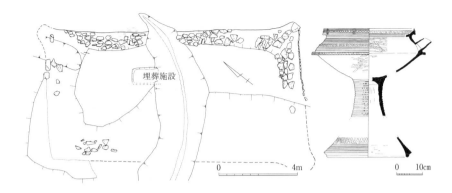

図 30 広島県殿山 38 号墓と出土した脚付注口付大型鉢

ピングストーンが配列されており、その両側に列石が配置される(本書表紙カバー写真)。宗祐池西1号墓からすれば、一段階発達した突出部となる。1・2号墓では、埋葬施設の重複が確認された。また、2・4号墓では、墳丘の拡張や斜面部の張り出しが施されており、墳丘造営はある程度の期間を経て行われていたことがわかる。その後の保存のため、埋葬施設の精査はなされてはおらず、検出面での確認がなされたのみであった。墳頂平坦部で墓壙が確認されていることから、同時進行型か墳丘先行型とみられる。出土土器は甕のほか、高坏・鉢・小型脚付鉢など典型的な塩町式土器の器種組成を呈していたが、甕には一部後期初頭にまで降る資料があることがわかってきた(村田 2021)。成立期の四隅突出型墳丘墓の墳丘形状が良好に保存されていたことから、2000(平成12)年12月10日に国史跡となったが、埋葬施設にかかわる綿密な学術調査はなされてはいない。

三次市殿山 38 号墓 殿山 38 号墳は三次市市街地の南東側、北上して馬洗川に合流する美波羅川東岸に北延する丘陵上にある(道上 1987)。墳丘は長辺 13 m、短辺 6.8 m、高さ 60〜80 cm と、かなり細長い長方形の低墳丘となる(図30)。四隅が突出しており、陣山 3 号墓と同様にステッピングストーンが配列され、貼石の周囲には列石がめぐる。地山整形によって墳丘基底面を造り出し、その上に厚さ 60 cm ほどの盛土を構築していたが、この盛土の周辺に 2

次的な盛土を行い、貼石・列石を施していた。確認された墓壙は墳丘北側に偏っており、盛土上から掘削されていたが、墳丘構築後にほかにも墓壙が穿たれていた可能性もあろう。墳丘周囲の浅い周溝埋土上から甕1点・高坏4点・脚付注口付大型鉢1点が出土した。いずれも凹線文様で加飾した塩町式土器の範疇に属すものといえ、弥生時代中期後葉の様相を示していた。なかでも脚付注口付大型鉢は、器面の風化が著しく、長期間風雨にさらされていたことがわかる（図30‐右、道上1987）。墓壙を埋め戻したあと、墓壙封土の上に置かれて使用され、その場に遺棄されたようである。墓壙上面周辺において、近親者などの弔問参列者たちによる葬送祭祀が執り行われ始めたことを示している。

　中期中葉から後葉にかけての三次地域の小型墳丘墓には、小型脚付鉢や小型高坏などが墳墓裾や周溝に配置されていた。陣山墳墓群においてもこの種の小型土器が供献されていた。しかし、この殿山38号墓においては、高坏とともに脚付注口付の大型鉢がはじめて墳頂部墓壙付近で使用されたといえる。

　なお、この殿山38号墓の墓上に置かれた脚付注口付大型鉢と高坏などの一群については、渡邊貞幸が調査を主導した島根県西谷3号墓における「葬祭土器（群）」と同じ性格を有するものとみておきたい。渡邊が想定するように、被葬者葬送の最終段階、弔問者との「直会(なおらい)」にも似た疑似的な共飲共食儀礼を執り行った際に使用されたものであろう。これらは後期後葉以降、大型（特殊・装飾）器台、（特殊・装飾）壺、直口壺、装飾高坏など、装飾、赤彩された液体貯蔵容器と供献具が葬祭土器の中心となっていく（渡邊2018）。

（2）庄原市佐田谷墳墓群の発掘調査（弥生時代中期末葉〜後期前葉）

　佐田谷・佐田峠墳墓群は広島県東北部の中山間地域、庄原市にある墳丘墓群である。弥生時代中期末葉から後期前葉に属し、方形貼石墓だけでなく、四隅突出型墳丘墓や方形台状墓が造営され、墳丘墓が発展、変容していく様相を如実に示す好例として、2021（令和3）年10月11日に国史跡に指定された。以下、第3・4節にわたって、佐田谷・佐田峠墳墓群の調査成果を紹介し、三次・

図 31　広島県佐田谷・佐田峠墳墓群墳丘位置図

庄原地域の墳丘墓の概要について述べておきたい。

佐田谷・佐田峠墳墓群は三次盆地の北東 16 km ほど、江の川支流の西城川流域となる庄原盆地にある。一般国道 183 号線のバイパス道路建設が始まった 1985（昭和 60）年、地元住民によって佐田谷墳墓群が発見された。1986（昭和 61）年には、広島県埋蔵文化財調査センターによって発掘調査が行われた。道路整備と地方開発が盛んに行われた時期でもあったため、記録保存のみとなる可能性もあったようだが、文化庁や広島県教育委員会の指導と住民の保存要求のもと、佐田谷墳墓群の現地保存が実現した（図 31）。庄原市では、佐田谷墳墓群と隣接して発見された佐田峠墳墓群の史跡指定のため、広島大学考古学研究室との共同研究を企画した。このため、2007（平成 19）年から 2012（平成 24）年まで、広島大学考古学研究室の夏季の野外考古学実習授業として著者が現地調査担当となり、おもに佐田峠墳墓群の発掘調査を行った。その後、庄原市教育委員会が 2014（平成 26）・2015（平成 27）年に佐田谷 3 号墓の発掘調査を継続した（野島編 2016、今西・辻村編 2017、野島・村田編 2018 ほか）。

佐田谷 1 号墓　1986 年度の発掘調査によって、佐田谷 1 号墓は弥生時代後期

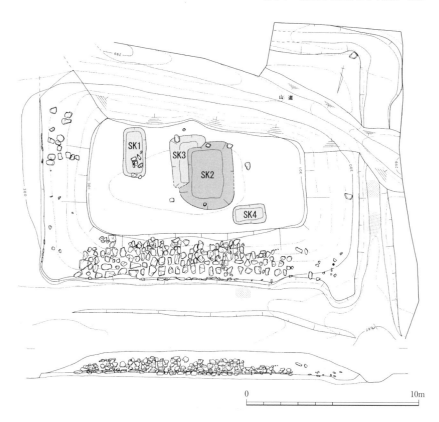

図32　佐田谷1号墓（四隅突出型墳丘墓）

初頭の四隅突出型墳丘墓であることが明らかとなった（妹尾編 1987）。1号墓の墳丘形態はほぼ長方形で、長辺19 m、短辺14 m、高さ1.5 mの規模を有しており、墳丘の周囲には、深さ60 cm以上もある周溝を設けていた（図32・36‐下）。周溝底からは2.1 mもの墳丘高となる。また、北側墳丘斜面には4～6段の平石が貼り込まれ、墳丘裾まわりに列石がめぐらされていた。埋葬施設は墳頂平坦部で4基確認された。中央の墓壙（中心埋葬）SK2が最も大きく、内部には木棺を覆う木槨が埋設されていた。調査を担当した妹尾周三によると、墓壙中央棺上の陥没坑埋土の掘削の際に、拳大の円礫がかなり多く出土

したという（図42‐下、土層断面図）。副葬品はなかったものの、この円礫群とともに脚付注口付大型鉢・器台・高坏・壺・甕といった後期初頭の葬祭土器群が出土した。

　この1986年度の発掘調査は、佐田谷1号墓が木棺・木槨をもつ初期四隅突出型墳丘墓であることがわかった画期的なものであった。この調査と相前後して、広島県北部、庄原市に隣接した三次地域でも、小規模ながら古い形態をもつ初期四隅突出型墳丘墓の調査が引き続いたこともあり、備後北部の三次・庄原地域は初期四隅突出型墳丘墓の出現地として注目されるようになった。

　佐田谷2号墓　1号墓の短辺に接して東隣に位置する。2号墓も長方形の墳丘をもつ。長辺17m、短辺13m、高さが東側で1.0m、西側0.5mほどの規模を有し、墳丘上で弥生時代後期前葉の甕片が採集された。2012年度の庄原市教育委員会の試掘調査では、3基の埋葬施設を検出した。試掘区画が狭く、いずれも墓壙の規模を明らかにすることはできなかったが、3基の墓壙が切り合う形で配置されていた状況を確認した。墓壙SK11は長さ4m以上、幅3m以上の規模をもつと推定され、墓壙の中央に木棺の腐朽にともなう陥没範囲が長楕円形の土質の違いとなってあらわれていた。墳頂平坦部のほぼ中心に位置することからも、墓壙SK11が中心埋葬であったと想定された。

　佐田谷3号墓　佐田谷3号墓は林道開削のため、墳丘南側の一部が破壊されていた。1986年度の発掘調査（妹尾編1987）では、墳丘隅角は突出してはおらず、裾まわりに貼石・列石などがなかったことから、周溝がめぐる方形台状墓と確認された（図33）。周溝底から墳丘全長を推測すれば、東西長辺おおよそ25m前後となろう。墳丘短辺を復元すれば、おそらく15m前後にはなろう。高さは佐田谷1号墓との間にある周溝底から1.8mほどとなる。林道開削に際して削平された墳丘斜面には埋葬施設の一部が露出していた。2012年度の庄原市教育委員会の試掘調査において削平された法面の精査を行った結果、墓壙SK06を検出した。墓壙規模の詳細は不明であるが、法面で確認した長さは3.4m、深さ0.4m、墳丘長辺にわずかに斜交して穿たれていた。2014・2015年度には、庄原市教育委員会による墳頂平坦部の発掘調査によって、長

第4章 墳丘墓の系譜とその発展　113

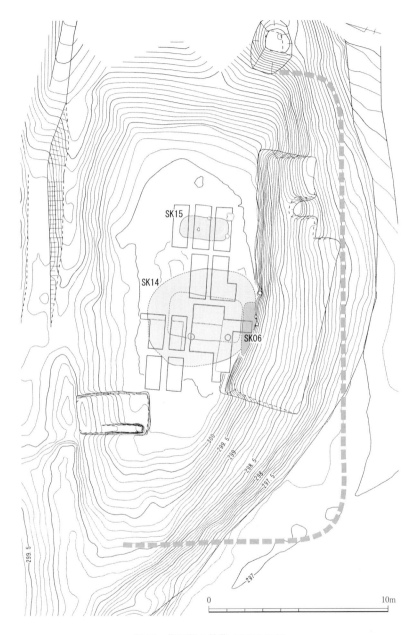

図33　佐田谷3号墓（方形台状墓）

さ6.0m、最大幅5.0m前後、歪んだ卵形となる大型中心墓壙SK14を検出したが、この大型墓壙の掘形埋土を切り込む形で墓壙SK06が掘削されていた（今西・辻村編2017）。大型墓壙SK14の中心部分には、内部埋葬施設の腐朽・陥没にともなう落ち込みの範囲を東西と南側で確認したものの、北側はわからなかったようである。墓壙掘形内部に収まるように復元すれば、長さ4.0m、幅2.2mほどとなる。図33は復原形状になるが、墓壙SK06に接してみつかった落ち込み埋土の輪郭が隅丸長方形に整いすぎている。調査技術レベルも含め、墓壙検出に問題をはらんでいたものの、棺槨上面に近いレベルで検出した可能性も考えられるかもしれない。佐田谷1号墓の墓壙SK2の長さが3.9m、木槨の長さが2.3mほどであったことからすれば、それを凌駕する規模の墓壙と棺槨を想定することができよう。また、大型墓壙SK14内の棺槨の腐朽・陥没による落ち込み埋土のほぼ中央から、丹塗りの脚付注口付大型鉢（図34・43-3）や高坏などがみつかった。脚付注口付大型鉢は、表土直下の墓壙検出面（陥没坑の埋土上面）に立位で遺存していた。検出状況からは、陥没坑の埋没後に三つの脚付注口付大型鉢が配置された可能性が高いといえる。なお、大型墓壙SK14の東側に墓壙SK15を確認した。周溝内の出土土器は中期後葉、あるいは末葉の塩町式甕細片だが、墳頂平坦部から出土した脚付注口付大型鉢は後期前葉に降るものであり、おそらく墳丘造営と葬送にある程度の期間が費やされたと想定することができる。

（3）庄原市佐田峠墳墓群の発掘調査（弥生時代中期末葉〜後期前葉）

先述したように、佐田峠墳墓群の発掘調査は2007（平成19）年から2012年まで、広島大学考古学研究室の夏季の野外考古学実習授業として行った。以下に調査で判明した墳丘墓の概略を示しておこう。

佐田峠1号墓 佐田峠墳墓群の分布する「E」字状の丘陵の南東側にある。佐田峠2号墓に隣接し、墳丘の残存状況はおおむね良好だが、西側の墳丘裾部は山道によって削平されていた。斜面地に構築されたため、墳丘高は一定ではないものの、1号墓は長辺17m、短辺13mたらず、高さ1.4〜1.7mほどの方形

台状墓で、墳丘裾まわりには北側に浅い周溝がめぐるのみであった。墳頂平坦部では、長さ 2.0 m 前後、長楕円形の墓壙 2 基を検出した。墓壙 ST08 の検出面直上からは標石となる角礫と後期前葉、吉備地域南部からの高坏が出土した（図 40 - 2）。

佐田峠 2 号墓 佐田峠墳墓群の分布する丘陵の南東側、佐田峠 1 号墓の北側に隣接してい

図34　佐田谷 3 号墓出土脚付注口付大型鉢

た。2 号墓は長辺 15 m、短辺 14 m あまり、高さ 0.6～2.0 m の正方形に近い方形台状墓で、墳丘裾まわりに周溝がめぐる。墳頂平坦部では、やはり長さ 2.0 m 前後の隅丸方形の墓壙 2 基を検出した。いずれも検出面の直上で標石を配置しており、墓壙 ST06 上面からは脚台付長頸壺が出土した（図 40 - 3）。後期前葉となり、1 号墓同様に吉備地域南部に起源をもつものである。

佐田峠 3 号墓 佐田峠 3 号墓は佐田峠墳墓群の分布する丘陵の北西、最高所にある。墳丘の遺存状況は悪く、植林の際に削平され、重機の土圧により著しく変形を被っていた。墳丘の長辺 15.3 m、短辺 7.05 m の細長い長方形を呈する四隅突出型墳丘墓である。墳頂平坦部には、ほぼ同規模となる 4 基の墓壙（ST02・ST03・ST05・ST07〈図 36 - 上〉）と墓壙 ST02 に重複した小土壙 SX04 を確認した。墳丘平坦部中央になる墓壙 ST02 上からは葬祭に使用されたとみられる脚付注口付大型鉢が出土した（図 43 - 2）。鋭利な刃物で繊細な文様を施しており、塩町式土器には例をみない独自の刻文技術をもっていた。ほかにも中期末葉から後期初頭になる葬祭土器が確認されている。

　墳丘の周囲斜面には、拳大から人頭大の板状の貼石がほぼ 2 段から 3 段に貼りめぐらされていた。墳丘南東隅角部分は、南側貼石面と東側貼石面の交差角度が狭角となり、若干外方に向かって膨らむように盛土が成形されていた。両

貼石面の交差した稜線付近には、とくに大型の板石が貼り込まれていた。しかし、稜線にステッピングストーンとなるような貼石は検出できなかった。

佐田峠4号墓 佐田峠4号墓は佐田峠墳墓群の分布する丘陵の北側、3号墓の南東にある。当初、墳丘南北の一辺が8.1 m前後となる中期末葉の初期四隅突出型墳丘墓であったが、最終的には墳丘が改変されて一辺4.5 m前後、周囲に周溝をもつ方形貼石墓になっていたことがわかった。列石は西辺と北辺の一部でしか検出できなかったものの、南辺表土面にも周溝内で板状角礫が散乱していたことから、列石がめぐっていた可能性は高い。墳丘裾部に列石を立て並べ、墳丘斜面に1～2枚の貼石を行なうものであった。三次市陣山墳墓群2号墓（落田 1996）など初期四隅突出型墳丘墓と同じ貼石形態といえる。なお、墳丘東側はすでに当初の周溝下面まで削平されており、四隅突出型墳丘墓の東西規模を復原することはできなかった。

佐田峠5号墓 佐田峠5号墓は佐田峠墳墓群の分布する丘陵のほぼ中央にある。墳丘をめぐる周溝一辺が8.0 mを超える中期末葉の方形周溝墓である。墳丘の南西側は植林等による地形改変によって1.5 mほど崖状に一段低くなっており、周溝自体はすでに削平され、遺存してはいない。周溝内の墳丘中央部分に墓壙と考えうる土坑が2基検出された。

（4）佐田谷・佐田峠墳墓群の消長

佐田谷・佐田峠墳墓群は隣接した丘陵に位置する同一の墳墓群であったとみてよい。あわせて出土した土器を基準として、その造営時期と墓群の様相をみていこう（図35）。

まず、最初に塩町式土器が出土した佐田谷3号墓が中期後葉、あるいは末葉ごろから築造が開始されたようである。ついで中期末葉ごろに佐田峠4・5号墓が築造され始めた。同時進行型であった佐田峠3号墓の墳丘構築は中期末葉から後期初頭まで継続した。後期初頭には、佐田谷1号墓と佐田峠1号墓が相次いで造営された。後期前葉になると、佐田峠2号墓、佐田谷2号墓が継続する。佐田谷3号墓の墳頂平坦部の中心埋葬もこのころに行われた。しかし、そ

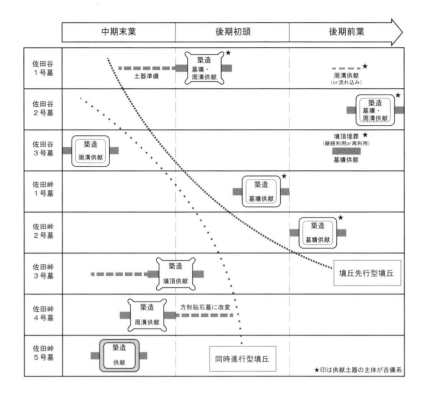

図 35　佐田谷・佐田峠墳墓群における墳丘墓造営図

の後に新たな墳丘墓の築造はみられなくなる。両墳墓群ともに中期後葉から末葉にその築造が開始され、埋葬がくり返されたものの、後期前葉にはともに終焉をむかえたといえる。

　つまり、佐田谷・佐田峠墳墓群では四隅突出型墳丘墓と方形貼石墓、方形台状墓、方形周溝墓といったさまざまな墳墓形式が併行して造営されていたことになる。突出部や貼石、列石などの有無がそれぞれに異なっていた。弥生時代においてもこのように同規模ながらも、異なる墳墓形式を併存させた遺跡はきわめて少ないといってよい。両墳墓群は歩調をあわせて墳丘構築方法を変化させていった。しかしその一方で、佐田峠墳墓群では、後期初頭においても依然として小規模な埋葬施設（墓壙）が数基並置される墓壙配置を変えず、中心埋

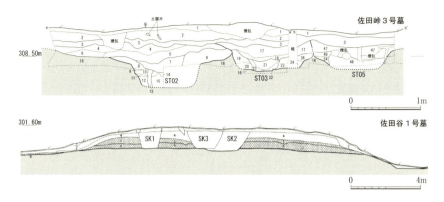

図36 佐田峠3号墓と佐田谷1号墓の墳丘断面の比較

葬の大型化を実現することはなかった。墳丘長辺も 20 m を超えることはなく、相対的には佐田谷墳墓群より小規模な墳丘墓しか造営できなかった。これに対して佐田谷墳墓群では、墳丘構築後の墳頂平坦部の中心に大型埋葬施設が出現した。佐田谷3号墓では、長さ6mにもなる大型中心墓壙が検出され、その周囲には2基の周辺埋葬がみられた。佐田谷1号墓とともに中心墓壙は棺槨を備えたと想定され、棺槨の腐朽にともなう陥没坑埋土がみられた。

（5）墳丘構築方法の変化

佐田谷・佐田峠墳墓群の発掘調査における重要な成果の一つに、墳丘構築方法の変化を確認したことがある。中期末葉から後期初頭に属する佐田峠3号墓は、墳丘の整形、貼石の前に墓壙の掘削を行い、木棺を埋置して封土で覆っていた。その後、隣接して数回の墓壙掘削・木棺埋置・封土をくり返し、墳丘が徐々に形成されたのちに、埋葬作業面上に墓標と考えられる拳大の石が数個設置された。全体を薄い盛土で覆い、墳丘を成形してから墳丘周囲の斜面部に貼石が施されていた（図36－上）。埋葬と封土・盛土を繰り返したことから、同時進行型とした墳丘構築方法となる（図38－3）。

しかし、後期初頭の佐田谷1号墓の墓壙は、いずれも墳頂平坦部地表直下において確認されていた（図36－下）。墳丘が構築されたのちに、墓壙が4基穿

たれていた。佐田谷1号墓は墳丘盛土を先に行っていることから、墳丘先行型の構築方法とすることができる（図38-4）。

つまり、両墳墓群には、墓壙掘削と埋葬・封土の一連の行為が墳丘構築過程として数回繰り返した同時進行型と、

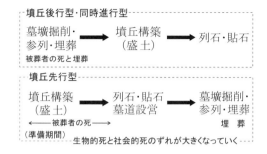

図37　墳丘構築方法と葬送（弥生時代中期から後期へ）

墳丘構築が行われたあとに墓壙が掘削される墳丘先行型の二者が混在していたのである。造墓時期からすれば、同時進行型から墳丘先行型へと緩やかに変容していったことが把握できる（図35）。

この墳丘墓の構築方法の変容を、葬送祭祀の時間軸のなかでどのように解釈したらよいであろうか。墳丘先行型の墳丘墓は一見して墳丘高が高くなることから、このような構築方法の変化は、埋葬された被葬者たちの社会的地位の上昇にあるのではないかと考えることができそうである。その死に際して、葬送における儀礼的祭祀を催し、遠来からの弔問参列者を呼んで視覚的にも印象的な葬祭を営んだのであろう。

一般に人間社会では、生物的死のあとに社会的死を経る。その際、被葬者の想像的再生を観念するための社会的行為として、服喪を中心とした一連の葬儀が長期間にわたって認められる場合が多い（エルツ［吉田・内藤ほか訳］1980）。とくに社会的地位の高い人びとにおいては、社会的死に至るまでの時間が作為的に引き延ばされることになる。墳丘構築方法の変化も、当時の地域社会にはなくてはならない重要人物の死によって引き起こされた社会不安を軽減するために、葬送により多くの儀礼的措置を組み込まざるをえなくなったと想像できよう（図37）。そのため、被葬者の生物的死と社会的死の隔たりを作為的に再構成して葬送祭祀を演出したのであろう。被葬者を弔い、のちに共同体全体の統合的な祖霊と観念させるための舞台装置となる大型墳丘を造り上げ

たと想像することができよう。もちろん、大型化した墳丘墓上での葬送祭祀の執行にともない、葬送者（喪主）たちの社会的権威が高揚する場面ともなりえたと思える。さらには、それによって作り出されたある種の社会秩序や既存の階層性の再生産が促され、それを社会記憶とした集団統合を目論んでいったとみることもできよう。

（6）墳丘構築と墓壙配置の関係

佐田谷・佐田峠墳墓群の発掘調査では、墳丘構築方法と墓壙配置にも一定の相関があることをつきとめた。佐田峠3号墓の墳頂平坦部における墓壙配置はほぼ並列となっていた。墳丘の構築方法に同時進行型を採用していたことから、埋葬ごとに封土・盛土を施しつつ、新たな墓壙を掘り込んでいた。このような墳丘構築方法だと、前回の墓壙位置がわからなくなると墓壙が重複してしまう可能性が高くなる。しかし、佐田峠3号墓では、そのようなことはなかった。墳丘全体で埋葬施設をどこに配置していたのか、判断できるようになっていたとしか考えられない。前代の埋葬施設を把握するために墓壙掘削面に標石を置いていたことも理解できよう。つまり、中期末葉段階の佐田峠3号墓は同時進行型の墳丘増築であることからわかるように、並列散在型の墓壙配置となっていたわけである（図38-3）。

今福拓哉は中国地方の墳丘墓を集成し、中期後半期には墳丘後行型や同時進行型の墳丘構築方法が大半を占めることを示した。中期後半期の墳丘墓の墳頂平坦部には多数の墓壙がみられるが、それらの墓壙には規模の格差が認められず、並列あるいは散在して配置されていたこととも関連していよう（今福2012・2016）。中期後半期までは、墳丘形成とともに墓壙の掘削が繰り返された場合が多く、埋葬施設の格差が顕現していたとはいい難い。

一方で、佐田谷1号墓では、墳丘先行型を採用し、墳丘の大部分が構築されたあとに、中心墓壙SK2が掘削された。その後、墓壙SK1・SK3・SK4がそれぞれ掘削され、埋葬が引き続いたようである。墳丘が先に構築されていれば、その後の墓壙は自由に配置することが可能となる（図32・36・38-4）。

第 4 章　墳丘墓の系譜とその発展　*121*

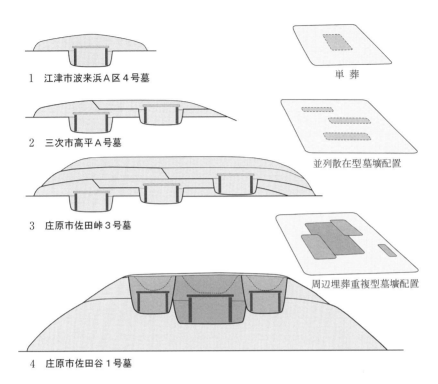

1　江津市波来浜 A 区 4 号墓

2　三次市高平 A 号墓

3　庄原市佐田峠 3 号墓

4　庄原市佐田谷 1 号墓

単葬

並列散在型墓壙配置

周辺埋葬重複型墓壙配置

図 38　佐田谷・佐田峠墳墓群の墳丘構築方法の比較模式図

　佐田谷 1 号墓の墓壙 SK3 は中心墓壙 SK2 が埋められたあとに、SK2 の一隅を掘削して破壊したものであった。佐田谷 2 号墓においても墓壙の表面検出のみではあったが、中心墓壙の一隅が周辺の墓壙に掘削され、故意に破壊されていた。佐田谷 3 号墓においては、墳丘地表面直上から、長さ 6 m の中心大型墓壙 SK14 が検出され、この墓壙に一部重複するように周辺墓壙 SK06 が確認された。これら佐田谷墳墓群はおもに墳丘先行型の構築方法を採用していることからもわかるように、墳丘先行型の墳丘構築は中心となる大型墓壙の出現と関連していることがわかる。また、中心墓壙の隅角のみが故意に破壊されて周辺の墓壙が重複していたことは、埋葬を繰り返したあとまで中心埋葬の墓壙の位置が正確に把握されており、最初の被葬者の埋葬が記憶されていたことを意味

する。墳丘先行型の墳丘構築方法の採用を前提として、周辺埋葬重複型の墓壙配置(図38・46 - 下)となったと想定することができよう[2]。佐田谷墳墓群の調査でも明らかとなったように、後期段階から中心墓壙が顕現し始めたのは、特定の集団やリネージの有力化にもかかわり、墳丘構築方法が墳丘先行型に切り替わったことで、造墓の契機となった初葬者の顕彰行為をより行いやすくすることができるようになったからである。その後の周辺埋葬の遂行は初葬者の顕彰を兼ねていた公算が大きい。他のリネージの有力者を従属的に埋葬させていった可能性さえあるだろう。大規模な墳丘墓造営は地域首長の祖先系譜をも再構成させるものであったと想像できよう。

4. 備後北部における墳丘墓の変容

(1) 木棺埋置にともなう外表施設

第4章第1節で弥生時代前半期の標石について説明したが、ここでは、佐田谷・佐田峠墳墓群でみられた標石の終焉となる調査事例を中心に、その変遷を概観していく。

佐田谷・佐田峠墳墓群にみる被覆機能の形骸化 弥生時代中期までの2タイプの標石(全面被覆型と周囲・側辺型〈図25・26〉)は、いずれも人頭大ほどの比較的大きな角礫を多数使用して木棺を保護し、一部被覆する目的で配石されたものであった。しかし、後述する2タイプ(四隅・両端型と一部集中型〈図39～41〉)は前二者とは異なり、木棺を直接保護・被覆する目的をもたない。このようなタイプは中期後葉から後期前葉にかけて顕著にみられるようになるもので、佐田谷・佐田峠墳墓群においても確認された。

四隅・両端型の標石事例 おもに墓壙周囲や墓壙短辺付近に数石が配置される。長方形となる墓壙掘形の四隅、あるいは両短辺を意識した配置となる。先述してきたように、佐田谷1号墓は後期初頭に築造された初期四隅突出型墳丘墓である。中心埋葬となる墓壙SK2は重複する周辺埋葬の墓壙SK3によってその一部が破壊されていたが、墓壙の長さが3.9 m、幅3.2 mほどとなる。墓

壙の中央には、木槨に覆われた木棺を埋置する。そして、墓壙の四隅と短辺中央にそれぞれ一つ、合計6つの標石を配置した（図39-1）。東側2石は墓壙SK3の埋葬時に置かれたものかもしれない。いずれにせよ、四隅あるいは方形を意識した配置であることから、四隅配置の一種としてよかろう。

しかし、一見してわかるように、大型化した墓壙の場合、標石の配置はすでに木棺や木槨を被覆するものではなく、埋葬施設を防護するものではなくなった。小型墓壙の

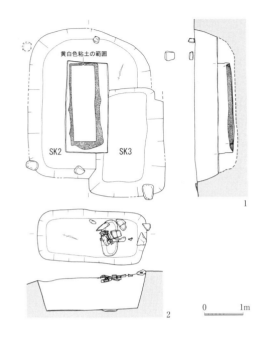

図39 墳墓の標石（3）（弥生時代後期）
1. 佐田谷1号墓墓壙SK2　2. 佐田谷1号墓墓壙SK1

場合、後期前葉に降る佐田峠2号墓墓壙ST07（図40-1）においても、その両端に小さな角礫2石があり、両端配置型とすることができる。配石される石数も最小限にまで減少していたことがわかる。むしろ、墓壙の位置や範囲を示す機能をもたせたといえよう。佐田峠1号墓墓壙ST08や、佐田谷3号墓墓壙SK15、佐田谷2号墓墓壙SK11（図40-2・4・5）では、遺存状況が悪かったためかもしれないが、墓壙の片側一端のみとなっていた。いずれも表土直下での検出であり、確定的ではないものの、両端型配置あるいはその簡略化した配置とすることができる。

一部集中型の標石事例　墓壙の一部にのみ、数石を配置する。後期初頭の佐田谷1号墓墓壙SK1（図39-2）や、佐田峠2号墓墓壙ST06（図40-3）などが該当する。高杯や直口壺など葬祭土器を配置する際に、その周りに据え置か

図40 墳墓の標石（4）（弥生時代後期）
1. 佐田峠2号墓墓壙 ST07 2. 佐田峠1号墓墓壙 ST08 3. 佐田峠2号墓墓壙 ST06 4. 佐田谷3号墓墓壙 SK15 5. 佐田谷2号墓墓壙 SK11

れた礫石もみられる。後期初頭から前葉、一部集中型の標石（円礫）は葬祭土器と共伴する場合が多く、おそらくは飲食儀礼とのかかわりをもって配置されていたと思える。木棺の腐朽にともなう陥没坑埋土が確認されると、この陥没坑に円礫が葬祭土器とともに一纏めにして遺棄された。四隅配置の標石をもつ佐田谷1号墓の中心埋葬では、陥没坑の埋土から、多数の円礫が高杯や脚付注口付鉢などとともに出土した。後期後葉には陥没坑埋土内に多くの葬祭土器とともに遺棄された円礫が大量にみつかるようになる。佐田谷1号墓は標石と遺棄された円礫、その両者をもっていたといってよい。

　標石の衰退　弥生時代後期前葉以降、標石はさらに減少していく。やはり、葬祭土器とともにみつかる場合が少なくない。墓壙掘形や墓壙埋土上に配置されるものがあるが、葬送においてすでにその使用目的が異なってきていることがわかる。

後期前葉、鳥取市松原1号墓の中心墓壙（第1主体）は、長さ3.7 m、幅2.4 m、深さ1.54 mとなる（図41-1、谷口編 2012）。掘形2段となる内部には、長さ2 mの組合せ式木棺が埋置されていた。棺内からは鉄剣1振り、ガラス製管玉17点、ガラス製小玉60点などが出土した。墓壙上面には、南西掘形外側に自然石8石、北西掘形付近に1石のみが検出された。一部集中型とみてよい。南西掘形外側に積み上げられた8石は壺や高坏脚台部など、後期前葉の葬祭土器とともに出土した。これらは第1主体墓壙埋土（図41-1の図最上層）を覆う土層（谷口編 2012、第5図53層）に被覆されていた。墓壙中央で32 cm深くなることから、おそ

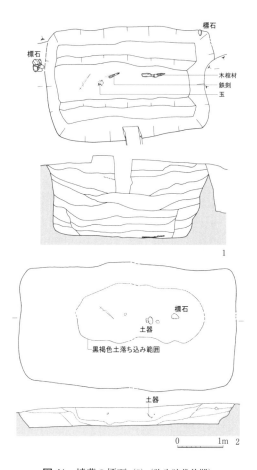

図41　墳墓の標石（5）（弥生時代後期）
1．鳥取県松原1号墓第1主体　2．新井三嶋谷1号墳丘墓第3主体

らくは大型木棺の腐朽による陥没坑を埋没させた埋土の上面に配置されていたと想定することができる。このことから、木棺腐朽・陥没にともなう落ち込みを埋めた際、葬祭土器とともに遺棄された可能性が高いものといえる。

　このほかに、後期前葉となる兵庫県新井三嶋谷1号墳丘墓第3主体を挙げることができる（図41-2、中野知・松本・中島 2001）。大型の方形貼石墓の南

東側の埋葬施設である。墓壙の長さは4.8 m、幅2.74 m になる。墓壙は完掘されてはいないため、その全容は不明ではあるが、検出面上面において木棺腐朽にともなう陥没坑の黒褐色埋土が長さ2.85 m、幅1.28 m に広がる。ここから小型器台とともに、標石（円礫）3石、玉砂利とされる10数点の小礫が出土した。小型器台は葬送に利用された葬祭土器だが、棺の腐朽による陥没坑を埋め戻した際に遺棄されたことがわかる。標石というよりは、墓壙上面陥没坑に遺棄された円礫の源流をみることができよう。

　中国地方の標石はその出現当初、木棺上面、棺蓋の保護・被覆を行うもので、またおそらくは被葬者のランク表示にかかわる重要な外表施設であった。たんなる墓標として成立したわけではなかったが、中期には、標石個数も急速に少なくなっていき、その配石による木棺の保護・被覆といった機能は著しく低減していった。中期後葉ごろから後期前葉には、小規模ながらも墳丘盛土が施され、墳丘墓が発達していく過程で埋葬施設の被覆・保護は盛土によって代替されていくようになり、標石は墓壙の範囲を示すものとなった。後期初頭から前葉以降、墓壙検出面での標石事例も減少し、葬祭土器とともに円礫数石が遺棄された。大型墓壙に大型木棺や木棺木槨を埋置した大型墳丘墓では、棺槨が腐朽・陥没した際の埋土に葬祭土器とともに大量の円礫が混じるようになる。葬送祭祀が発達していく経緯と関連する事象といえよう。

（2）墳丘墓の埋葬施設（木棺・木槨構造と柱痕跡）

　木棺・木槨構造　佐田谷1号墓の中心埋葬の墓壙SK2では、木棺痕跡の周りに黄白色粘土の輪郭（図39-1・図42の黒色部、第7層）がみえた（妹尾編1987）。上部には黄褐色土（第4層）の細かな粒子が「U」字状（第3層）に重層した状態で堆積していたため、木棺蓋板の陥没にともない、木棺内部に堆積した埋土と想定された。底面の淡黄灰白色砂層（図42の梨地部、第8層）は木棺の小口板と側板の接地部を外側から固定するための第7層、黄白色粘土よりも一回り大きかった。この第8層の周囲には、暗黄褐色・暗茶褐色土（第5・6層）が立ち上がっており、周囲の土層とはまったく異なっていた。棺槨

の間の埋置土と判断されたことから、木棺を囲う木槨状の施設が想定できたという。この木槨施設の周囲には、第13層粘土層の上下に互層堆積が確認され、これらが木槨周囲を丁寧に埋め込んだ土層だとわかった。木棺の上部、棺槨の腐朽にともなう陥没坑に、葬祭土器を遺棄したまま埋没させた状況が把握できた。棺槨が腐朽し陥没した際に、使用した葬祭土器を集めて遺棄し、埋没させて葬送の最終局面を完了したと想定できるが、葬祭土器群の使用時期までは絞り込めない。棺の埋

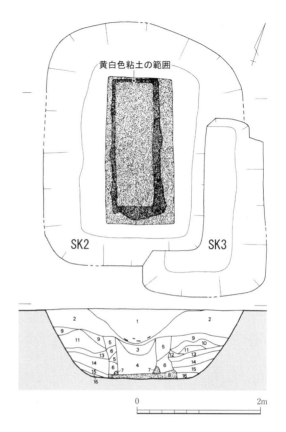

図42　佐田谷1号墓中心埋葬施設（墓壙SK2）

葬後であるのは間違いなかろうが、陥没の前か陥没後なのかはわからない。腐朽にともなう陥没坑の埋土が一様の土層（第1層、黒褐色有機質土）であったことからすれば、雨水などによって徐々に埋没したわけではないと思え、陥没から葬祭土器の遺棄、陥没坑の埋め戻しにあまり時間はかかってはいないと想定することができる。

　佐田谷1号墓墓壙SK2の埋葬施設の土層堆積と比較するために、1980年代なかば、ほぼ同じころに発掘調査がなされた島根県西谷3号墓第4主体の調査事例の報告（渡邊・坂本編 2015）から、第4主体墓壙北端の横断面土層図（図

53) をみてみよう。左右の主柱穴1・2に破壊されているが、その間に棺槨が埋設されていた。木棺底面に朱層(s)があり、その両側の地山ブロック(f)で木棺側板を外側から固定していたことがわかる。地山ブロック(f)の外側に木槨側板(g)が立ち上がる。また、図52（Kライン）では確認できなかったが、その南30cmのEラインにおいては、地山ブロック(f)の内側に木棺側板の立ち上がりの痕跡(g)が確認されている。粘土帯(h)はおそらく7枚の棺蓋板材の間の目張り粘土と考えられる。粘土帯に接した石は重石として載せられていたのであろう。木棺内部には一部空洞があり、木棺東側板部分とその外側には縦方向の明赤褐色土(a)が確認された。これは棺槨の間の埋置土であろう。さらにその外側では、明赤褐色土(a)の層状堆積によって棺槨の周囲を丁寧に埋めていた状況が理解できる。また、棺槨の上部には棺の腐朽により陥没したⅡb層も確認できる。

　以上、棺槨の二重構造をもつ西谷3号墓第4主体の土層堆積状況は、佐田谷1号墓墓壙SK2の土層堆積状況と類似している部分が多いことがわかる。佐田谷1号墓は後期初頭にまでさかのぼるが、今のところ、棺槨二重構造を取り入れた最初期の埋葬施設であることは間違いなかろう。

　埋葬施設上の柱痕跡　また、先述したように、佐田谷3号墓の中心埋葬の大型墓壙SK14には、木棺・木槨が埋設されていたとみた。埋葬施設の腐朽にともなう陥没坑を埋め戻した土層の西辺に沿って2基の柱穴掘形が検出された（図33）。検出面での確認だけだったこともあるが、柱あたり（柱痕跡）が認められなかった。しかし現地では、明瞭な輪郭をもっていることが確認できた。現状では、大型墓壙SK14の陥没坑が埋土で充填される直前に立柱されたとみることができるだろう。このため、陥没坑の埋没後に、中心埋葬の葬送にかかわる立柱施設が設営されたと想定することができよう。また、その上層の被覆土上面の精査では柱痕跡を確認できなかったことから、埋葬後、最終的な墳丘盛土、化粧土を施す前に、この柱は撤去されていた可能性が高い。後代の西谷3号墓第4主体の原型を示唆するとみることもできるが、棺槨の腐朽による陥没と立柱施設の造営の時期的関係については、不明なところが多く、今後の課題

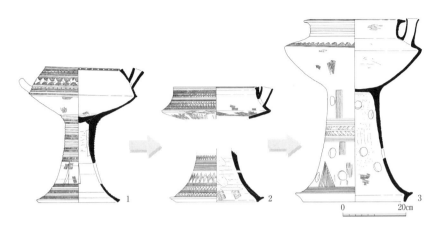

図 43　三次・庄原地域における脚付注口付大型鉢の変遷
1. 中期後葉（三次市塩町遺跡）　2. 中期末葉〜後期初頭（庄原市佐田峠 3 号墓）　3. 後期初頭〜後期前葉（庄原市佐田谷 3 号墓）

となろう。

（3）備後北部の脚付注口付大型鉢

　広島県北部三次地域を中心に広がる塩町式土器のなかに、脚付注口付大型鉢がある。高い脚台に多重の凹線文様を施し、刻線で加飾した鉢部に注口を設えるもので、見栄えのする大型土器である（図 43 - 1）。脚付注口付大型鉢は塩町式土器のなかでも特徴的な大型の線刻加飾土器として、中期後葉に出現した。その後、初期の四隅突出型墳丘墓の葬祭土器として、三次市殿山 38 号墓で確認された（図 30 - 右）。中期末葉の佐田峠 3 号墓（図 43 - 2）や、後期初頭から前葉となる佐田谷 1・3 号墓（図 43 - 3）でも、墳頂平坦部の中心埋葬付近で破砕、あるいは遺棄された状態で出土した。

　真木大空によると、脚付注口付大型鉢は殿山 38 号墓で葬祭土器に採用されたが、時期を経るにつれ、塩町式土器の範疇では捉えられなくなっていくという（真木 2017）。中期末葉から後期初頭になると、脚台に乗る鉢形の上部断面形態が「く」の字に窄まり、口縁端部がわずかに立ち上がるようになる。塩町

式土器に通有であった多重の刻目凹線文、棒状貼付文、半円文などがなくなり、非常に鋭利で細かい線刻文様に変わり、格子目を複線で埋める複線格子文といった特徴的な文様で構成されるようになる（図43-2）。中期末葉から後期初頭にのみ出現するこのような脚付注口付大型鉢は、塩町式土器の製作、使用範囲から逸脱し、備後北部を中心に伯耆西部地域に拡がる。

さらに、後期初頭から前葉には、口縁端部が垂直に立ち上がり、上端が拡張して凹線を施す端面をもつようになる。それとともに胴部が扁平な算盤玉状に変化した（図34・43-3）。その器形からは伯耆地域の脚付壺の影響が考えられるが、器面を飾る線刻文様は複線鋸歯文が中心となり、吉備地域南部の器台と同じ文様構成になる（妹尾 1992）。伯耆地域とともに吉備地域南部との交流をも重視したもので、三次地域の初期四隅突出型墳丘墓にはみられなかった特徴でもある。庄原盆地の佐田谷3号墓SK14出土の脚付注口付大型鉢（図34・43-3）はその外面に赤色顔料（ベンガラ）を塗布したもので、高さは55.5cmになる。現在のところ、佐田谷3号墓出土例がもっとも大きい部類となる。この種の脚付注口付大型鉢は、佐田谷・佐田峠墳墓群では、中心埋葬の墓壙上からしか出土しなかった。塩町式土器にみられた脚付注口付大型鉢を作り変え、本格的に葬送祭祀に利用し始めたといえる。赤彩された脚台をもつ大型葬祭土器の遡源ということができよう。

ただし、この脚付注口付大型鉢は、佐田谷1号墓では破砕ののち、陥没坑に遺棄されたが、佐田谷3号墓では陥没坑埋土の上面に原位置のまま遺棄された、という違いがあり、葬祭土器群の最終局面における扱いがいまだ試行錯誤の段階であったのかもしれない。こののち、吉備地域では、器台と壺を大型化させて葬送祭祀専用の特殊な土器を作り上げ、大型墳丘墓における新たな葬送祭祀を生み出していったのだろう。

（4）庄原地域の墳丘墓の意義

弥生時代中期後葉に属する三次地域の初期四隅突出型墳丘墓では、墳頂平坦部の中心墓壙の大型化がみられなかった。同時進行型の墳丘構築が行われ、墓

壙規模に格差のない埋葬が繰り返されていた。小型脚付鉢や小型高坏などの塩町式土器が墳丘周辺や周溝に供献されていただけだったが、殿山38号墓では、墳頂平坦部の墓壙上において脚付注口付大型鉢が使用され始めた。

　中期末葉から後期初頭に、初期四隅突出型墳丘墓の造営は庄原地域に移った。伯耆西部や吉備南部との交通の要衝にあたる。後期初頭には、墳丘先行型の墳丘構築方法が採用され、中心埋葬や中核埋葬群を強く意識させる周辺埋葬重複型墓壙配置を行う埋葬手順が現れてきた（図38-4・46-下）。つまり、それは墳頂平坦部という葬祭のための空間を設定したあとに計画的な埋葬が可能になったということになる。墓壙配置については丹後地域から山陰・中国山地などで、地域を超えた共通性がみられることからも、ひろく埋葬にかかわる緩やかな取り決めがすでに存在していたようであり、それは墳丘構築以前に決定されていたとみることができる。墳頂平坦部は、その墓壙配置によっても、最初の被葬者とそのリネージの社会的地位を顕彰する舞台装置として機能し始めたのであろう。

　庄原地域に造営された墳丘墓の中心墓壙の主人公（被葬者）の死が当時の人びとにはどのように受け止められていたのか、弥生時代の墳丘墓の発展過程を把握するために避けては通れない理念的な課題である。墳丘墓の構造変化は、「被葬者の死」に際して、葬送儀礼を引き延ばし、さまざまな儀礼的措置を行わざるをえなくなった状況へと変容していく過程でもあったといい換えることができる。また、それだけでなく、墳頂平坦部が弔問者とともに葬祭を執り行う舞台として認識され始めたのである。中心埋葬の被葬者の死に対して、すでに素朴な哀悼の意を示すだけの場ではなく、喪主たる次代の地域首長による葬送儀礼の執行とその手腕が試される舞台ともなっていた。

　そして、佐田谷・佐田峠墳墓群では、墓上で使用された葬祭土器の目まぐるしい変遷があった。中期末葉から後期初頭となる佐田峠3号墓では、地元で製作された塩町式土器の甕・高坏とともに、伯耆地域と共通した脚付注口付大型鉢（図43-2）が採用された。直後となる佐田谷1・3号墓では、さらに吉備系意匠をもった脚付注口付大型鉢（図34・43-3）を作り出した。ベンガラを

塗布しており、墓上ではこれまでになく目立ったものと思われる。その後、葬祭土器は吉備地域南部の高坏などによって統一された。三次地域にうまれた初期四隅突出型墳丘墓からみれば、明らかに弔問にかかわるパートナーが替わったように思える。三次地域や伯耆地域、吉備地域と遠隔地からの弔問者への応対のために、当時としては過度に目立つ葬送を執り行い、パートナーシップの維持、再確認を行う機会としていったのではなかろうか。初期四隅突出型墳丘墓や方形台状墓などの墳丘墓を大型化した庄原の地域首長たちは、墳墓造営を契機として南北両地域の弔問者をもてなし、地域首長層同士の交流を維持したものと想像できよう。

また、佐田谷3号墓の中心埋葬にある柱穴や赤彩された脚付注口付大型鉢などは、葬送祭祀のクライマックスシーンとなる疑似的な共飲共食儀礼に必要な演出上の装置でもあったのだろう。これまで述べてきたように、佐田谷墳墓群では、大型墓壙をもつ中心埋葬、木棺を覆う木槨構造、墓壙上の立柱施設、赤彩装飾された葬祭専用土器、棺槨の腐朽・陥没坑への円礫の集積、遺棄がみられた。これらは後期後葉以降、出雲・伯耆地域や吉備地域、丹後地域において大型化する墳丘墓に認められる諸要素の遡源とみなすことができる。

このように、備後北部で始まった弔問をともなう葬送儀礼は、山陰地方だけでなく、吉備地域や丹後地域などへも広く影響を与えることになるが、なぜ三次地域に初期四隅突出型墳丘墓が発生し、庄原地域に引き継がれて造営されていったのかについては、よくわかってはいない。佐田谷墳墓群の南西2kmあまり、和田原遺跡群では、鉄素材やガラス製管玉・小玉が出土した（松井編1999）。おそらくは九州北部地域から山陰地方を経由してもたらされたのであろう。佐田谷・佐田峠墳墓群からは伯耆地域、あるいは吉備地域からの土器意匠の影響を強く受けた葬祭土器が出土したことを考え合わせると、やはり南北両地域との交流や交易の中継拠点として庄原地域が選ばれていたと考えてもおかしくはなかろう。ただし、山陰と山陽を結ぶには、当然ながら三次・庄原地域だけでなく、東寄りとなる新見や真庭を中継とするルートも想定できる。山陰・山陽両地域の地域首長の動向によっては、中継ルートは複線的であり、恒

常的なものではなかったことから、三次・庄原地域での四隅突出型墳丘墓の造営は中期後葉から後期前葉ごろに限定されてしまったとも想像できよう。

註

（1）墳丘墓上の墓壙について、報告書では「第1主体部」「第1主体」「1号埋葬施設」などとさまざまな遺構名の記載例があることから、煩雑な表現を避け、「主体」と統一した。また、複数の墓壙の配置、位置関係を説明する場合には、中心埋葬・周辺埋葬と区別した。

（2）近畿地方中部でも、先に造営された方形周溝墓の周溝を再掘削して一辺を共有する新たな周溝墓を造営した。先述した市田齊当坊遺跡の調査においても確認されており、調査担当者であった岩松保は直系・傍系の家族が先の世代に葬られた周溝墓の被葬者との強い関係性を確認するために行った行為であり、累世的な方形周溝墓を造営し続けた結果とみている。墓壙の連接関係も初葬墓の主人公との強い関係性を確認するための実演行為ということができよう（野島編 2004）。

第5章

大型化する墳丘墓

1. 丹後地域における墳丘墓の変容

(1) 方形貼石墓から連接台状墓へ

方形貼石墓の時代　第4章第2節で述べたように、弥生時代中期中葉から後葉、丹後半島の付根、野田川が貫流する加悦盆地の日吉ヶ丘遺跡方形貼石墓（図28・29）の造営後、丹後地域では中規模レベルの方形貼石墓が連綿と造営されていた。いずれも集落付近に近接した選地がなされていた。与謝野町寺岡遺跡 SX56 方形貼石墓は日吉ヶ丘方形貼石墓と同じ墳丘規模をもつ。長辺33 m、短辺20 m で、墳丘周囲の斜面には一抱えもある平石が貼られていた（奥村編 1988）。京丹後市小池 12・13 号墓がそれにつぐ規模になる（鈴木・植山ほか 1984）。さらには丹後半島の東、舞鶴市由良川中流域の河岸にある志高遺跡でも、3基の方形貼石墓がみつかっている（肥後・三好ほか 1989）。もっとも大きな2号墓は墳丘裾部貼石部分の全長15 m となる。由良川の浚渫により、南西の裾部貼石が削平され、堤防状の施設（船着き場）が付設されたようである（田代 2006）。

　墳頂平坦部には貧弱ながらも埋葬施設が検出された。小口を挟み込む通有の「H」字形組合せ式木棺が埋置された場合がほとんどで、墓壙が墳頂平坦部の中心からずれている事例も多い。墓壙配置を考慮した計画的な埋葬が行われたとは思えない点や、葬送儀礼にともなう葬祭専用土器が確認できないことからは、葬送に費やした時間は短く、墳丘上において際立った葬祭が行われていたとは想定しにくい。さらに墳丘自体、かなり低いものが多く、墳丘の構築と墓

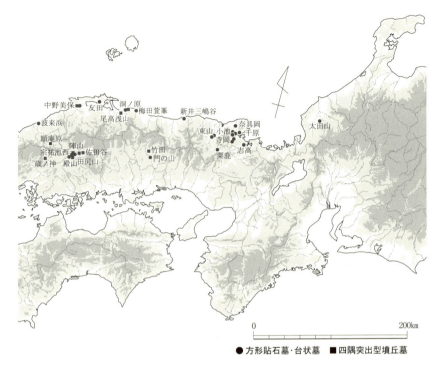

図 44　方形墳丘墓の造営（中期〜後期前葉）

墓壙掘削の先後関係については、判断が困難であった。現状では、墳丘構築後に墓壙を掘削したと解されている場合が多いのだろうが、盛土と埋葬の手順がわかる調査事例は少ない。

　弥生時代中期後葉までには、丹後地域と同様に山陰地方から中国地方山間部に、方形貼石墓が造営されていく（図44）。比較的低い墳丘の周囲に扁平な石を貼り込む。鳥取県東伯郡の梅田萱峯墳丘墓のように、墓壙を掘削、木棺を埋置したあとに墳丘を構築する墳丘後行型の確認事例も増えてきた（高尾・淺田編 2006、小口編 2007、湯村・濱本編 2009）。同じようにみえても、被葬者の埋葬が墳丘構築の前なのか、後なのかによって、その墳丘墓での葬送祭祀の内容は異なってくる。おそらくは墳丘後行型の小型方形貼石墓から墳丘先行型の

大型方形貼石墓へと移行、変遷したと想定できそうだが、今後の調査では、墳丘構築と埋葬の層位的な関係を突き詰めていくなかで方形貼石墓の構築方法の違いや発展過程がわかってくるかもしれない。

連接台状墓の出現　丹後地域においても、弥生時代中期末葉から後期初頭の間に墳丘墓の形態は大きく変容する。後期初頭の丹後地域では、平地

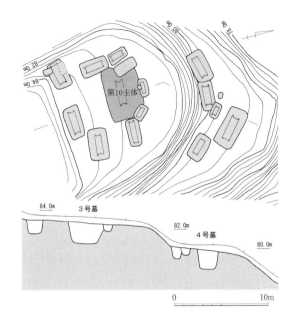

図45　京都府三坂神社墳墓群3・4号墓

の方形貼石墓から丘陵尾根筋の先端に墓域を移動させ、次つぎと埋葬を繰り返すようになった。備後北部の佐田谷・佐田峠墳墓群でみてきたように、同じ墓域に方形貼石墓や方形台状墓、初期四隅突出型墳丘墓が併存していた造営状況とは大きな違いである。また、中期を通して方形貼石墓の造営を継続してきたことからみても、やはり劇的な墓制の変化であったとみてよい。後期初頭から前葉の墳丘墓は丘陵先端部の尾根筋を階段状に整形し、それぞれの平坦部に墓壙を穿った。隣接して平坦部を造り出し、墓域を連接させていたことから、ここでは「連接台状墓」と呼ぶことにする。連接台状墓では、複数の平坦部に多数の埋葬を反復的に継続させる葬送を始めた。中心埋葬とそれに重複した周辺埋葬、あるいは墳丘平坦部や裾部周辺に造られた周辺埋葬と、墓壙が次つぎと掘削されて埋葬が引き続いたわけである（図45・46-下）。結果として尾根上の被葬者総数は圧倒的に多くなった。

　墳丘の構築手順については遺存状態がよくなかったこともあり、詳細には確

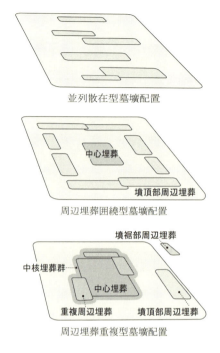

図46 丹後地域における墳頂部墓壙配置の各類型

認されてはいない。おそらくは地山を掘削した墓壙であったと思われ、墳丘の構築というよりも尾根の地山整形といった作業が主体であったのだろう。区画墓として扱われる場合もあり、墳丘墓とみなさない研究者も少なくない。しかし、平地の方形貼石墓から尾根上に位置した連接台状墓、さらには独立した大型方形台状墓へと変遷する過程とともに、「丘」上に埋葬地を移動したこと、つまり立地によって、集落との比高差をもつ位置関係を作り出したことを重視し、墳丘墓として扱っておきたい。

丹後半島の中心部、京丹後市の中郡盆地、大宮にある三坂神社墳墓群は庄原市佐田谷1号墓と同じく後期初頭に属する。三坂神社3号墓第10主体は墳頂平坦部の中央に位置し、長さ5.7m、幅4.3m、深さ1.8mとなる巨大な墓壙をもつ（図45、今田編1998）。埋葬施設は中期段階の方形貼石墓と同じく、小口板を側板で挟み込む「H」字形の組合せ式木棺であった。木棺のそばには、土器が故意に破砕され、遺棄されていた。漆を塗布した長杖とともに、素環頭鉄製短刀1振り・鉄鏃2点・鉇1点・頭飾り（ガラス管玉13点）・垂飾り（ガラス製勾玉1点・小玉10点・水晶製小型算盤玉8点）が副葬されていた。3号墓では墳頂平坦部の墓壙掘削における先後関係からみて、この中心埋葬（第10主体）を契機として周辺の埋葬が行われたことが明らかである。この第10主体の墓壙の一隅を壊すようにして周辺の墓壙が穿たれており、結果として初葬者の大型墓壙を取

り巻くように周辺埋葬が継続した。土器のわずかな変化からみれば、中心埋葬から中心埋葬の墓壙の一隅を破壊して新たな墓壙を配置する1次周辺埋葬（重複周辺埋葬）、さらにその周囲に墓壙を配置する2次周辺埋葬（墳頂部周辺埋葬）へと続くようである（図46 - 下）。丹後地域の周辺埋葬重複型の墓壙配置では、連綿と埋葬が引き続くことになった。

　このことはたんにこの平坦部を墓域としてながく利用したというだけではなく、中心墓壙に葬られた被葬者の葬祭が、その墓壙の位置も含めて次代の葬送者・参列者たちに記憶され続けたことを示している。のちに大型化する方形台状墓でも、中心埋葬たる最初の被葬者の墓壙を次期被葬者の墓壙によって一部破壊して重複させていく。初葬者との関係性が連綿と継起され、受け継がれていくことになる（図46 - 下、中核埋葬群）。初葬者との社会的関係や血縁的関係、リネージの遠近によって、墓壙位置が決定されていた可能性があろう。第4章第3節でみてきたように、初葬者を共同体の祖霊として顕彰するため、他のリネージの有力者を従属的に埋葬させていった可能性さえあるだろう。また、ある種の祖先説話・創造神話などといった社会の記憶に依拠した一種の埋葬秩序が生成していたとも思える。あるいは、集落から墓域が離れていったことが他界観念の変化にもかかわっていたのかもしれない。葬送の場では、現世の日常的な社会的関係、社会的地位を反映しているかどうかも疑ってかかるべきではあるが、人骨などの手がかりがない現状では、今のところ、推測にとどめるしかない。

（2）連接台状墓の発展

　三坂神社3号墓の中心埋葬（第10主体）には、前漢からもたらされた素環頭鉄製短刀や、漆塗りの長杖とともに、地元奈具岡遺跡で製作されたと思われる水晶製小型算盤玉も副葬されていた。後期初頭段階において、貴重財を副葬していく現象は九州北部地域の甕棺墓社会以外では、ほとんどみられなかった。しかし、丹後地域においては、輸入貴重財とともに地元生産の特殊工芸品を副葬品とした事例は珍しくはなかった。対外的な交易を契機として玉作りを

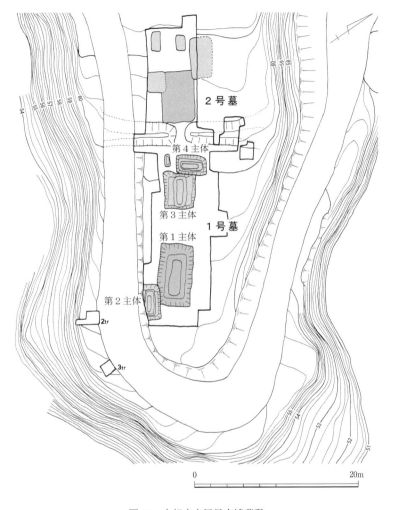

図47　京都府大風呂南墳墓群

中心とした手工業生産の集約と集団再編を実現し、生産した工芸製品の一部を占有していたわけである。

　一方、佐田谷・佐田峠墳墓群では、これまでのところ、副葬品はみられなかった。しかし、棺槨を埋設し、葬祭土器を使用した墳丘墓上の祭祀は著しい

変革をみせたといえる。丹後地域では、墓壙内に棺を埋設するにあたって、甕などの破砕供献がみられたものの（肥後 2016）、特段装飾された葬祭専用土器を創出するといったものではなかった。

副葬品を極めた大風呂南墳墓群　弥生時代中期以来、丹後半島中央部から阿蘇海沿岸周辺、つまり竹野川中流域から野田川流域に連綿と造営された墳丘墓に副葬された遠隔地の貴重財は質量ともに秀でていた。なかでも丹後地域の連接台状墓の副葬品の様相を一新する墳丘墓がみつかった。大風呂南墳墓群である（白数・肥後ほか 2000）。大風呂南墳墓群は阿蘇海を南東に臨む岩滝男山の丘陵尾根筋に位置する。階段状の平坦部を造成しており、北側支尾根には1・2号墓（図47）、南側支尾根には3〜10号墓が並ぶ。町道の開設によって墳墓群の周囲が大きく改変された。町道は1・2号墓の墳丘裾部を破壊してその周囲をめぐっており、墳丘斜面から裾部周辺の埋葬施設については、残念ながら確認できなかった。

　もっとも多くの副葬品を有した1号墓は出土土器から後期後葉でも古い段階に位置付けられる。大風呂南1号墓は、おおよそ長辺27 m前後、短辺推定18 m前後、高さ2.0 mほどの長方形墳丘をもつ。墳頂平坦部南側の中心埋葬（第1主体）には、長さ7.3 m、幅4.3 m、深さ2.0 m、緩やかな掘形をもつ大型の二段墓壙が穿たれていた。墓壙底面中央には棺材を組合せたとみられる舟底状木棺が埋置されていた。棺材の痕跡（淡黄橙色細粒土）から判断すれば、舟底状木棺は長さ4.3 m、幅1.8 mほどと、かなりの大型棺となる。棺身底内面の中央2.6 m、幅50〜60 cmの範囲に水銀朱が塗布されていた。南武志らの水銀朱の硫黄同位体比（$^{34}S/^{32}S$）の分析によると、中国産の水銀朱である可能性が高かったという（南・河野摩・古川ほか 2013）。遺存した朱の範囲に、鉄剣11振りのほか、鉄鏃4点・鉄製漁撈具数点・有鉤銅釧13点・ゴホウラ製貝輪1点・ガラス製勾玉10点・碧玉製管玉272点があり、中央にはガラス製の釧1点がみられた（図48）。

　発見当初、倭人特有の拵えとなる双孔鉄剣の数量に驚いたが、銅製釧とガラス製釧、貝輪と腕輪が揃っていたこともまた、これまでにない発見だった。一

図48 大風呂南1号墓の中心埋葬（第1主体）

見して、九州北部地域との直接的な交流によってもたらされた品々とわかる。対外的な直接交易によって入手してきた貴重財を一括で副葬したのではないかと思えるほどの様相であった。調査当時、近隣県の行政担当者にも副葬品の情報が伝わり、古墳時代前期に降る低墳墓ではないかと疑う意見も少なからず聞こえてきたほどであった。

入念な精査の結果、長大な舟底状木棺の両端から85 cm ほどの位置にそれぞれ仕切りがあり、朱が塗布された中央部分2.6 m ほどの区画内に被葬者とともに副葬品が置かれていたことがわかった。

頭部付近に朱を厚く塗り、頭部上側に有鉤銅釧、胸元にガラス製釧、両脇に鉄剣を振り分けて副葬した。鉄剣の出土状況からは、舟底状となる棺身底面はそれほど強く湾曲していたわけではなさそうであった。土圧によって棺身の断面形状が変化した場合もあろうが、おおよそ深さ40 cm 前後ではなかったかと思える。このため、のちの赤坂今井墳丘墓のように、深く湾曲する舟底状木棺とはやや木棺形状が異なっていたようにみえる。棺身の上に蓋板が想定されており、蓋板上には後期後葉古相となる小型甕が破砕されていた。その破片は木棺上から木棺両側の裏込め土上面に飛散していた。木棺埋置のあと、赤褐色砂質土の封土で覆い、黄橙色砂質土で埋め戻しを行っていたようである。その上部の遺構検出面では、直径10～20 cm の円礫が50点以上出土した。調査担当者によると、円礫堆で棺の範囲を表示していたとのことであった。標石の一種

とみることもできよう。舟底状木棺の場合、棺の腐朽による陥没は少なく、上層の落ち込みも比較的緩やかといってよい。墓壙の埋め戻し土上層もほぼ水平堆積を繰り返しており、陥没して著しく乱れた状況にはならない。棺自体の高さが低く、棺内の間隙（気積）が少ないことや、頑丈な厚い棺材の使用もあってか、腐朽に時間がかかり、陥没による沈下が緩やかであったとみてよかろう。丹後地域では、このような大型墳丘墓においてさえ、舟底状木棺の周りに木槨を設け、蓋板を二重に被せるような埋葬施設は採らなかった。

　この中心埋葬の墓壙南隅に意図的に重複するように次の墓壙が配置され、周辺埋葬が行われた（図47）。また、中心埋葬となる第1主体の北西側にもやや大きな第3主体があり、主軸を共有していた。これにも第4主体が重複して掘削されていた。1号墓北側でも中心埋葬の墓壙の一隅を重複させて関係づけていく周辺埋葬との関係がみてとれる。さらに、墳頂部周辺埋葬もともなうようであった。いずれも舟底状木棺を埋置して副葬を行い、棺蓋で閉棺したあとに甕形土器や、コーヒーカップのような把手付鉢形土器などを破砕して、その破片を撒く。その後、一気に土を厚く埋め戻して封じ、円礫を積み並べて円礫堆を形成したようだ。

　また、1号墓の北西側には、深さ2mにもなる深い区画溝で切り離された2号墓が隣接した。おおよそ長辺16m、短辺12〜14mほどの長方形墳丘をもつ。遺跡の範囲確認のための調査によってみつかったため、未発掘ではあるが、切り合い関係をもつ墓壙が確認されており、やはり中心埋葬とその墓壙を一部破壊して造営される周辺埋葬がみられる。2号墓については検出後、未掘のまま現地保存となった。

　大風呂南1号墓第1主体に副葬された有鉤銅釧やゴホウラ製貝輪は、九州北部地域との直接的な交易を示唆する遺物であり、海上交易を推進した被葬者を彷彿とさせる。11振りの鉄剣は、墓壙北西側（被葬者頭部側）に2組にまとまって出土した9振りと、墓壙南西側（被葬者右腰および足側）でそれぞれ単独で出土した2振りに分けることができる。被葬者の右腰近くで単独出土した長剣1振りは、合わせ口の鞘と木把がともなうことから、佩用状態になってい

たのだろう。拵えをもつ佩用剣は、被葬者所有のものとみなせる。一方で北西側の一群には、鞘木や把木の痕跡が認められず、布痕跡のみがみられたことから、剣身を抜身で布巻きにしてまとめて副葬したのだろう。布に包まれた剣身群は短い茎部に目釘孔1孔、刃関に目釘孔2孔を穿つ。剣身の関部まで把木で覆うもので、当時の倭様、つまり弥生時代の倭人特有の拵えになる剣といってよい。福井市小羽山30号墓出土例など、近畿地方北部から北陸にかけてこのような短茎刃関双孔の鉄剣が散見できる。短茎刃関双孔の鉄剣は元来、九州北部地域にあり、後期中葉以降、中部高地から東海・関東地方に類例が知られるものである。丹後半島阿蘇湾を見下ろす大風呂南墳墓群の位置した野田川下流域は、九州北部と東日本を中継交易によって取り結ぶ長距離交易の要衝であったと想定することもできよう。

さらに、大風呂南1号墓の副葬鉄鏃は定角式あるいは柳葉式と呼ばれる前期古墳副葬鉄鏃に酷似する。漁撈具の小型組合せ式ヤスも初期の前期古墳に副葬されるものと同型式であり、大風呂南1号墓出土副葬品は、同時代の遺物としてほかに比較例がない。埋葬の過程において、着装品のほかに多量副葬がなされたことから、副葬行為の重層化ともいえる現象が阿蘇湾を望む丹後の地で萌芽したといえよう。この大風呂南1号墓出土遺物も2001（平成13）年6月22日に一括して重要文化財に指定された。

（3）大型方形台状墓の成立

独立墳丘となる方形台状墓と舟底状木棺　弥生時代後期、丹後・但馬地域とその周辺では、河川流域を見下ろす尾根先端部分を階段状に整形して墓域とし、埋葬を繰り返した。後期中葉には、三坂神社墳墓群の近く、大宮町にある帯城墳墓群B地区北群や左坂G支群南側丘陵では、墳頂平坦部の大型中心埋葬（墓壙）の周囲に、周辺埋葬を囲繞させる墓壙配置を形成した（図46－中、岡田1987、肥後・細川1994）。

やがて後期後葉になると、階段状に連接した墓域ではなく、峰山町の金谷1号墓のように小規模ながらも尾根先端の一部を切り離した独立方形墳丘が造成

されていった。金谷1号墓は一辺おおよそ15 m、9〜10 m四方の墳頂平坦部をもつ。墳頂平坦部は、中心埋葬とそれに連鎖する重複周辺埋葬、墳頂部周辺埋葬、および墳丘裾部の周辺埋葬で構成されていた（図49、石崎1995）。中心的な埋葬施設（第1主体）は二段墓壙となる。厳密には墳頂平坦部の中央ではなく、やや西側にず

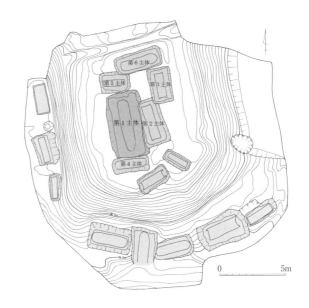

図49　京都府金谷1号墓

れた位置に配置されており、重複していく周辺埋葬（第2・3主体）の設置を予定していたかのようにみえる。第1主体の二段墓壙は検出面から1.1 mの深さで、60〜70 cm程度となる周辺埋葬の墓壙よりもかなり深くなる。墓壙底面に刳抜き式かと思える舟底状木棺がみられたが、土層断面の観察からすれば、やはり木槨を設えるものではなかった（図50-1）。木棺上部は蓋板で覆われていたと思われる。棺身とは異なり、薄い木材だと土層断面の観察から認識することはかなり難しい。本例でも蓋板の腐朽にともない、30〜40 cmほど陥没坑に落ち込んだ土層が確認できるが、墓壙埋土上層にまで「U」字状の落ち込みは及んではいない。棺内の空隙はそれほど大きくはなく、墳丘上面にまで大きな影響を及ぼすものではなかったとみることができる。

　単独の方形台状墓になると、大型墓壙をもつ中心埋葬の葬送・埋置後、中心埋葬に重複する周辺埋葬、墳頂部端の周辺埋葬、墳丘裾部に位置する周辺埋葬に明確に分かれるように配置された（図46-下）。中心埋葬は厚葬化を志向

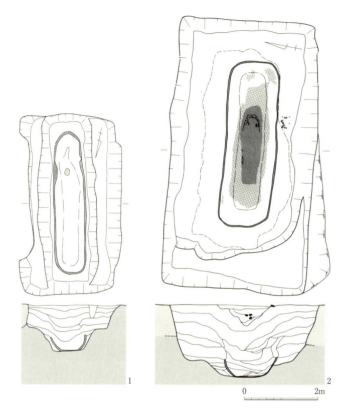

図 50　丹後地域の方形台状墓の埋葬施設と舟底状木棺
1. 金谷1号墓中心埋葬（第1主体）　2. 赤坂今井墳丘墓周辺埋葬（第4主体）

し、鉄製刀剣やガラス装身具を副葬するようになった。

丹後地域最大の方形台状墓　丹後半島の中心、京丹後市峰山盆地から網野町へ向かう福田川上流、赤坂の丘陵上に赤坂今井墳丘墓は位置する。南北長辺37.5 m、東西短辺32.5 mの方形墳丘をもつ丹後地域最大の方形台状墓である（石崎・岡林峰 2001、岡林峰・石崎ほか 2004）。先述した大風呂南墳墓群よりも40～50年ほど降り、後期後葉新相から終末期古相段階に造営されていた[4]（高野 2021）。

1998（平成10）・1999（平成11）年、今井城の帯曲輪と考えられていた方形

台状の高まりが弥生墳丘墓であることがわかってきた。当時、京都府埋蔵文化財調査研究センターの月例合同会議において、調査担当者が「中心墓壙の長辺が 10 m を優に越える」と発言したときには、失笑さえおこったことを覚えている。京都府埋蔵文化財センターで、遺跡の発掘調査に携わってきた調査員たちでさえ、誰もそのような大きな墓壙があるとは思ってはいなかったのである。それほど衝撃的な発掘調査であった。

　金谷 1 号墓同様、墳頂平坦部に中心埋葬（第 1 主体）となる超大型墓壙と、それに重複していく大型周辺埋葬による中核埋葬群をもつ。中心埋葬は、やはり墳頂平坦部のやや西側に寄る。のちの周辺埋葬を計画していたか、列柱の配置からすれば、大規模な葬送祭祀の空間が確保されていた可能性もでてくる。墳丘裾部にも周辺埋葬があり、それぞれ墓壙規模と埋葬位置による階層性がさらに明確になっていたことがわかる（図 51）。中心埋葬の墓壙は長さ 14.0 m、幅 10.4 m、深さ 2.0 m を超える巨大な二段墓壙となる。中心埋葬の掘削調査途中で、出土副葬品の保存にかかる関連経費などを含め、諸般の事情が勘案されて地中保存の方針が決定したため、墓壙底面までは掘削されず、中心埋葬の詳細や副葬品については不明のままとなった。調査が中断したこともあり、最終的な確認はなされてはいないものの、検出面で長さ 7.0 m、幅 2.0 m ほどの巨大な舟底状木棺が埋設されていたようだ。この墓壙直上には、棺身を覆っていた蓋材の腐朽にともなう陥没坑の痕跡が確認された。舟底状木棺の平面形に相似した落ち込みなので、やはり槨をもたなかったことがわかる。巨大な墓壙底面に長大な舟底状木棺を置いてそのまま埋め戻したので、棺への土圧は数トンにのぼる。舟底状木棺の木蓋がどのような形状であったかは、土層断面からはすでにわからない。屋根形の蓋材であれば、土圧を逃がす形状ともなろう。しかし、やはり棺蓋の腐朽と土圧による陥没は避けられなかったようだ。陥没坑の最上層部の埋土からは多量の円礫とともに高坏などの葬祭土器が出土した。また、陥没坑の埋土の中央やや南側に直径 1.2 m、深さ 0.9 m となる土坑が再掘削されていた。掘形壁面は被熱痕跡を残し、埋土には炭が多く含まれていた。棺の腐朽・陥没とその埋め戻しを経ていることから、ある程度の時間を

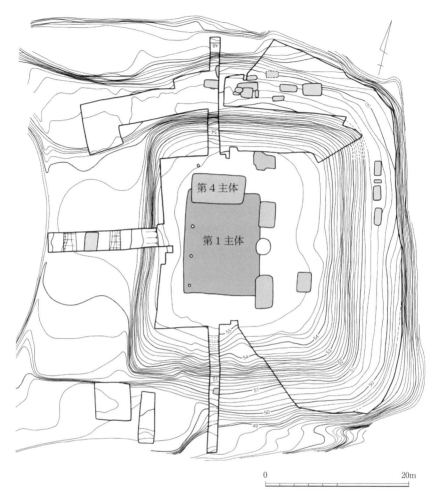

図51　京都府赤坂今井墳丘墓

経たあとに円形土坑の掘削とその坑内での焚火が想定できるという。報告では、「追善供養」のような性格を帯びた行為がなされたとみている。なお、近世土葬墓の陥没期間から推測し、埋葬から追善供養まで、20年たらずの期間が想定されているが、2.0 m以上にもなる棺上の墓壙封土の土圧を勘案すれ

ば、陥没はそれよりもかなり短い期間でも引き起こされたであろう。

　中心埋葬の墓壙埋土を切り込んで掘削された周辺埋葬（第 4 主体）の墓壙は、それでも長さ 7.2 m、幅 4.0 m、深さ 1.9 m となる。厳然とした規模の格差があるものの、中心埋葬につぐ大型二段墓壙を穿つ。一段目の墓壙掘形に沿って大型の舟底状木棺が埋置されていた（図 50-2）。木棺は長さ 4.6 m、幅 1.3 m、深さ 0.5 m 程度で、底面がやや平坦となる。木棺底部中央には長さ 2.0 m、幅 0.6 m の範囲に厚さ 1.5 cm の水銀朱が塗布されていた。先々代となる大風呂南 1 号墓では中国産の水銀朱がもたらされたが、この水銀朱は日本列島産、おそらくは三重県丹生鉱山産の辰砂を原料としていたとされる（南 2004、南・河野摩・古川ほか 2013）。後期後葉新相から終末期、近畿地方周辺の墳丘墓では、中央構造線沿いの水銀鉱床から得られた辰砂を精製した水銀朱を使用し始めていたとみてよい。

　墓壙内の土層断面図をみると、木棺両端の上部には棺幅に沿って土層に垂直方向の境界が認められたことから、棺身の上に棺蓋などの被覆材が存在していたと思える。おそらくは棺身底から 1.0 m ほどに蓋板があり、腐朽によって陥没したことが土層堆積状況から推測できる（図 50-2 下）。また、その上の断面「V」字状の陥没坑の落ち込みに、多くの円礫や破砕された土器細片が混入していた。陥没坑内では、頭部上付近に円礫が集中していた。円礫が自然に落ち込んだ結果というよりも、棺の平面形にあわせて人為的に配置されていたとみられている。

　第 2 章第 3 節でも説明したように、第 4 主体の舟底状木棺からは、頭飾りと耳飾りが被葬者に着装された状態で出土した。頭飾りは 3 連で鉛バリウムガラス製の勾玉や管玉が連ねられていた。ガラスの色彩には大きく分けて青色と青緑色の二者があり、青色の鉛バリウムガラス製管玉には、漢代の顔料「漢青」が使用されていた。漢文明を象徴する最上位の価値が付与された装身具威信財であった。この赤坂今井墳丘墓も 2007（平成 19）年 7 月 26 日、国史跡に指定された。

　方形台状墓の周辺波及　このような独立した方形台状の墳丘墓の類例は因幡地

域にも散見できる。布勢鶴指奥1号墳丘墓もその一つである。後期中葉から後葉古相にかけて造営された。大風呂南墳墓群よりもやや古くなる（中村徹・西浦・小谷 1992）。墳丘の長辺18m、短辺10.6mと中型墳丘墓の部類だが、墳頂平坦部の中央に北西から南東に向いた長さ4.8m、幅3.4m、深さ1.3mとなる長方形の二段墓壙が穿たれる。床面中央、長さ2.0m、幅0.56〜0.4mの範囲に水銀朱が検出されたことから、朱が塗布された組合せ式木棺が存在していたと考えられた。墓壙下部の掘形にあわせて、土層が立ち上がることから、棺の周囲に木槨状の外郭施設があったとみられている。

　因幡地域では、後期前葉となる松原1号墓以降、丹後地域の墳丘墓造営の影響やガラス製品などの供給を受けたようだが、埋葬施設は舟底状木棺単体ではなかった。むしろ、佐田谷墳墓群以来の埋葬施設を引き継ぎ、木棺木槨を最上位の埋葬施設としていたとみることができる。これらの方形台状墓は後期前葉にはじまり、後期中葉から後葉段階を中心に造営されており（図57の丸印）、日本海沿岸域のガラス製品の副葬範囲（図16・18）ともほぼ合致する分布状況をみてとることができる。

　威信財副葬と葬送儀礼の創出　弥生時代後期、丹後地域の墳丘墓では、山陰・北陸地方や吉備地域の墳丘墓に比べ、被葬者の傍らに副葬遺物がみつかる事例が多い。鉄製刀剣や鉄製工具、あるいは碧玉製管玉やガラス製勾玉・管玉・小玉などの副葬が盛行する。しかし、すべての埋葬にみられるわけではなく、やはり墳頂平坦部の中心埋葬でも墓壙規模の大きなものや、その周囲に位置した周辺埋葬（中核埋葬群）に偏っていた。墓壙規模の差異や埋葬施設の位置によって副葬品には多寡があった。しだいに有意な格差が明瞭になり、より厳格かつ複雑な階層性をもつにいたったようである。以下にその詳細についてみておこう。

　後期から終末期、丹後地域の墳丘墓の墳頂平坦部上あるいは墳丘裾部周辺の埋葬を含め、その墓壙規模に注目すると、墓壙の大きさにもっとも相関して出土した副葬品は鉄剣である。たとえば、検出面での墓壙面積がもっとも広い部類となる34〜20m²の場合、鉄剣の出土比率は墓壙発掘事例6例中4例で

67％、大風呂南1号墓中心埋葬の副葬事例を含めて総数15振りの出土となる。次に墓壙面積20〜10 m²になると、8例中2例で25％、総数3振り、さらに墓壙面積10〜5 m²の場合、61例中8例で13％、総数9振り、墓壙面積のもっとも小さい部類、5 m²以下になると、251例中9例で3.6％、総数9振りとなった。また、中心埋葬とそれに重複する周辺埋葬から構成される中核埋葬群（図46-下）(6)から出土する傾向もある。しかし、後期後葉新相になる金谷1号墓では、墳裾部周辺埋葬からも鉄製短剣が複数出土しており、短剣や鉄製工具についてはかなり一般的なアイテムとして普及していたと思われる。

　丹後地域に副葬例の多いガラス製玉類（ガラス製勾玉・管玉・小玉〈ガラスビーズ〉）についてもみておこう。第2章第3節でも説明したように、後期前葉には、丹後地域においてカリガラス製小玉の大量輸入がみられた。後期初頭から中葉段階での三坂神社墳墓群・左坂墳墓群における出土例が際立つが、墓壙面積別での出土比率では、墓壙の大きさとガラス製玉類はほとんど相関していない。むしろ、小寺が指摘するように、ガラス製勾玉・管玉は中心埋葬を含む中核埋葬群に集中する傾向にある。後期初頭から中葉だと、中核埋葬群（中心埋葬66点以上、重複周辺埋葬16点）からの勾玉・管玉出土数は全体（中核埋葬群＋墳頂部周辺埋葬＋墳裾部周辺埋葬）の80％を占める。後期後葉になると、ガラス製小玉の多量副葬が減少するものの、ガラス製勾玉・管玉は中核埋葬群（中心埋葬347点以上、重複周辺埋葬132点以上）に集中し、全体の99％が中核埋葬群に占有されていたことになる。また、赤色顔料を塗布された朱彩棺に玉類が多くみつかる状況（54％）もみてとることができる。しかし、朱彩棺に対する鉄剣出土例は10％にも満たない（野島・野々口2000、小寺2016）。それら装身具、とくにガラス勾玉・管玉といった2次製品はやはり地域首長をはじめとしたエリート層、地域首長やそれに連なる血縁、あるいは社会的関係が深い階層上位の人びとが所有するものであった。対外的な交易によって経済活動を活発化させ、独自のガラス製装身具の生産を試みた丹後地域のエリート層に特有の現象であったといえる。終末期前後には、さらに荘厳さを増したガラス製頭飾りなどの装身具威信財が占有され、上位階層のなかでも

装身によるランクの差異化がさらに進展していったものとみることができる。

おそらくこれらの貴重財は、隣接地域集団からの互酬的な贈与によって容易に入手できる物財ではなく、文明世界（外部社会）の威信をも表象するような「不可譲（譲渡不可能）な所有」(inalienable possession〈Weiner 1980; 1992〉)に近い財であり、文明世界の信仰や精神世界の一部、あるいは贈与者の霊が取り憑いたと観念されたような威信財も含まれていたと思われる。丹後地域の倭人にとっては、あらたな威信財の価値体系が醸成される契機となった。

また、多くの民族誌が示すように市場経済以外では、それぞれの交換財に応じた経済諸領域のカテゴリーが存在した。倭人社会での高位の経済領域に属する財の交換に際しては、特殊な貴重財の生産のために、村落内部において労働の集約的投入を行わねばならなかったであろう。文明世界との財の贈与交換、対外的な交易は、内部社会においては労働の集約化を促し、労働価値が威信という上位の価値体系に変換されうる諸条件を成熟させることとなった。

しかし、葬送の場において中核埋葬群では、対外的交易によって得られた貴重財が副葬され、消費された。中心埋葬の被葬者を誇示的に顕彰する企図のもと、意図的な墓壙配置を継続して貴重財の副葬・消費を視覚化した。周辺埋葬重複型の墓壙配置は、有力リネージの析出が進んだ結果でもあるが、重複周辺埋葬の反復によって、さらに中心埋葬の被葬者の葬祭を記憶し、顕彰していく舞台へと変容させ、中心埋葬の被葬者にかかわる社会的記憶にもとづく社会規範や信念体系を増幅させる方向に導いた。それだけでなく、参列者たちの社会的記憶として階層的な社会的関係の再生産にも寄与したといえる。

後期後葉から終末期には、墳頂平坦部の周辺埋葬や墳丘裾部の周辺埋葬は極端に減少していく。多くの構成員が墓域を共有し、埋葬を繰り返すことがなくなったということであり、人びとの集合的な祖霊観念が動揺、衰退していったものとも思われる。またそれとは裏腹に、墓碑銘などはないものの、中心埋葬の被葬者一人のみを社会的記憶として顕彰していくナラティブな神話化行為が葬送儀礼を通して肥大化していったと想像することもできそうである。

2. 山陰・北陸地方の四隅突出型墳丘墓

（1）島根県西谷3号墓の発掘調査

中国山地北部、奥出雲に水源をもつ斐伊川は蛇行して北流するが、出雲平野を形成しつつ西流して神門水海へと注ぐ。この斐伊川の流れを見下ろす眺望のよい低丘陵に、30基たらずの弥生墳丘墓と古墳が造営され続けた。この西谷墳墓群のなかでも1～4・6・9号墓が四隅突出型墳丘墓とされる。

1980年代を中心に、島根大学考古学研究室の渡邊貞幸らによって発掘調査が実施された西谷3号墓は、後期後葉古相に属し、方丘部分の東西長辺40m、南北短辺30m、高さ4.3mの規模をもつ。突出部は幅広で大きく発達した形態となる。山廻礫層を方形台状に削り出した墳丘で、一部盛土を行ってから複数の墓壙を穿ち、埋葬施設を埋設して葬送を完了したあとに、数10cmの盛土を構築したようである。全面調査が行われたわけではないものの、墳頂平坦部には大小あわせて8基の埋葬施設が確認された。中央には二つの大型墓壙（第4主体・第1主体）が配置された（図52）。切り合い関係がみられないため、この二つの大型墓壙の埋葬が同時進行した可能性もあるが、墓上祭儀の葬祭土器群の比較によると、第1主体において複合口縁壺の肩部文様の衰退、鼓型器台の短脚化の傾向がうかがえ、第4主体の埋葬が先に行われた可能性が指摘できるという。第4主体に第8主体、第1主体に第3主体と、大型墓壙が埋められたあとに、小児棺を埋置した小型墓壙が穿たれる。また、両大型墓壙の北端を接するように、それぞれ第6主体、第2主体と、ほぼ同形の周辺埋葬が設置されたことからすれば、同じように周辺埋葬の重複を繰り返したとわかる。つまり、隣接した二つの中核埋葬群によって墳頂平坦部の葬送祭祀が進んだと想定することができる。丹後地域の大風呂南1号墓にも同じような一対の墓壙配置の特徴をみることができそうだが、おそらくは丹後地域や備後北部庄原地域よりもかなり複雑な埋葬にかかわる葬送手順が生まれていたのではないかと思える。

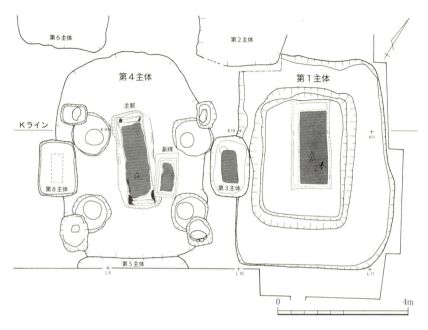

図52 島根県西谷3号墓墳頂部の埋葬施設

　この西谷3号墓の発掘調査は弥生墳丘墓の系譜とその発展の事情を推察する際、きわめて重要な情報を提供してくれるため、渡邊貞幸・坂本豊治らの調査研究（渡邊・坂本編 2015）、および理化学分析（田村 2015）などをもとに仔細にみておきたい。なお、西谷墳墓群も2000（平成12）年3月30日、国史跡に指定された。

　第1主体の埋葬施設　第1主体の大型墓壙は隅丸長方形の平面形をもつ。長さ6.1 m、幅4.8 m、深さ1.1 mほどとなる大型二段墓壙を穿つ。墓壙底面のほぼ中心に埋葬施設があり、木棺周囲を木槨壁材で囲う。木棺内は、硫黄同位体比分析から中国産と推定された水銀朱が厚さ4 cmほどに敷きつめられており、2段目の墓壙面が木棺上面に沿う。水銀朱が塗り込まれた棺底には、コバルトブルーに発色する鞆形のガラス製勾玉2点のほか、ガラス製管玉26点以上・ガラス製垂玉40点・ガラス製小玉122点以上・不明ガラス製品36点以

上・碧玉製管玉（未定 C 群）27 点が出土した。これらは 2 種の連珠飾りを構成していた。一つはガラス製大型管玉が連珠となる胸飾りで、被葬者に着装されていた。もう一つはガラス製小玉などが連珠となった髪飾りが耳飾りとセットになる。木箱に入れられ、頭部付近に添え置かれていた。

　ガラス製品を分析した小寺智津子によると、ガラス製管玉のみの胸飾りや首飾りは、山陰地方の大型墳丘墓でも最上位にある埋葬施設の被葬者に特有なものであり、日本海沿岸域の大首長たちの対外的交易能力を示すとともに、その紐帯を示唆するものでもあるという（小寺 2015）。また、ガラスの理化学分析を行った田村朋美によると、胸飾りの大型管玉は低アルミナ・高石灰のソーダガラスに属し、塩湖底に溜まる炭酸塩鉱物を原料としたナトロンガラスであった（表 2）。多量の酸化アンチモン（Sb_2O_3）が乳濁材として添加された特徴的な色彩をもち、地中海沿岸からもたらされたものだという（田村 2015）。このナトロンガラスのほかに、中国漢代の鉛ガラスや鉛バリウムガラスも多数含まれていた。西谷 3 号墓の被葬者が個別交渉により入手したとは考えにくく、また、西谷 2 号墓出土ガラス製品にも非常に似通った成分が認められることから、小寺はさまざまな産地からもたらされたガラス製品が入手できる楽浪郡などとの対外交渉により一時期に一括入手したものとみている。水銀朱も同様の入手経路であろうか。

　埋葬施設をみると、棺・槨にそれぞれ蓋板があり、墓壙上部は棺槨蓋板の腐朽、倒壊による陥没で、上層盛土が広く落ち込み、擂鉢状になる土層堆積状況を示していた。擂鉢状の陥没坑に落ち込んだ埋土から、110 個体以上にもなる葬祭土器群が出土した。表裏に朱彩された葬祭土器も多々認められた。この擂鉢状に落ち込んだ陥没坑の最深部には、「棺上円礫」と呼ばれる綺麗な饅頭型に整形された朱彩の円礫が置かれていた。径 8.5〜9.2 cm、厚さ 5.6 cm、640 g で、凝灰角礫岩、あるいは安山岩と鑑定された。報告では、この円礫の近くに水銀朱が溜まっていたようであり、土器や円礫に施された朱が滲み込み、陥没坑最深部に集まったと想定された。

　発掘調査を指揮した渡邊貞幸によると、この朱彩の円礫は葬られた人物の霊

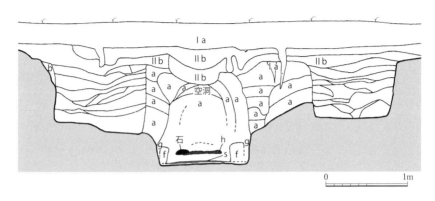

図53　西谷3号墓墳頂部の大型墓壙（第4主体）

が憑依した依代と観念されたシンボリックな祭具と考えられるという。渡邊はこの円礫を神霊の宿る「石主」と呼んで重視した（渡邊2018）。このことを併せ考えれば、棺槨の腐朽と陥没が生じた際に、最深部に朱を施し、依代となる「石主」を配置したものかもしれない。被葬者の依代と想定すれば、付近に朱を施すことは、むしろ当然といえる。葬祭土器群は丁寧に集積されて埋め戻され、葬送儀礼の完了をみたと想像することができよう。

第4主体の埋葬施設　さらに第4主体の大型墓壙についても少しみておきたい。長さ6.3 m、幅4.5 m、主槨棺底までの深さ1.4 mとなる。第1主体墓壙の平面形態とはやや異なり、小判型に近い。墓壙は擂鉢状の浅い掘形だが、主槨の底部のみ35 cmほど深くなる。中央には主棺槨があり、東に接して底部が浅くなる副棺槨（二重棺）が埋置された。木棺内には厚さ2〜3 cm、およそ総量10 kgとも見積もられる水銀朱が敷き詰められた。木棺西南部分、被葬者の頭部左上には棺側板に沿って鉄剣がみつかり、被葬者は浅葱色のガラス管玉20点からなる胸飾りを着装していた。これも山陰地方の大首長、あるいはその近縁者の証とみてよかろう。

第4章第4節でみたように、埋葬施設北側（Kライン）の土層断面図（図53）をみると、木棺は地山のブロック土（f）で側板の根元を外側から固定されていた。木棺側板部分とその外側の槨側板材部分の間には締りの弱い明赤褐色

土(a)が縦方向に確認され、槨側板材の周りは明赤褐色土(a)で丁寧に埋められていた。棺槨の上部には腐朽により陥没、沈みこんだⅡb層が確認でき、葬祭土器群の集積がみられた。主棺槨の埋設後に再度小さな墓壙を掘削、主槨の一部を破壊して副棺槨を埋置したが、主棺槨の周囲の立柱２本の配置に沿わせたようでもあった。

　第4主体の墓壙上には四阿(あずまや)を建てたとみられ、墓壙内主槨の周囲には大型の柱穴と柱痕跡があった。大型墓壙に主棺槨を埋設したのち、埋土作業の途中で柱穴が穿たれ立柱されたが、副棺槨はその２本の柱のちょうど間に埋置されており、立柱前後の埋葬であった。その後さらに墳頂平坦部に広がる盛土によって柱穴下部が埋め込まれたようである。主柱の傍に副柱を添え立ててさらなる盛土を施したあとに、最終的な葬送の祭祀を執り行う平坦面を造成した。第1主体の葬送儀礼にはなかった複雑な棺槨の埋設と立柱の工程を経ていたことがわかる。

　また、第1主体の大型墓壙と同様に、棺槨の腐朽と陥没による落ち込みがみられたが、それは主槨と副槨周囲全体を覆うもので、瓢箪形に近い平面形となっていた。主槨、副槨直上にも朱彩の円礫「石主」が配されていた。その上部に小円礫（玉砂利）や223個体を越える大量の葬祭土器群が集積されたまま埋没していた。主槨直上の円礫は意図的に玉砂利で覆われ、その上に四つの鼓形器台を正置させ、壺さらには低脚杯を載せていたようである。これらが陥没前の葬祭土器群の集積状況を示すものなのか、あるいは陥没後の落ち込みに埋め置かれたものなのかは、にわかには判断し難いようにも思われる。先述したように、朱彩円礫が最深部主槨直上（被葬者上半身の上）に配置されたとみられる検出状況からすれば、陥没にともなう落ち込みを埋め戻す際に、丁寧に埋置された可能性も想定できるかと思う。陥没坑に土が自然に堆積した場合、降雨などにより、埋土に極細砂のラミナ状堆積が認められるはずであるが、そのような堆積土はみられなかったようである。

　なお、この223個体の葬祭土器群は山陰系の複合口縁壺・鼓形器台・低脚杯、吉備系の特殊壺・特殊器台・装飾器台、丹後・北陸（越前・加賀）系の無

頸壺・高坏形器台・高坏などであった。

　四阿を支えた主柱穴の三つの柱痕跡には、丹越系土器を中心とした葬祭土器片が混じり込んでいた。柱穴の裏込め埋土に土器片は含まれないことから、柱を抜き取ったあとに土器片が混入した可能性が高そうだ。もし四阿の解体後、遺存していた木柱根の腐朽にともなって混入したとみた場合、柱痕跡と裏込め埋土の境が明瞭で、木柱の腐朽による裏込め土の混入がまったくみられないことはないはずである。直径50 cmにもなる柱根の腐朽は土圧にさらされた棺槨蓋板の腐朽などよりもさらに時間がかかるだろう。また、報告にもあるように、山陰系・吉備系・丹越系の葬祭土器群が明確に分けて配置されていたことからすれば、やはりあまり時間を置かずに意図的に廃棄されたとみる方が自然であろう。想像を逞しくすれば、葬祭の終了後、柱穴の木柱・柱根を除去して抜き取り痕をみせた。抜き取り痕に埋土が堆積しつつ、墓壙中央の棺槨の腐朽・陥没による落ち込みが顕著になった段階で、かつて扱われた葬祭土器群を、中央の落ち込みと柱抜き取り痕に埋め置いて塞いだとみることもできよう。

　なお、渡邊貞幸は墓壙上の葬祭を次のように想像する。つまり、祭儀は棺槨の埋設・埋め戻し、四本柱の設置後に執り行われており、その本質は「たまふり」や、『魏志』倭人条にある埋葬以前の「歌舞飲食」のようなものではなく、首長霊との疑似的共飲共食を行う「直会」のような儀式であったとみる。直会とは、日本の神道の儀式で、神社での祭祀の最後に、神事に参加した者たち一同で神酒を戴き、神饌を食する行事（共飲共食儀礼）である。そのような理解を前提にすると、当然使用した葬祭土器群からみれば、吉備地域や丹後地域、北陸地方の首長たち、あるいはその代理人たちもこの祭儀の参加者であったとみられる。西谷3号墓を造営した次代の大首長その人が喪主として吉備・丹後・北陸などからの弔問に応えたわけであり、いわば弔問外交にともなう贈与交換をパートナーシップの証として執り行う場面もあったと想像できよう(7)（渡邊 2018）。墳丘墓の造営はたんに被葬者の葬送にとどまらず、被葬者の対外的な交流・交易権限を継承した次代の地域首長が、弔問者との対等なカウン

ターパートとして、新たに社会的関係を取り結ぶ「場」を設けることであり、それを前提として贈与交換や婚姻による政治・経済的紐帯が継続したのだと思える。遠隔地の首長層との社会的関係を構築する、あるいは更新、維持、再確認する絶好の機会でもあったと想像することができよう。

このほかにも西谷2号墓第1主体などは、西谷3号墓よりも規模の大きな墓壙や木棺をもつ可能性があるが、埋葬施設の調査は部分的であり、その詳細は明らかではない。こののち、出雲地域では棺槨をもつ埋葬施設はまだみつからないが、古墳時代初頭に位置付けられる松江市社日古墳（大庭編 2000）まで、連綿と続いていたと想像することができよう。

（2）島根県仲仙寺墳墓群の発掘調査

仲仙寺墳墓群は出雲地域東部、安来平野にあり、10数基の四隅突出型墳丘墓を中心とする墳丘墓が造営された（近藤正 1972）。後期後葉の仲仙寺9号墓の墳丘規模は長辺18m、短辺15m、高さ2mほどで、四隅にかなり発達した突出部が築成された。墳頂平坦部には、3基の埋葬施設がみられた。最初に埋葬された中央の二段墓壙は長さ4m近くになる。木棺が埋置してあり、碧玉製管玉がみられた。中型墳丘墓ということもあり、木棺・木槨構造をもちえなかった。また、ガラス製装身具にも手が届かなかった。ほぼ同時期となる第10号墓も一辺18m、正方形に近い方形墳丘をもち、大きく伸びる突出部が付設される（図54）。墳頂平坦部に大型墓壙が2基並列して配置されているが、やはりともに木棺のみの埋置となる。並列した大型墓壙の両側に長さ3m、やや小振りな墓壙が配置されるとともに、大型墓壙が埋め戻されたあと、小児を埋葬したと想定される小型墓壙が大型墓壙の一隅を掘削、破壊して付設された。このような複雑な墓壙の配置状況は、西谷3号墓に類した葬送手順といえる。墳丘墓のランクを超えて複雑な葬送手順が継承されたと想像でき、出雲地域の四隅突出型墳丘墓の葬送祭祀に現れた特徴の一つといえるかもしれない。

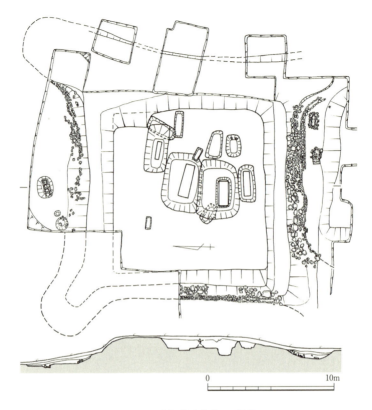

図 54　島根県仲仙寺 10 号墓

(3) 福井県小羽山墳墓群の発掘調査

北陸地方の四隅突出型墳丘墓　1974 (昭和 49) 年、富山県杉谷遺跡において「四隅突出型方墳」が発見された。以来、北陸地方にも弥生時代後期の四隅突出型墳丘墓が築造されていたことがわかってきた。その後、富山県六冶古塚・富崎 3 号墓・鏡坂 1 号墓・杉谷 4 号墓、石川県一塚遺跡 21 号墓、さらには福井県小羽山墳墓群などが次つぎと確認されていった。小羽山墳墓群の発掘調査を指揮した古川登によると、北陸地方の四隅突出型墳丘墓には、墳丘裾部に貼石や列石、立石、敷石などといった石材を用いた外表施設がないことや、突出部先端が撥形に広がる独自の形態をもつ、あるいは二隅の突出部のみが大きく

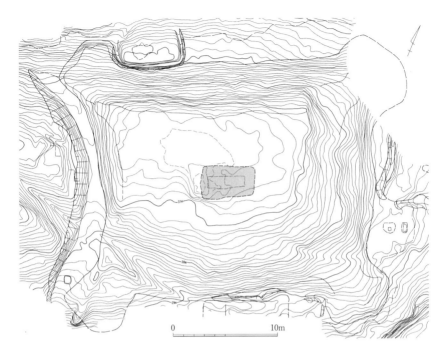

図 55　福井県小羽山 30 号墓

なるといった特徴があるという。また、墳頂平坦部に埋葬される被葬者は原則一人、単葬であることなどを指摘し、山陰地方とは異なる北陸型の四隅突出型墳丘墓の特徴を明らかにした（古川 1996）。しかし、渡邊貞幸らも指摘するように、小羽山墳墓群 30 号墓については後期後葉最古相段階の四隅突出型墳丘墓であり、外表の貼石構造を欠くものの、山陰地方出雲地域の西谷 3 号墓などと類似する要素も少なくはないという。小羽山 30 号墓は北陸地方で四隅突出型墳丘墓が造営され始めた起点になると評価されており、西谷墳墓群など、山陰地方の首長たちとの直接的な交流を物語る墳丘墓とみる意見は多い。

小羽山 30 号墓　小羽山墳墓群は福井市と越前市の間、九頭竜川支流の日野川に西から流れ込む志津川の西岸丘陵から、さらに北延する低丘陵の舌状尾根の先端に位置する。小羽山 30 号墓は方丘部長辺 26.2 m、短辺 21.8 m、高さはお

およそ3mとなる（図55、古川編 2010）。丘陵先端側の低い部分に盛土を行うが、大半は地山を整形した墳丘となる。墳頂平坦部中央に長さ5.18mとなる大型墓壙があり、長側板3.6mにもなる組合せ式の大型木棺が埋置されていた。棺内底面には、中国からの舶載水銀朱が少量認められた（南・河野摩・古川ほか 2013）。鉄剣1振り・ガラス製勾玉1点・ガラス製管玉11点・碧玉製管玉103点が出土した。玉類はいずれも散在しており、ばら撒かれたようだったという。第2章第3節で示したように、玉錐穿孔のカリガラス製管玉は、丹後地域での2次生産が想定できるものであった（大賀 2010b）。小型のガラス製勾玉は風化が著しい。研磨成形による製作のようだが、尾部先端が鋭く尖がる形態からは、やはり丹後地域との交流によってもたらされたとみられる。珠緒を切って被葬者まわりに撒き広げる葬送慣習も丹後地域に類例が多い。

墓壙上面には、棺の腐朽にともなう陥没坑がみられ、高坏や高坏形器台、脚付無頸壺など、後期後葉の丹越系葬祭土器が出土した。使用痕跡のある両刃石斧を転用した石杵もみつかっているが、これが「石主」となろうか。（古川編 2010）。

小羽山30号墓はその墳丘形態などからもやはり、西谷3号墓を代表とする山陰地方の大型四隅突出型墳丘墓の影響を強く受けて造営されたと考えられる。また一方で、丹後地域からのガラス製品が副葬されたことからすれば、葬儀に際して、丹後地域の首長層の弔問が行われ、丹越系葬祭土器が葬送に供されたと想像してみることも

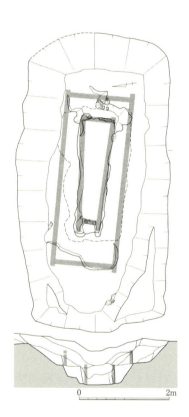

図56　福井県小羽山26号墓の埋葬施設

できよう。

　小羽山 26 号墓　小羽山 26 号墓は北延する低丘陵の主尾根先端に位置する。やや歪んだ不定形な四隅突出型墳丘墓である（古川編 2010）。現在、突出部墳丘は流出したものの、かなり発達した形状だったようだ。方丘部は長辺 27 m、短辺 20.5 m、高さ 2.8 m となる。墳頂平坦部に大小あわせて 6 基の埋葬施設が確認された。中心埋葬（第 1 埋葬）は長さ 6.5 m、幅 3.4 m の大型二段墓壙を穿つ。木棺の上部に覆屋のように木槨壁材が配置されていたのだろう（図 56）。副葬品はみられなかった。木棺・木槨の腐朽により棺槨内が陥没し、上層部分に大規模な落ち込みがみられた。高坏や高坏形器台などを中心に 70 個体前後の丹越系葬祭土器が沈下した状態で出土したという。高坏脚部など意図的に破砕、集積された土器片もあったようだ。土器片を取り上げた最後に碧玉製管玉 1 点が出土した。これも「石主」となろう。やや古相の土器片が含まれるものの、おおよそ後期後葉新相となり、30 号墓の後継首長墓とみてよかろう。

（4）日本海沿岸域の四隅突出型墳丘墓とその経済的基盤

　これまでみてきたように、山陰地方と北陸地方には、四隅突出型墳丘墓が拡がる。もともと三次地域で成立したと考えられる四隅突出型墳丘墓だが、直後には墳丘先行型の墳丘構築に変化した。大型の中心墓壙を造り出し、内部に木棺や木棺木槨を埋置した。埋設された棺槨の直上には、立柱施設が設営されていたこともわかってきた。伯耆地域との交流により、赤彩された脚付注口付の大型鉢を使った葬祭を執り行ったが、吉備地域南部系の葬祭土器群が新たに加わることとなり、葬送の場においてパートナーとなった南北の地域首長との交流が印象付けられる演出がなされた。

　これらの葬祭の儀礼的行為は一部変容しつつも、島根県西谷 3 号墓にも色濃く継承されたものであった。西谷 3 号墓では、山陰地方のほか、吉備地域や丹後地域、あるいは越前地域の首長の弔問を受け、そのパートナーシップを強調する「外交政策」をより重視する舞台演出を試みた。さらに、西谷 3 号墓との

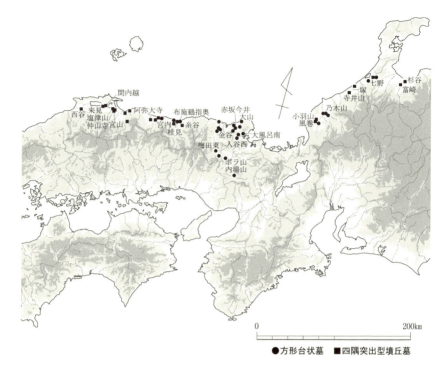

図57　方形墳丘墓の造営分布図（後期中葉～終末期）

　類似点の多い福井県小羽山30号墓は、出雲地域からの直接的な影響を受けて造営されたとみられる。しかし、2次生産ガラス製品だけでなく、地元集落での丹越系の高坏や丹後系の台付甕の出土事例からみても、日常的な交流・交易にかかわるパートナーが丹後地域の人びとであったことも理解できる。
　このような調査成果から憶測すれば、もともと強い経済的交流を基盤とした日本海沿岸域における地域首長のパートナーシップが四隅突出型墳丘墓の造営を共有していったとみることができる。この時期の四隅突出型墳丘墓の分布範囲（図57の四角印）は、まさに弥生時代後期の濃緑色系石製管玉の生産遺跡の分布範囲に合致してくる。後期の管玉生産は中期段階とは異なり、日本海沿岸域に収斂していった（図15）。管玉生産に鉄製工具が使用され始めると、生

産加工具素材の供給ルートはまったく異なるものへと変容し、九州北部方面や列島外へ向かう日本海域海上交易ルートの物流を模索せざるをえなくなった。鉄素材の入手をはじめとした対外的な政治課題を抱え、新たな交易資源を得るための貴重財生産にかかわる互酬的な経済活動の紐帯をさらに強化していったのだろう。日本海沿岸域の地域首長層は、鉄製工具の導入によって石製管玉の加工生産を管理運営し、対内的な交易物資として利用したが、水晶製小型算盤玉類の生産も続けた。半透明な素材からか、ガラス製小玉や丸玉などの代用品としても生産されたと思える。対内的な需要に応えるためには管玉生産だけではすまなくなっていたのではなかろうか。

　一方で、連接台状墓から方形台状墓（図57の丸印）を大型化させていった丹後地域の首長層は、山陰地方の地域首長などとは異なる交易関係を独自に開発していたと思える。カリガラスビーズの大量入手とともに、それを原料素材とした勾玉・管玉の2次生産を開始したのだが、ガラス製勾玉・管玉は九州北部地域からの供給のみであったため、周辺地域には大きな影響を与えた。ガラス製勾玉・管玉を使った首飾り・胸飾りは大型四隅突出型墳丘墓の中心埋葬に葬られた大首長ランクの人びとが所有すべき装身具ともなっていった。

　日本海沿岸域の弔問外交が墳丘先行型の墳丘墓造営の根底に仕組まれたのは、地域首長の死が対外的な経済活動を司る各地の首長たちとのパートナーシップの危機と認識されたからであり、次代の首長がパートナーのネットワークから外されることはすなわち、外界との交流・交易を切望する地域社会の生産活動にも直接的な影響を被ることになり、死活問題ともなりえた。そのため、より多くの遠隔地の首長層との社会的関係を維持するためには、多大な労力を投資してでも威信をかけて墳丘墓造営を実現せねばならない事態に迫られていったものと想像できよう。日本海沿岸域では、外来系の葬祭土器が含まれる墳丘墓は、副葬品が豊かである。擬制的な同族関係や婚姻関係などを通して対外的交易にかかわるパートナーシップの継続を確認するとともに、弔慰品の贈与と返礼などによって貴重財や海外資源がもたらされたのであろう。地域集落内での再分配が実現されるといった楽しみも享受した。対外的交易は新たな

首長にも切に期待される経済活動であったと想像することができよう。

　もちろんこれらの貴重財・貴重資源には、それぞれに「物語り」や「物神的性格」が付与されており、その世界観を理解するために広く文明世界にかかわる知識の入手も試みられ、倭人社会の世界観や死生観は徐々に変容していったはずである。

3. 山陽地方吉備地域の墳丘墓

　ここでは、吉備地域の大型墳丘墓、岡山県倉敷市楯築墳丘墓の墳丘形態と埋葬施設の構造、墓壙上の葬祭を簡潔に紹介し、各地の墳丘墓との類似点を理解するとともに、吉備地域独自の墳丘墓の変遷について、概観しておきたい。

（1）楯築墳丘墓の造営 ―弥生墳丘墓の到達点―

　倉敷市矢部にある楯築墳丘墓は弥生時代後期後葉古相に造営された（近藤義編 1992、宇垣編 2021）。楕円形にやや歪んだ円丘部は南北 49 m 前後、高さ 7 m、円丘部の南北方向に二つの突出部を付設する特異な墳丘形状で、全長は推定 83 m にもなる弥生時代最大の巨大墳丘墓である（図 58）。先行して造営されていた四隅突出型墳丘墓の墳丘構築技術を円丘墓に取り入れたかのように思える。尾根上に墳丘を立地させた場合、突出部を発達させると、必然的に 2 方向に限定されたとみることができる。突出部先端は主尾根に直交して堀を掘削し、切り離すことで造形された。突出部前面幅 15 m に下段の列石（第 2 列石）が検出された。前面列石は弧状に膨らみ、張り出して配列された。後期後葉以降、四隅突出型墳丘墓の突出部の前端面が弧状に張り出したことを想起すれば、楯築墳丘墓の突出部前端面はさらにそれを巨大化させた発展的、飛躍的な墳丘形態をもっていたとみることができる。前面基部の列石は大きいもので縦 1.4 m、横 1.1 m ほどの板石材を貼り込んでおり、両端は側面に向けて弧状に回り込む。大型の板石材の間隙を人頭大ほどの石で詰め合わせており、前面を外護するかのようであった。

墳頂平坦部には、巨大な板状の立石が林立する。備中国吉備津宮の縁起には、鬼ノ城落城後の温羅（うら）が吉備津彦命を迎え撃つため、再度陣を構えた際の石楯であったと記されるなど、昔から有名なものであった。墳頂平坦部の中心埋葬は石組みの排水溝を備えた木棺・木槨構造をもつ。西谷3号墓よりもさらに重厚な埋葬施設となっていた。長さ1.95 m、最大幅0.78 mの内法をもつ木棺が中心にあり、それを覆う長さ3.55 m、幅1.46 m、高さ0.88 mほどの木槨壁材が確認された。棺槨二重の底板が組み合わされる

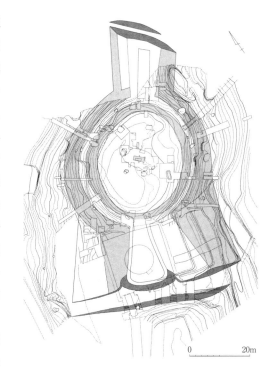

図58 宇垣による岡山県楯築墳丘墓の推定復元

もので、小口板と側板は下面の底板より下に伸び、溝に設置された礎板に載る。これまでにない頑強な構造をもっていた。

木棺底面には、水銀朱が厚さ5 cmほどに敷き詰められており、その総量は32 kgを越える。第1章第3節でみた難波の推定では、153,600銭相当、生口10人程度の価値になろうか。畿内の大型古墳埋葬施設から出土する水銀朱と比べても遜色はない。不純物が除去されて精製されたもので、HgS含有量が88.3％となった。徳島県若杉山遺跡出土辰砂精製品の水銀朱よりも精度が高いようだ。硫化水銀内に含有された鉛の同位体比を比較してみても、若杉山遺跡出土辰砂とは異なるものとなった。棺内から出土した大量の水銀朱は後漢王朝からの下賜品であったものかもしれない。

遺存した被葬者の歯の周辺から、翡翠製丁字頭定形勾玉1点・玉髄製棗玉1点・碧玉製管玉27点（韓半島の未定C群〈中村大 2017〉）が出土した。被葬者に着装された首飾りとなろう。勾玉は九州北部地域で中期段階に製作されていた。右隣、木棺側板に接する位置に細身のガラス製管玉とガラス製小玉多数が珠緒に通され一括して置かれていた。その周囲にもガラス製管玉・小玉があった。ほかには、側板に沿って置かれたガラス製玉類と、その北西側に鉄剣が副葬されていた。また、棺蓋板上に碧玉製管玉18点（但馬玉谷産〈中村大 2017〉）が珠緒を通した状態でまとめ置かれていた。

　中心埋葬の大型墓壙は排水溝の埋設もあり、不定形な楕円形を呈した。中央には棺槨の腐朽にともなう大きな陥没坑がみられ、墓壙底面まで封土が落下していた。この落ち込みに直径8 cm程度、大量の円礫（円礫堆）が充塡されていた。その円礫に混じり、最古段階となる楯築型特殊器台や特殊壺のほか、装飾高坏・家形土製品・人形土製品・土製玉類・鉄片・小型の弧帯文石などが多数出土した。特殊器台は故意に破壊、遺棄されており、ほかの葬祭土器群も破砕されていた。

　陥没による封土層の落ち込みの中央最深部から出土した弧帯文石は、全長最大61 cm、幅30 cm、地元の紅柱石質蠟石で作られていた。平行四辺形に歪んだ直方体に弧帯文様が彫り込まれる。楯築神社のご神体となる伝世弧帯文石（亀石・旋帯文石、国指定重要文化財）の9分の1ほどの体積となる。陥没坑の弧帯文石は大きく二つに半割されてその表面を焼き割られていたため、大量の剝片が円礫堆の下層に包含されていた。炭灰がみられ、付近に被熱・発泡痕の残る高坏が包含されていたことから、付近で焼かれたとみられる。きわめて強く加熱することによって器表面を剝離させたのだろう。[8]

　調査報告の土層断面（図59）からは、この円礫堆は層位的には南北で異なっていたことがわかる。まず、陥没によって北西側に深い擂鉢状の広い落ち込み（弧帯文石破片がほぼ分布しない部分）が形成され、円礫群が沈下流入して埋没したのち、中央深部に弧帯文石、その南側に弧帯文石の破砕片とともに円礫・高坏などが埋没した状況が復元できる。そしてさらに、多量の円礫ととも

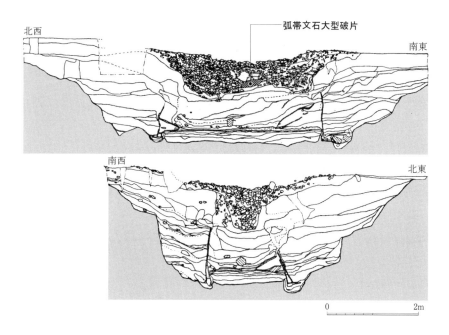

図59　楯築墳丘墓埋葬施設の土層断面

に装飾高坏・高坏・台付直口壺など土器・土器片の集積が埋没した。最後に、新たに集積された円礫堆の上面で、特殊器台や人形土製品などの破砕と遺棄が行われたとみられる。陥没による弧帯文石や円礫堆の沈下、流入があったものの、葬祭の最終段階では特殊器台の人為的な破壊、遺棄があったと想定できるだろう。

　また、弧帯文石が木棺直上、陥没による落ち込みの中央地点に意図的に配置され、被熱破砕されていたと想定するならば、西谷3号墓でみられた朱彩の円礫「石主」に共通した葬祭にかかわる儀礼的行為をみいだすことができる。当初から落ち込みを塞ぐ目的をもってか、特殊かつシンボリックな器物、「石主」となる弧帯文石を中心として葬祭土器群やそのほかの道具を集積していたとみることもでき、棺槨の腐朽の位置や頃合いも予想していたと思える。ただし、楯築墳丘墓では、「石主」にあたる弧帯文石を高温で執拗に焼損したようであ

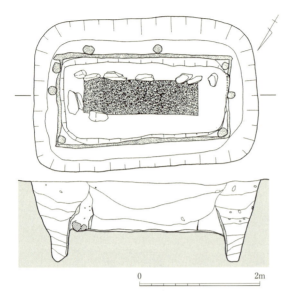

図60　岡山県雲山鳥打1号墓の埋葬施設（第3主体）

る。ご神体と酷似した形態からみても、被葬者の霊が憑依したと観念されたシンボリックな依代である可能性は否定できないものの、その扱いにはかなりの隔たりがあったようにも思える。

このほか、中心埋葬の墓壙南端に立石と並んで大立柱がある。柱根の直径が30cm、掘削深は1.71mとなり、柱押し立てのためのスロープが付設されていた。掘形の深さと添え付けスロープの存在から、この大柱はかなり高いものであったと推測できる。柱根痕跡の上半には、抜き取り痕らしい漏斗状に広がる掘形とその埋土があった。葬祭の終了とともに柱根は途中から切断、あるいは抜き取られたようで、抜き取り痕下部に円礫が流入したのだろう。また、木槨の中央両端、南西側と北東側にもさらに2本の柱が建てられていた。墓壙埋土で固定されたと想定され、埋葬施設の埋設時に建てられたようだ。柱の根元には朱が撒かれた痕跡があったという。なお、この巨大墳丘墓も1981（昭和56）年12月9日、国史跡に指定されている。

雲山鳥打墳丘墓　足守川下流右岸、楯築墳丘墓から北西1.5kmほどに岡山市雲山鳥打墳丘墓がある。丘陵上に連接した3基の墳丘墓が確認された（近藤義1983）。後期後葉となる1号墓は長辺20m、短辺15mほどの長方形墳丘をもつ。木槨壁材の周囲に石で囲う第1・2主体があり、第1主体に重複して第3主体の墓壙が穿たれていた。墓壙は長さ4.0m、幅2.5m、深さ0.9mとなる

（図60）。墓壙周囲には50 cmにもなる深い周溝が掘削され、周溝内側の掘形に木槨壁板材が押しあてられ、直径15 cm、柱状の木材8本が打ち込まれていた。槨内棺外にも10点ほどの人頭大の川原石が棺材にあてがわれており、棺槨の板材を支える工夫が一段と進んだ。槨壁の板材を支える木柱は奈良県ホケノ山古墳の埋葬施設にも認められ、その源流とみることができよう。

（2）鯉喰神社墳丘墓 ―弧帯文石の系譜―

　記念碑的な楯築墳丘墓の北西700 mに倉敷市鯉喰神社がある。かつて楯築墳丘墓の円丘部上にあった楯築神社は、明治42（1909）年にこの鯉喰神社に合祀され、ご神体の弧帯文石も鯉喰神社に移った。しかし、大正年間（1912～26）、地元氏子の要請により、ご神体だけは元に戻されたという経緯がある。その鯉喰神社境内もじつは大型長方形墳丘をもつ墳丘墓であるということがわかってきた。東西長辺推定40 m、南北短辺32 m、高さ4 mほどで、東西両方、あるいは一方に突出部が付設された可能性がある。現状ではその旧地形を確認できない。また、向木見型でも最古段階（宇垣 2022）、あるいは向木見系をさかのぼる吉備型特殊器台中期：西山系西山式（春成 2018）となる特殊器台片が採集された。平成11（1999）年には、墳丘北側裾部から弧帯文石破片がみつかり、楯築墳丘墓に後続する吉備地域大首長の墳丘墓であることが確実視されるようになった（平野・岸本 2000）。大正5（1916）年には、拝殿の改築に際して基礎部分の掘削が行われたが、そのおりに「石の室」がみつかったという。神社関係者からそのことを聞き取った近藤義郎は、鯉喰神社墳丘墓は方丘部に突出部を付設した双方中方形の墳丘をもち、竪穴式石槨を内包していたと推測した（近藤義 1998）。後述する石囲い木槨墓の可能性があろう。

（3）石囲い木棺墓の成立

　吉備地域では、楯築墳丘墓が造営されるのに相前後して、木棺の周りに礫石を積み上げ、棺を外護する石囲い施設がみられるようになる。もともとは弥生時代前期から中期、中国山地周辺において木棺側板の固定のために裏込め石を

詰めていたが、それを「配石（木棺）墓」と呼んだ。墓壙は大きくなく、木棺側板と墓壙掘形の間がわずかしかない事例が多い。あるいは木棺にかかる土量が比較的少ない場合は木棺側板と墓壙の間に数個の石を挟み込めば、木棺板材の組み合わせを強化させることができ、棺蓋にかかる土圧にも耐え、棺周りを埋土で充填して埋め戻す際にも棺の倒壊を防ぐことができただろう。しかし、墓壙が大きくなるにつれ、埋め戻し土の土圧が直接木棺蓋板にのしかかることになり、裏込め石を入念に配置する必要が生じた。1m近くの深さをもつ大きな墓壙ともなると、木棺の周囲、墓壙全体に充填する埋土を礫石に置き替えた。大型墓壙の出現に前後して、木棺側板と墓壙の間を礫石で充填させる、あるいは木棺や木槨の外表面周囲を円礫などで囲い積み上げるような埋葬施設が増えてくる。木棺や木槨の高さを越えて礫石を充填すれば、棺槨周囲にかかる埋土土圧は頑強な石積みに支えられて軽減することになり、少なくとも墳丘構築段階において埋葬施設の倒壊を危惧することはなくなる。弥生墳丘墓はその当初からつねに封土や盛土の土圧による埋葬施設の倒壊に注意せねばならず、礫石による墓壙の充填は、より頑丈な埋葬施設を創り出すために必要な、当時の技術水準にみあった構造強度の改革であったといえる。

　この結果、後期後葉から終末期にかけて、瀬戸内海東部地域において、石囲いの木棺墓や木槨墓が拡がる。より重厚な埋葬施設を造り出す契機となったとみてよかろう。これについては、第6章において詳述していきたい。

註
（1）丹後地域の弥生時代後期から終末期の墳丘墓の造営時期については、高野陽子の編年（野島・野々口 1999）による。後期Ⅰ期を後期前葉（Ⅰ期古相を後期初頭）、Ⅱ期を後期中葉、Ⅲ期を後期後葉、Ⅳ期を後期後葉新相（後期末葉）、庄内式期を終末期とした。
（2）第2章第3節でも説明したように、丹後地域でみつかる青空色の小玉（IPB）は大小あり、奈具岡遺跡で生産された水晶製小型算盤玉の大小とほぼ同じサイズ感となる。三坂神社3号墓第10主体出土ガラス製玉類は、青空色の小玉大型品とほぼ同じ大きさのため、水晶製「小玉」とする場合が多かったが、わずかながらも中央

に緩やかな稜線をもつものについては、小型算盤玉としておきたい。寸詰まりとなるタイプで、後期前葉ごろにみられるものである。
（3）現在のところ、3〜10号墓のある南側支尾根では、与謝野町教育委員会の試掘調査によっても弥生時代の墳丘墓をみいだせてはいない。弥生墳丘墓は北側の支尾根のみであった可能性が高い。
（4）高野陽子によると、後期土器編年からみれば、大風呂南1号墓は2世紀第2四半期、赤坂今井墳丘墓は2世紀第4四半期となり、最大で50年近い時期差があるという。
（5）墓壙の検出面はのちの削平などにより、当時の掘削面と同じではない。墓壙下半しか遺存しなかった場合も稀ではない。このため、墓壙規模を比較する場合、検出された墓壙面積を比較する方が当時の規模差を反映していると考え、墓壙面積別の出土比率を示した。なお、赤坂今井墳丘墓の中心埋葬（検出面での墓壙面積56 m² 以上）は副葬遺物の検出には至ってはいない。墓壙の全掘が行われなかった事例や部分的な検出事例については、集計に含めなかった（野島・野々口 1999・2000）。
（6）野島・野々口 1999 文献において、中心埋葬の墓壙の一隅を重複させ、その関連性を視覚的に示した追埋葬を重視し、それを丹後地域のエリート層に浸透した、ある種の埋葬秩序による結果と想定して「埋葬中核構造」とした。その中核構造に含まれた埋葬（墓壙）を中核埋葬群とした（図46－下）。
（7）出雲系の鼓形器台や壺だけでなく、丹後・越前系の高坏やカップ形小型壺、吉備系の特殊器台・壺などが大量に出土したが、西谷3号墓第4主体の被葬者に輿入れした女性の姻族が丹後・越前地域、吉備地域から土器を持ち込んだとも想定できる。しかし、これらの地域がお互いに競い合うかのように弥生墳丘墓を造営することからすると、婚姻関係の構築や婚資の受け渡しも含めて交流・交易を目的としたパートナーシップの維持・確立が弔問の大きな目的の一つであったことは間違いなかろう。弥生時代後期後葉は、そのような相互承認による交易パートナーが増加しつつも競覇的にも威信財を入手していくところがあり、やや不安定な社会情勢にあったといえよう。
（8）近藤義郎のもとで調査を担当した宇垣匡雅によると、弧帯文石の被熱痕跡は非常に高温で強く焼かれたもので、弧帯文石の周辺で焚火を行った程度とはまったく異なる被熱状況であったという。
（9）墓壙棺上に礫石を置く「標石墓」については、第4章第1・4節にて説明したように、墳丘墓の大型化とともに墓壙周囲に配置された数個の円礫へと終焉していく

が、その後の円礫堆の形成にかかわる事例もあったかもしれない。つまり、中国地方において、標石は円礫堆、配石木棺は未熟な石槨状の施設である石囲い墓への脈絡をもつと思われる。

第 6 章

棺槨を石で囲う墳丘墓

1. 石囲い木棺墓・木槨墓の成立と発展

（1）石囲い木槨墓とは

　「石囲い木槨」という名称は奈良県桜井市のホケノ山古墳の発掘調査の際、その埋葬施設に名付けられた（岡林孝・水野編 2008）。ホケノ山古墳の埋葬施設は、木棺を覆う木槨の周囲にさらに石槨状の礫石の被覆を合わせもつ重槨構造をなしていた。ホケノ山古墳の発掘調査以前には、このような重槨構造の埋葬施設についてはあまり周知されてはいなかったが、岡林孝作の類例確認から、香川県石塚山2号墓や広島県弘住3号墓などで「竪穴式石室」とされた埋葬施設が「石囲い木槨」であることが明らかにされた（岡林孝 2008）。

　岡林は弥生時代木槨墓の系譜を探るために、木棺を覆う長方形の木槨の長さと幅の比率によって類別化した。長幅比が 3.0〜4.0 前後を A 類、1.5〜2.5 前後を B 類、1.5〜2.5 前後でも舟形木棺類を内包する木槨 C1 類と、舟形木棺類を内包する木槨周囲をさらに石積みする C2 類に分けた。まず、A 類は九州北部地域から中国地方西部に分布する小型の二重棺であり、B・C 類の系譜には連ならないことを示した。次に B 類は箱形の組合せ式木棺を内包するもので、後期初頭の広島県佐田谷1号墓から始まるとされ、後期後葉には吉備地域を中心に瀬戸内海中部地域から山陰地方、大型墳丘墓の中心埋葬に採用されたとする。そして、最後の C2 類が墓壙中心の木槨と墓壙掘形の間を礫石で充塡する「石囲い」施設であり、弥生墳丘墓と前期前方後円墳の間に位置する埋葬施設であるとした。

石囲い木棺墓と石囲い木槨墓 多くの場合木棺・木槨自体は、ほぼ遺存してはいないため、実際の石囲い墓は積み込まれた礫石の中央に、直方体状の礫のない空隙部分がみつかる。石囲い墓は礫石で囲うだけで、天井石・蓋石・板石材によって上部を架構してはいない。そのまま埋め戻すか、蓋板木材を架構して、その上面に礫石を敷いていたのである。そのため、規模は小さくとも、棺槨の腐朽によって上層の封土や盛土層が落ち込み、小さな陥没坑が形成された。一見、上部が破壊された竪穴式石室（石槨）にもみえてしまう。このため、礫石のみられないスペースに、棺材・槨材の構造を推定復元することで石囲い墓を認識できるようになったのは1990年代以降であろう。石囲い内部のスペースが小さい事例については、木棺周囲に石積みを施した石囲い木棺墓とみることができる。石囲い内部のスペースが大きく、棺槨を内包していたと想定できる場合、石囲い木槨墓とすることができる。ここでは、両者をあわせて「石囲い墓」と総称しておこう。

また、刳抜き式の舟形木棺など石囲いの内面が接せず、自立した壁体をもつものでも、天井石の架構がない場合は石囲い木棺墓に含める。さらに、石囲い墓には、棺・槨の周囲、墓壙内に礫石を充塡させる事例だけでなく、礫石を積み上げた周囲に盛土を硬く積み込み、墓壙を構築するものや、墓壙自体も石材で構築されるものもある。

終末期前後になると、石囲い墓は石囲いの石積み上面を蓋板木材数枚で架構して覆うようになる。自立した壁体を構築していても、天井石や蓋石を有さず、蓋板木材上面や封土の上面に粘土や礫堆を敷くといった被覆方法となる。このため、棺槨や蓋板の腐朽によって、封土の陥没を防ぎえなかった状況が土層図からも明らかとなっている。蓋板木材に礫敷き・礫堆、あるいは板石を載せるため、見かけ上は「石槨」にみえるものの、蓋板木材の腐朽により上面が陥没することになる。天井石や板石材によって架構され、ある程度の空間をもって密閉される石槨の本質的構造とは異なることからも、やはり厳密には、「石槨」とはいい難い。近年では、古墳時代前期の密閉された竪穴式「石室」を、竪穴式「石槨」と呼びならわす場合も少なくない。誤解と誤用を防ぐため

第 6 章 棺槨を石で囲う墳丘墓 *177*

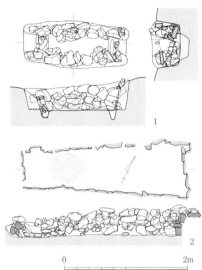

1. 広島県三次矢谷 D 地点 ST8 2. 岡山県伊予部山大型埋葬施設

図61 岡山県三毛ヶ池1号墓の38号土壙墓

図62 山陽地方吉備地域の配石墓・石囲い墓

にも、本書では、石囲い墓については「石槨」という語句は使用しないでおこう。

　石囲い墓の変遷と系譜　第5章第3節で述べたように、もともとは弥生時代中期、中国山地周辺において木棺の周囲、とくに側板外側に裏込め石を詰める配石（木棺）墓があった。岡山県津山市三毛ヶ池1号墓下層の38号土壙墓（図61、小郷編 1993）も、おそらくは木棺のまわりに石を置き、墓壙との間隙を埋めていたようである。「H」字形の組合せ式木棺の場合、広島県三次市松ヶ迫矢谷遺跡 D 地点土壙木棺墓群のような配石になる（図62-1）。D 地点の配石墓は中期前半期を中心とした造営が想定されたが、やや降る可能性があろう。配石墓 ST8 の墓壙掘形は長さ1.74 m、幅0.75 m、木棺長さおおよそ1.3 m、幅0.6 mとなる。小口板を設置するための小口坑が両端にあり、小口板を挟んで両側から側板を立て合わせた。側板の設置痕跡はみられないものの、外

側から側板を押さえて固定する目的で角礫が詰め込まれた。そのため、墓壙短辺にある小口板側には、小さな角礫・板石しかないことがわかる。これは、過重な配石によって、小口板が内側に倒れないようにするためであろう。小口板が倒れてしまえば、外側から荷重をかけた側板も瞬時に倒壊してしまうからである。つまり、「H」字形の組合せ式木棺をもつ配石墓は、倒壊を防ぐために側板外面に重点的に配石されていたと考えることができる。なお、配石墓は石囲い墓の成立後も連綿と作られていたようである（図68‐2）。

　しかし一方で、木棺や墓壙が大きくなるにつれ、この裏込め石を入念に配置する必要が生じた。木棺の周囲から墓壙全体に裏込め石を充填せねばならなくなったのだろう。とくに大型の木棺、あるいは木槨の場合、木棺・木槨の周囲に礫石を充填すれば、埋葬施設の上の封土の重圧は頑強な石積みに下支えされる。さしあたっては、墓壙内の埋め戻しや墓壙上の封土中に、棺槨の倒壊を恐れることはなくなるように思える。先述したように、墳丘や墓壙の大型化にともなって木棺・木槨の蓋板上面にかかる封土・盛土の土圧はかなり増大していた。 1 m³ の土量はおそらく1.5〜1.6 t 以上になる。たとえば長さ 2 m、幅 1 m の木槨蓋板上に厚さ 1 m の盛土があれば、おおよそ 3 t 以上の土圧がかかる。厚さ1.5 m の盛土なら4.5 t 以上、小型車 5 台分の重圧が直接のしかかることになる。それだけでなく、木槨周囲からの土圧も当然あったであろう。木槨壁板材の厚さによる強度もまちまちだが、鉄釘や鎹で板材同士を強く結合していない弥生時代の棺槨では、 1 m の盛土でも蓋板の腐朽が進めば、とても耐えられそうにない。このため、墳丘墓を大型化していた吉備地域を中心にこのような石囲い石積みをもつ木棺墓・木槨墓が拡がるようになったのではなかろうか。

　後期前葉から中葉ごろ、初期の石囲い墓の墓壙規模はそれほど大きくはない。そのため木棺と墓壙の間の間隙は狭い。充填用の礫石も相対的に少なく、高くは積み込まれない。当初は棺側板の固定と保護のためであったようにみえる。しかし、後期後葉には棺槨を埋設するものが現れ、さらに大規模な墓壙に大量の礫石を積み込むようになった。また、石囲い墓のなかでも板石や割石を

垂直に積み上げて壁体をなす埋葬施設も現れた。石囲いの石積み上面には蓋板木材を数枚架構するようになった。最終的には木棺蓋、木槨蓋、石囲い上面蓋と三重に被覆することになり、図らずも被葬者を入念な密封状態に置くこととなった。さらに石囲い上面の蓋板上に円礫堆（被覆礫）や葬祭土器を配置したが、石囲い上面蓋板や木槨蓋板の腐朽・陥没にともなう封土・盛土の崩壊・陥没が部分的に引き起こされることは防げず、構造上の欠点は全面的には解決されはしなかった。大型化した四隅突出型墳丘墓などで起きていた墓壙全体に及ぶ擂鉢状の大規模な陥没にはならなくとも、葬祭土器と円礫堆の落ち込みは引き続いた。陥没坑が引き続くことを考慮すれば、韓半島からの墓壙構築技術の導入などではなく、当時の倭人なりの工夫であったのではないかと思えるのである。

　その後の棺槨周囲の石材の積み方や墓壙の構築方法の変容などはむしろ、立地環境や搬入石材の性質などに左右された地域性の発現とみたほうがよい。当然ながら、古墳時代の竪穴式石室のように、土木技術や石材構築技術の共有を背景とした埋葬施設ではなく、その型式設定が困難な事例が少なくはないといえよう。

（2）山陽地方吉備地域の石囲い墓

　初期の石囲い木棺墓　岡山県総社市伊予部山墳墓群は高梁川の下流域、酒津で大きく蛇行する直前、西岸の小さな丘陵にある。大きな山石をふんだんに使って石列や石垣構造物を造った非常に特殊な遺構である。この墳墓群も近藤義郎らによって発掘調査がなされた（近藤義編 1996a）。花崗岩割石を使った石囲い墓、大小2基がみられたが、その東側には墓の主軸に直交して南北に走る石垣状の石積みがあり、一部に階段状の通路となる石段もみられた。2基の埋葬施設を護る遮蔽機能をもつ石垣状遺構を横切って通る石段は大型石囲い墓の主軸に沿っていた。想像を逞しくすれば、東側から小さな石段通路を通り、石垣状の石積みを越えて埋葬施設に至るものと考えることができる。幅50cmにも満たない石段幅からすれば、数人しか埋葬施設に至ることができない工夫が

なされていたのかもしれない。しかし、ほかに類例がない施設だけにその判断は難しい。

なお、この石垣状遺構の南方にも、小型の石囲い墓が主軸を違えて配置されていた。報告では、「木棺配石墓」（埋葬施設 e・g）とされるが、側板倒壊防止のための配石にはみえず、整然とした長方形の石材配列からすると、きわめて遺存状態の悪い石囲い墓の可能性があろう。

先述したように、大小の埋葬施設は 2 基、大型の石囲い墓の壁体状石積みの内法は木棺規模にほぼ相当し、長さ 2.6 m、幅 0.8〜0.6 m ほどで、遺存した深さはおよそ 40 cm となる。人頭大よりも大きな石材を整然と積み込む。石囲いが木棺高を越えるような高い石積みであったかどうかはわからない。内包されていた木棺はかなり大きな部類である（図 62-2）。底面に棺槨施設の痕跡はみられなかったが、壁体小口の両端、石材が凹んでいる部分が認められたため、側板が小口を挟み込む「H」字形となる大型の組合せ式木棺を想定することができる。木棺内部西側に赤色砂が撒かれていた。

小型の石囲い墓は大型のものの北側に隣接して設置されており、人頭大以上の大礫石を配列するもやや雑な印象を受ける。みかけの壁体内法で 1.5 m、幅 0.55〜0.45 m、礫石は木棺の周囲に積み置かれたが、それほど高く積み上げられていたようにはみえない。両者ともに木棺裾部から棺側面にのみ積み上げたようである。もちろん、配石墓などとは異なり、組合せ式木棺の板材の結合強化といった目的ではない。箱形木棺全体の保護・格納が目的であったとみられる。上部の閉塞構造についての調査記録は不詳のため、蓋板木材架構の有無についての判断ができない。

なお、墳丘墓付近では、後期中葉を中心としてその前後の土器群が採集されているが、個別遺構の時期を厳密に確定することは難しい。石垣状の石積み付近では、後期前葉から後葉にわたる各期の土器が出土しており、おおよそ後期前葉に造墓活動が始まり、中葉には盛期を迎えたとみてよい。石囲い墓としてはもっとも古い段階と想定できよう。

石囲い木槨墓の成立　岡山県南部、吉備地域の石囲い墓は旧賀陽郡周辺に分布

する。高梁川下流にある支流の一つ、新本川の南岸、先にみた伊予部山の西方 5 km たらずに総社市新本立坂遺跡がある。特殊器台の型式名である立坂式（吉備型特殊器台前期：楯築・立坂系〈春成 2018〉）の名祖(なおや)遺跡として有名であるが、ここにも石囲い木槨墓をもつ立坂墳丘墓がある。尾根上を長方形に近い形状に整形し、尾根筋に平行あるいは直交した方向に 20 基近くの埋葬施設が配置されていた（近藤義編 1996b）。墳丘の一部には石敷き部分があり、墳端には部分的に石列が確認されていた。

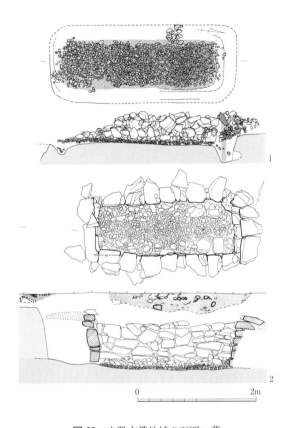

図 63　山陽吉備地域の石囲い墓
1．岡山県新本立坂遺跡埋葬施設（第 3 主体）　2．岡山県黒宮大塚埋葬施設

　1986（昭和 61）年ごろ、発掘調査を指揮した近藤義郎が、当時岡山大学の学生であった北條芳隆の意見を取り入れ、第 2・第 3 主体は木棺・木槨を石で囲った構造であるとした（図 63-1）。近藤は発掘調査報告書の第 3 主体の説明に際して、「発掘時あたかも「壁体の石積み」のように見えたし、またそう判断したのであるが、図面や写真にあたって再検討したところ、石槨や石室のように壁をなすように石を積んだという状態になく、木槨外方に置かれた石が木棺木槨の腐朽に伴い落下または移動したものと判断した」（近藤義編

1996b、19頁）と再考した。発掘調査を行なった1971・1972（昭和46・47）年当初、竪穴式石室とみた遺構を木槨腐朽後に壁体状に遺存した石積みであると訂正したのである。楯築墳丘墓など大型墳丘墓の調査事例が増すにつれ、埋葬施設の内部構造についての理解も深まっていったといえる。

第2主体は棺床部分に板石材、第3主体は小礫敷きの違いがあるものの、そこに木棺が埋置されたようである。棺の周囲には、いずれも槨の小口板、側板にあたる部分の花崗岩地山が20～30cmほど布堀状に掘り窪められており、槨壁板材を差し込んで、その周囲を割石・角礫で囲うようになっていたものと判断できる。第2主体は長さ2.0m前後、幅およそ0.9m、第3主体は長さ2.6m、幅およそ0.9mとなる。また、第2主体で観察されたように、木槨上には高さ60～70cmほどの封土があり、石敷き（礫堆）がなされていたとみてよい。第3主体の木槨壁板材が遺存したと想定される部分には、木槨の腐朽によって壁体とみなされていた石材が10～15cmほど移動していた。槨壁板材を設置した布堀溝の掘形底面は15cmを越えることからも、おそらくは10～15cm程度の厚さの板材であったとみられる。より厚い板材を調達し、小口壁板を挟み込んで側壁板を立て合わせた箱状の構造物の四周を礫石積みで保護するようになったと思われる。いわば、厚板材の箱組み二重構造であった。

なお、第3主体からはガラス製装身具はなく、翡翠製勾玉2点と緑色凝灰岩製管玉5点が出土した。墳丘墓群としては、立坂型特殊器台・特殊壺4～5点、高坏が117点以上みつかっている。第2・3主体は墳丘の中心にある大型埋葬施設であり、おそらくは、この第2・3主体が立坂型特殊器台を使用した当初の埋葬施設であったと想定することができよう。

多様な石囲い墓　倉敷市黒宮大塚墳丘墓の「後方部」とされる方形墳丘の墳頂平坦部の埋葬施設は、自立した石積み壁体をもつ石囲い木棺墓の形態を呈していた（図63-2、間壁忠・間壁葭・藤田1977）。壁体内部は床面内法で長さ2.2m、幅0.8～0.9m、深さ0.7m前後となる。棺床の中央に小円礫敷きの部分がみられ、水銀朱が薄く付着していた。「U」字状の窪み面を呈することから、舟底状の木棺の設置が想定された。自立した壁体をもつことから、調査当

時「竪穴式石室」とされたこともわからなくはないが、西側壁体の短辺小口部には板石材の主面をみせて縦に立てた部分もあり、通常の竪穴式石室にはない石積みとなっていた。おそらくは石囲い周囲の土層を丁寧に盛り上げながら、板石材の大半を小口積みに積み上げていったのであろう。刳抜き式の舟形木棺のような棺形態の場合、棺にほとんど接しないため、板石材を積み上げ、自立した壁体を構築したようである。しかし、天井部分を石材で架構するまでには至っていなかった。壁体上面の小口周囲には硬く敲き締められた土層（図63-2の梨地部分）が確認された。おそらくは側壁最上部の石材の上面に蓋板木材を数枚架構し、蓋板材の上に小口部分最上部の板石を置き、控え積み土で架構した蓋板付近の土層を強く敲き締めたと想像できる。この蓋板で封土を支えていたため、蓋板の腐朽・陥没にともなって上層盛土の落ち込みがみられたわけである。陥没抗埋土の中には40〜50cmの角礫とともに、特殊器台（吉備型特殊器台初期：黒宮系〈春成 2018〉）や特殊壺・台付直口壺・高坏など80個体以上が遺棄されていた。このように後期後葉古相を示す段階において、すでに舟形木棺などを内包した石囲い木棺墓が出現していたのである。

また、先述した鯉喰神社墳丘墓や雲山鳥打墳丘墓1号墓は後期後葉に属する石囲い木槨墓となろう。雲山鳥打墳丘墓1号墓第2主体は長さ4.3m、幅2.5m、深さ1.3mほどの墓壙に、棺内

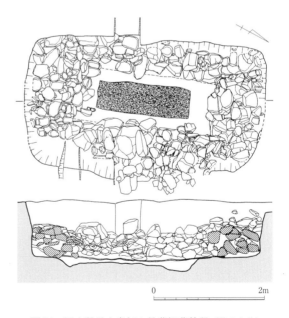

図64　岡山県雲山鳥打1号墓埋葬施設（第2主体）

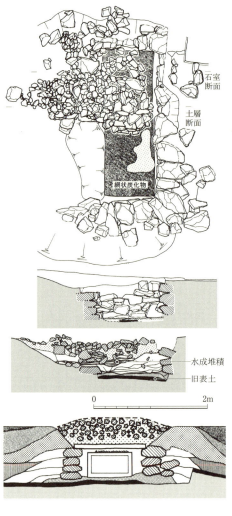

図65 岡山県矢藤治山墳丘墓埋葬施設とその復元

底面に朱を敷いた組合せ式木棺（内法長さ1.6 m、幅0.45 m）が設置されており、木棺蓋板に置かれたと思われる管玉2点が出土した（図64、近藤義1983）。周囲には人頭大の花崗岩角礫を数段積み込んでいたが、棺との間にかなり間隙があるようにみえた。しかし、その周囲の花崗岩石積みの下端にまで板材が遺存していたようである。この「棺底材」（図64-下、見透図床面上）とされた木質は長さ3.0 m、幅0.95 mに拡がっており、周囲の石積みに接していることからも、これが木槨底材となる可能性が高い。雲山鳥打墳丘墓1号墓第2主体は低い石囲いをもつ木棺・木槨を埋葬施設としたとみてよかろう。棺上封土は砂質土と粘質土を交互に埋めていったようだが、陥没した円礫堆もみられた。また、円礫堆上面を穿つようにさらなる筒状の深い掘り込みもあったという。時期は不明ながら、葬祭土器や人頭大の礫が多く含まれ、埋土上面には土器が集中して置かれていたことが報告されている（近藤義1983）。赤坂今井墳丘墓第1主体と同様に、追善供養があったのかもしれな

い。また、第1主体もその詳細は不明ながらも、棺槨構造に低い石積みが取り巻いた石囲い木槨墓と想定することができよう。

　このほか、終末期新相となる矢藤治山墳丘墓も箱形木棺の周囲に接して板石割材を石室状に自立させて埋葬施設を構築していた（図65、近藤義編 1995）。木棺には踏み返された方格規矩鏡や翡翠製獣形勾玉があり、ガラス製小玉51点が撒かれていた。木棺の上層には亜角礫群が落ち込んでいた。亜角礫群は石囲いの上面付近に位置しており、ほぼ同じレベルに集まって検出されていたことから、石囲い上面の蓋板木材に礫堆として敷き詰められた石材（被覆礫石）と認識することができる（図65-下）。この点からみれば、矢藤治山墳丘墓も石囲い木棺墓の系譜に連なるといってよい。

　吉備地域では石囲い礫石積みの周囲を盛土で構築する形態が踏襲されてはいたが、棺や棺槨の上中位、あるいは上面を越えて礫石で埋め支えるものへと推移した。刳抜き式の舟形木棺だと、自立した壁体となる石囲いも派生していた。後期後葉から終末期には、棺槨の周囲に板石材を壁体状に積み上げたり、石囲い上面の蓋板を直接、礫堆で厚く覆うタイプも出現してくるようだ。

（3）山陽地方安芸地域の石囲い墓

　川原石による石囲い木棺墓　広島県の西南部、太田川下流東岸、広島湾を一望に見渡せる二ヶ城山塊北西端の低丘陵上でも、西願寺墳墓群（金井 1974）や梨ヶ谷墳墓群（荒川 1998）など弥生時代後期後葉から終末期前後に造営された石囲い木棺墓が複数みつかっている。1970年代の西願寺墳墓群の発掘調査報告には「竪穴式石室」と記載されているが、棺槨の周囲に人頭大の川原石を丁寧に積み込む独特の石囲い墓と考えられる。

　後期後葉古相にさかのぼる事例として、西願寺北遺跡の墳丘墓がある。太田川下流の東岸、広島市安佐北区口田にあり、後述する西願寺墳墓群の北側に隣接していた。報告はなされてはいないものの、妹尾周三による紹介があるため、それにしたがって記述しておこう（妹尾 1990）。墳丘墓は長辺14 m、短辺12 m、高さ1.0 m以上となる方形墳丘をもつ。墳頂平坦部の中央に石囲い

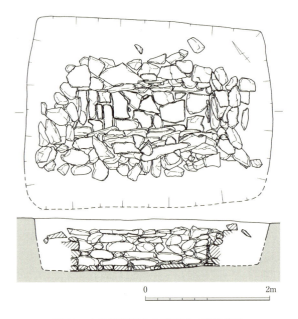

図 66 広島県西願寺北墳丘墓の埋葬施設

墓とその北西に土壙墓が検出された。中央の石囲い墓の墓壙は長さ3.9 m、幅2.5〜3.0 m前後、深さ0.7〜0.8 mほどとなる。木棺側辺に接して細長い川原石や割石を長手積みに積み上げているが、墓壙掘形周囲では、裏込め土の充填がなされたようである（図66）。木棺が埋置されていた壁体内法は長さ2.15 m、幅0.65 m前後、深さ0.55 mほどとなる。床面に扁平な割石を敷き詰めており、長さ1.9 m、幅0.55 mの範囲に水銀朱が遺存していたことから、木棺底板内面に塗布されていたものと推測できる。南東小口には割板石が立てて配置されていたことから、小口板に沿わせていたと想定される。なお、本墳丘墓裾部付近からは、エンタシス状の柱脚をもつ吉備系装飾高坏が出土した（図67）。楯築墳丘墓第2主体に類例がある。このほか、吉備系台付直口壺・細頸壺、備後地域の神谷川式鉢が付近から出土した。葬祭土器の類かと思われるが、その詳細は不明である。

　その南方、西願寺墳墓群は口田の丘陵先端に位置しており、現在は西願寺古墳公園となっている（金井1974）。付近北側には梨ヶ谷墳墓群（荒川1998）、南には弘住墳墓群（石田編1983）があった。西願寺墳墓群の多くは土壙木棺墓だが、C地点北端にある1号「竪穴式石室」は長さ4.6 m、幅2.5 mとなる長方形の墓壙に川原石を充填させて木棺周囲を囲う構造をもっていた（図68‐1）。墓壙の上に大規模な墳丘はないものの、封土上には直径6 mほどの

円礫敷きが形成されていた。東側小口部分の墓壙掘形が広く掘り込まれており、掘形下面はスロープ状を呈していたことから、この東側掘形の川原石の積み込みが最後に行われたのではないかと思われるが、石材の積み込み順はわからな

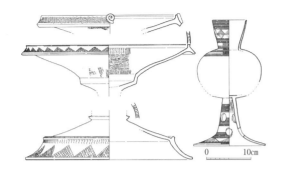

図67　西願寺北墳丘墓出土土器

い。石囲い下半側辺は割板石を立て並べていたが、上半はラグビーボールのような楕円球に近い形状の整った川原石の頂部先端を棺に接して丁寧に小口積みを施していた。石囲い内部、木棺が遺存していた空隙は長さ2.25 m、幅0.85 m、深さ1.35 mほどで、西願寺北墳丘墓よりもかなり深くなる。空隙部分の幅も短いことから、箱形木棺が埋置されていたと思われる。棺底部分には充填された川原石よりもやや扁平な川原石と小円礫が並べられており、水銀朱が全面に付着していたという。

　D地点2号「竪穴式石室」などのように、木棺周囲全面を川原石で丁寧に積み上げ、竪穴式石室の壁体状に遺存した石囲い墓もある。小口部分の壁体のみを長手積みとする事例（C地点第2号「竪穴式石室」、D地点第1号「竪穴式石室」、E地点「竪穴式石室」〈図68-3〉）もみられた。E地点「竪穴式石室」は地山を掘削した墓壙掘形に接して見かけの壁体部分のみが構築されており、かなり形骸化したタイプとなる。石囲い石積み上面に架構した蓋板木材上と、その上の封土上に川原石による礫堆を二重に敷く。概して木棺の周囲から掘形まで同様の川原石を積み込んでおり、壁体と裏込めに礫石材の差がない。調査当時、「西願寺型竪穴式石室」といった呼称が生まれたことも理解できよう。木棺に接して下半部分に板石材を立て並べている点も、組合せ式の箱形石棺を作り続けてきた安芸地域の伝統的弥生墓制の影響を受けており、独自の地域性を示していた。円礫堆出土土器からは、終末期前後とされる。

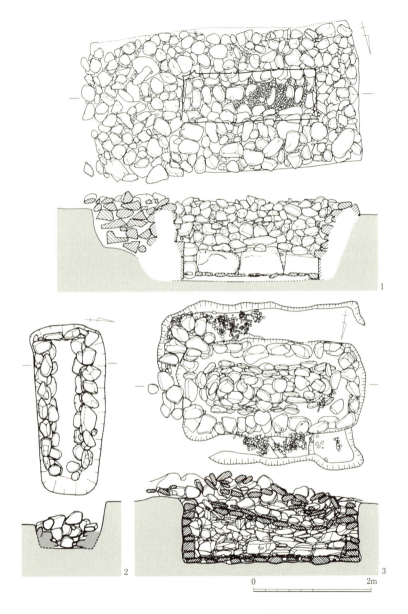

図68 広島県西願寺墳墓群の埋葬施設
1. C地点1号石室　2. C地点3号土壙墓　3. E地点石室

このほか、梨ヶ谷墳墓群2号墓でも、2基の石囲い木棺墓がみられた。墓壙上の土層堆積状況も報告されているため、少し詳しくみていこう。

　a主体の墓壙は上端で長さ3.9 m、幅2.2〜2.5 m、深さ1.5 mほどとなる。木棺の遺存した範囲はおそらく長さ2.2 m、幅0.6〜0.7 m、底面には水銀朱と思われる赤色顔料の塗布がみ

図69　広島県梨ヶ谷2号墓埋葬施設（a主体）「石主」検出状況

られた。西願寺墳墓群の類例と同様に、木棺に接して川原石の小口積みがなされ、裏込めも同様の石材が充塡されていた。ほぼ同じ大きさのラグビーボール状の川原石を厳選し、整然と丁寧に配列していたことがわかる。土層の堆積状況を仔細にみると、木棺を取り巻く石囲いの石積み上面は木棺蓋板上面に沿っており、小円礫と青灰色粘土層の混土層が載せられていたが、棺蓋板材の腐朽にともなって、棺上の混土層が石囲い内の棺底まで落下したようである。封土の落ち込みによってできた陥没坑には、表土上面に形成された円礫堆（川原石と小円礫、立柱石）が確認された（図69）。棺内から鉄剣、石囲い構築時に有肩鉄斧と鉄鎌、木棺蓋板上の小円礫混土層からは鉄斧や鑿、鎌がそれぞれ出土した。さらには、陥没坑の円礫とともに鉇、鑿が出土した。棺の設置、石囲いの構築、木棺上面の被覆、陥没坑内円礫の配置といったそれぞれの局面で鉄器の副葬・遺棄が行われていたことが想定できよう。なお、a主体の陥没坑には、全長0.75 m、幅0.25〜0.3 mの立柱石が正立状態でみつかった。これも「石主」の類とすることができよう。

　b主体でも、同じように長さ3.2 m、幅2.0〜2.08 mの墓壙の全面に川原石が積み込まれていた（図70-1）。石囲いの内部、木棺部分は長さ2.1 m、幅0.56 mとなる。底面には棺台石となる大型の川原石8石がそれぞれ2石ずつ

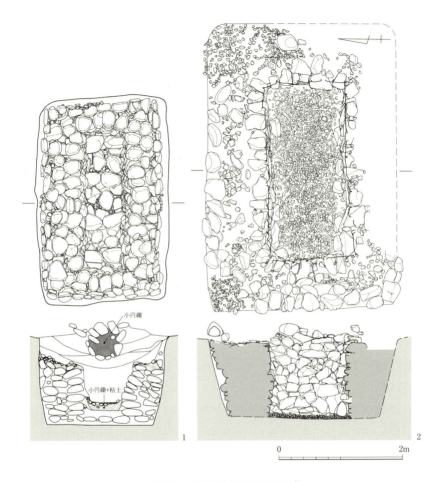

図70　山陽安芸地域の石囲い墓
1. 広島県梨ヶ谷2号墓埋葬施設（b主体）　2. 広島県弘住3号墓埋葬施設

並んで検出された。a主体と同様に石囲いの石積みの上面と同じレベルに木棺蓋板があり、その上に小円礫と赤灰色粘質土で固めた混土層を敷いていた。木棺蓋板の腐朽・陥没により、蓋板上にあったこの混土層が棺底まで一気に落下していた。その上部には、やはり円礫堆と呼ばれる小円礫を含んだ川原石の礫敷きがあった。a主体よりも大きな川原石も含まれていた。封土のさらに上、

墳丘表土面に敷かれたものとされる。つまり、このa・b両主体の石囲い木棺墓ともに、木棺蓋板を粘（質）土で被覆し、小礫で覆っていたのだろう。蓋板の腐朽にともなって陥没したと考えられる。なお、a主体の場合、立柱石（「石主」）の理解はやや難しい。墳丘上に積み上げた小円礫の中心に立柱石が正立していたとするならば、蓋板の腐朽・陥没にともなって少なくとも60cm以上落下したことになる。落下後にも正立している可能性は少なかろう。やはり、墳丘上の円礫敷が落ち込んだあとに、陥没坑の中央に立柱石を立て置き、その周囲に小円礫を積み込み、最終的に川原石礫堆を再形成したと想定するのが無難だろう。b主体も陥没坑の底面に沿って川原石が並び敷かれたかのようにみえる（図70-1）。その後小円礫で内部を埋め戻したのではなかろうか。整然と配列した川原石の堆積状況も陥没にともなって崩落した結果にはみえない。いずれにせよ、このような棺の腐朽・陥没にかかわる落ち込みと立柱石、円礫の存在からは、「石主」を再配置して埋め戻し、葬送を終えた弥生墳丘墓の系譜をみることができよう。

　さらに、b主体を一部破壊して構築されたc主体は小規模な竪穴式石室であった。内部に木棺が検出されてはいないことから、厳密には竪穴式「石棺」とすべきであろう。長さ2.8m、幅1.7m、深さ0.8mほどの墓壙に「石棺」が構築されたことになる。両小口部分は大きな割板石を立て並べているが、側壁は小割石を小口積みにし、垂直に積み上げて壁体とした。内法長さ1.7m、幅0.5〜0.6m、深さ0.5mほどのわずかな空隙の上部に、幅1mほどの大きな割板石4枚を架構して被覆し、小さな割石と川原石で隙間を充填していた。「石棺」の周りはa・b両主体同様、川原石を充填していたが、やや雑然とした積み込み方にみえる。調査を担当した荒川正己によると、「石棺」内は密閉状態が維持されていたようで、蓋板石材4枚を除去したところ、ほとんど土砂が流入していなかったという。このc主体は蓋板の腐朽・陥没が予想されなかったためか、埋葬施設の上部には、川原石や小円礫からなる礫堆はみられなかった。このことからも、逆に川原石礫堆の形成は棺槨の腐朽による陥没を想定したか、あるいは陥没後における葬送上の最終的な儀礼的措置であったとみ

ることができよう。梨ヶ谷墳墓群の下層に営まれた集落出土土器は上深川Ⅱ～Ⅲ式ごろに比定される。また、a・b両主体は川原石を使った石囲いの構築方法や出土鉄器が西願寺墳墓群のそれに類似しているものの、棺上部の陥没坑や礫堆にはすでに葬祭土器が含まれてはいなかったところからみれば、西願寺墳墓群とほぼ同じ時期かそれよりやや新しくなるかもしれない。

発達した石囲い木槨墓 このほか、弘住3号墓も石囲い墓の系譜となることがわかる。直径25mほどの円形墳丘をもつが、遺存状況がかなり悪く、墳丘構築当時の状況を推察するのは難しい。残念ながら墓壙内あるいは墓壙上の堆積状況に注意が払われてはいないことから、埋葬施設上部の土層堆積状況についても不明な部分が多い。墓壙は上面で長さ4.5m、幅3.0m、埋葬施設の規模は長さ2.75m、幅1.25mとなる（図70-2）。上記の西願寺墳墓群や梨ヶ谷墳墓群で想定された木棺よりも大きい。底面には小円礫が敷かれ、その南北側辺に沿ってそれぞれ5石ほどの川原石が並んでいた。岡林が以前に推定したように、木槨壁板を内側から固定した石材とみるのが理にかなっている。その内側、おおよそ長さ2.2m、幅1.0mほどに小礫が密に堆積している範囲があり、これが棺底部だとすると、棺槨の二重構造をもつと想定することができる。つまり、弘住3号墓は石囲い木槨墓となろう。同様に棺槨と墓壙掘形の間をすべて石材で充塡する構造をもつが、木槨に接する内壁は割石石材の小口積みとなり、墓壙掘形周囲の裏込め部分は川原石に近い亜角礫を充塡していた。壁体構築については、より竪穴式石室に近づいた様相を呈していたといえる。石囲いの上部からは、わずかに終末期新相の葬祭土器があった。棺内あるいは棺上からは、四枚合わせの呑口式鞘1点・透かし入りの大型鉄鏃1点・定型化した小型鉄鏃30点・鉄斧1点・漁撈具数点・鉇2点などが出土した。

太田川下流域の石囲い墓は後期後葉から終末期、あるいはその直後まで、かなり狭い範囲に連綿と造営された。箱形石棺を埋葬施設とする安芸地域の墓制の影響もあるが、厳選された川原石を棺槨に接して整然と積み上げた特異なもので、その成立には吉備中枢地域との交流を想定できるものの、葬祭土器の衰退は著しかった。このほか数種類の鉄製工具がセットで出土する傾向があると

いえる。

（4）四国地方東部地域の石囲い墓

奥10・11号墓　四国地方東部、讃岐・阿波地域における石囲い墓には、香川県奥10・11号墓（古瀬 1985）や香川県石塚山2号墓（國木編 1993）、徳島県萩原1・2号墓（菅原編 1983、藤川編 2010）などがある。奥10・11号墓は東讃地域、津田湾に面した雨滝山丘陵上にあった。2基の墳丘墓は尾根筋の中腹に並んで構築されていた。奥10号墓はその尾根先端にあり、東側を溝で画された長方形あるいは楕円形の墳丘が想定される。また、先端部南西側には墳丘裾部を示すと思われる一列の列石が遺存していたことから、全長14 m、高さ2.5 mほどの墳丘をもつとわかる。

奥10号墓の墓壙は長さ3.4 m、幅2.1 m、深さ0.8 mほどとなる。墓壙から木棺周囲まで人頭大からその2倍ほどの自然角礫を積み上げた（図71-1）。床面は平坦で、およそ5 cmの厚さの赤褐色粘質土があり、長さ2.2 m、幅0.8 mほどの箱形木棺を埋置していた。棺上部には、板石材の「集石」と報告された部分がある。調査を行なった古瀬清秀は天井石がないことから、蓋板木材の腐朽・陥没とともに盛土第2層が崩落したとみている。「集石」とともに壺や高坏、器台などといった葬祭土器や鉄片が出土した。吉備系の壺には、上下に広く拡幅した二重口縁壺の口縁部に直口壺口縁部を付け加え、玉葱型の扁平な胴部をもつ後期後葉の複合土器があった。「集石」の東端、被葬者頭部上には、50 cmほどの平石を水平に配置しており、その上に先ほどの装飾壺や高坏、器台が置かれていたという。

石囲いの壁体は高さ0.6～0.7 mほど、上に広く開くように積み上げられていたことからすれば、石囲い上面には当初から蓋板がなかったと考えることができる。石囲い内部に木棺を埋置して、そのまま封土を施して埋め戻したのだろう。陥没坑が小さく、かつ棺底から1 mほど上方で検出された集石（亜角礫の拡がり）が木棺の上面範囲にほぼ一致すると想定できることからも、木棺蓋板が腐朽し、封土とともに落ち込んだとみることができる。陥没後に石主と

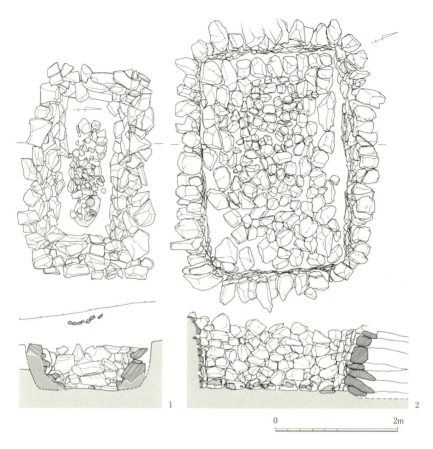

図71 四国東部地域の石囲い墓
1. 香川県奥10号墓埋葬施設 2. 香川県石塚山2号墓埋葬施設

みられる平石とともに亜角礫を配置し、平石の上に直口壺などの葬祭土器群を載せて埋設した可能性も指摘できよう。

　奥11号墓も同様の角礫積み構造の石囲い木棺墓を2基もっていた。第1号「竪穴式石室」とされた埋葬施設は墓壙掘形には土が充塡されており、奥10号墓と同様に、木棺周囲に長手積み、乱積みにされた細長い角礫が上方に開くように積み上げられていた。10号墓同様、天井石はなかった。石積みの状況か

らも石囲い上面には蓋板の架構はなく、木棺蓋板の腐朽とともに封土が落ち込んだ土層堆積状況であったとみられる。石囲い部分の上部から出土した葬祭土器は奥10号墓よりもやや新しい様相を呈していた。第2号「竪穴式石室」はそれよりやや小型で、同様に天井石がない。石材も小型ながら、やはり墓壙の周囲全体を取り囲み、上方に開くように積み上げられていた。ただし、棺底痕跡が幅20cmほどしかなく、横断面が狭い「U」字状となることから、舟形木棺を想定するべきかもしれない。

　このほか雨滝山周辺では、東かがわ市樋端遺跡に終末期新相となる石囲い木棺墓がある。自立した壁体をもつ石囲いに舟形木棺を内包する。埋葬施設の上面には、水銀朱の付着した石杵や細頸壺などの葬祭土器が混じった円礫堆をもつようである（阿河ほか2002）。

　石塚山2号墓　さて、このほかには、木棺・木槨をもつと想定できる丸亀市石塚山2号墓がある。城山・猫山・大高見峰の連なる東西の山脈の北裾、栗熊の低い独立丘陵にある。2号墓は北側端に位置している。直径25m前後、比高3mほどの地山整形による円形墳丘をもつ。第1主体は円丘の北側に位置する。墓壙上部となる墳丘上に直径2.5m前後、白色の円礫を厚さ最大15cmほど敷き詰めた円礫堆が確認された。また、その下部には「蓋石群」「板石群」とされた石材が上下2層に堆積していたが、板石群は蓋石群下にあり、長さ3m、幅1m前後の範囲にみつかったと報告されている。

　石塚山2号墓は構築墓壙であり、その規模は長さ3.65m、幅2.55mほどとなる（図71-2）。棺底の礫敷きの周囲に隙間があり、見せかけの礫壁体との間に木槨壁板材が差し込まれたと想定できることから、石囲い木槨の構造をもっていたことがわかる（岡林孝2008）。蓋石群の下、板石群の直上から鉄剣2振りが出土したことから、蓋石群は、石囲い上半に設置された木槨蓋板上面に載せられた大型の平石材となる。その下の板石群は木棺蓋板上面に載せられた被覆板石材であり、棺の上面に鉄剣を配置したことになる。その周囲の礫石は木棺の固定にかかわる施設であった可能性があろう。だとすれば、木棺はややいびつな楕円形に近い形状をもつことから、岡林が指摘したように、長さの

短い舟底状木槨を想定すべきであろう。つまり、この石囲い木槨墓は蓋石材・板石材の二重被覆を行い、さらに封土上に円礫堆を形成していたことになる。出土土器から終末期新相とみることができよう。

石積み墓壙をもつ萩原墳墓群 最後に徳島県鳴門市萩原墳墓群についてみていきたい。四国地方東部吉野川下流北岸となる阿波地域、阿讃山脈の支脈尾根筋の最先端にある。萩原1号墓は全長26.5 mの柄鏡形墳丘をもつ。直径18 mほどの円丘部に突出部が付設された小規模な積石塚である。墓壙上部の盛土上は白い円礫堆で被覆されていた。円礫は大きいもので直径6 cmほど、出土した礫はコンテナ10箱、12,000個を数えた。盗掘による攪乱のため、全容は不明瞭だが、角礫を積み上げた構築墓壙は長さおおよそ5.5 m、幅3.0 mほどとなるもので、その内部に小角礫敷きの棺床面がある。やはり、墓壙内の角礫の積み上げからすれば、長さ4.0 m、幅1.2 mほどの木槨を内包した石囲い構造になると思われる（藤川編 2010）。木槨底面の痕跡から枕木状の横桟の設置も想定できそうである。後述するホケノ山古墳にも直接的な影響を与えたと思える。なお、棺底から画文帯同向式神獣鏡1面・石製管玉4点・鈍状鉄器1点が出土した。小型丸底壺や小型器台など小型精製器種が出現しており、終末期新相、最終段階となる墳丘墓である。

萩原2号墓も同じく石囲い木槨墓であった。1号墓に先行するものであり、尾根先端にある1号墓よりも23 mほど高い尾根頂部に立地した。全長26.8 mで、1号墓と同じく円丘部（直径21.2 m）に突出部が取り付く柄鏡形の墳丘形態となる。しかし、1号墓の石積み墓壙とはやや異なり、下半を掘り込み、上半のみ石積みとする複合墓壙である。墓壙底面に結晶片岩の板石を敷き、粘土床に木棺を配置した複雑な構造をもつようである。木棺上と想定される位置から破砕、研磨された舶載内行花文鏡が出土した。この木棺の周囲を長さ3.4 m、幅1.2 mほどの木槨で囲う二重構造が復元されている。さらにこの木槨の周囲を結晶片岩の角礫積みにし、そのまた周囲を数段の平石で囲ったあとに埋土を充填し、砂岩礫を載せたようである。棺中央から周囲に向かって大きく陥没していたが、直上には2層の円礫堆があることから、構造上、木槨蓋板と石

積み墓壙上面に架構された蓋板木材の上に円礫が敷かれていたとみられる。なお、埋葬施設の石材に付着した朱は硫黄同位体比の分析から、陝西省産の朱となる可能性が指摘された（南 2010）。埋葬施設周辺の石積み構築墓壙から出土した壺底部細片は平底状で、終末期古相段階と見積もることができる。

（5）播磨・丹波地方に拡がる石囲い墓

西条52号墓　西条古墳群は兵庫県加古川市、加古川下流南岸にある。南北に延びる細尾根のほぼ北端、城山の南麓に位置する。東西の通行路のために一部掘削され、西側円丘部が一部消失していたが、全長およそ20 m の柄鏡形に近い前方後円形の墳丘をもつ（西条古墳群発掘調査団 2009）。方丘部（突出部）墳裾には2段の列石が施されていた。直径11.5 m ほどの円丘部中央には、長さ4.0 m、幅2.8 m の長方形墓壙が穿たれていた。墓壙の東側小口部分に石積みはみられなかったため、墓壙との間隙に平面「コ」字状になるように凝灰岩角礫を詰め込んでいた（図72-1）。石囲い石積み上半は開き気味となり、棺に接してはいなかったようである。床面には、水銀朱が付着した小円礫が厚さ10 cm ほどに敷き詰められていた。西側小口部に頭位がくるが、棺外東西の小口部分には敷石と同じように小円礫が積み込まれ、両端部は舟底状を呈していたようである。木棺は長さ3.0 m 以上、頭位での幅0.8 m、足元で幅0.75 m となり、かなり長大な舟底状となる木棺が埋置されていたことが想定できる。棺内西側からは棺主軸に直交して鉄剣1振りが出土した。

　土層断面をみると、石囲い石積み上面には蓋板木材による架構があり、その上には、小石混じりの褐色土層と黄色土層に円礫敷きが載っていた。棺材が腐朽・陥没して、直上の封土が棺内部にまで落下していた。急激な陥没をみせていたことから、棺内あるいは棺上にはかなりの気積があったことがうかがえる。陥没坑埋土のなかから、後期後葉の葬祭土器群や破砕された舶載内行花文鏡が出土した。葬祭土器は高坏や器台、二重口縁壺あるいは直口壺などで、器種は多い。破砕鏡片群は小円礫堆や葬祭土器よりもさらに25〜30 cm ほど下、陥没坑の最下部、頭位直上から出土した。楯築墳丘墓の弧帯文石と同じ位置か

198

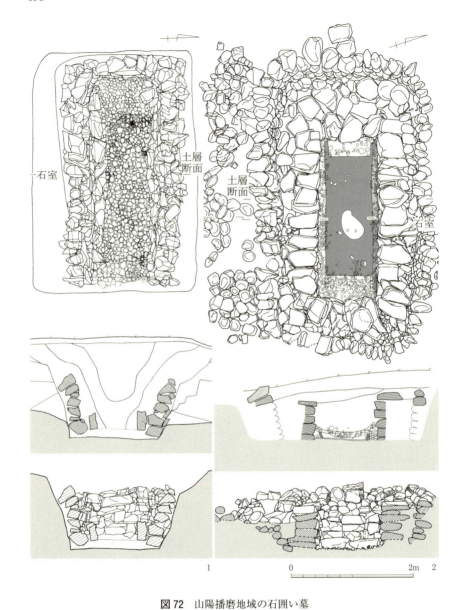

図72 山陽播磨地域の石囲い墓
1. 兵庫県西条52号墓埋葬施設　2. 兵庫県綾部山39号墓埋葬施設

ら 30 数片に破砕された舶載内行花文鏡が出土したことになる。被葬者直上で銅鏡破砕片が撒かれた可能性も否定できない。弧帯文石のような依代が青銅鏡へと変化したものとみえ、興味深い関連を想像できよう。

石積み墓壙をもつ綾部山 39 号墓　兵庫県たつの市、揖保川の河口西岸に綾部山古墳群がある。そのなかでも 39 号墓は全長 14 m ほどの長楕円形円丘墓とされる（中溝・白谷・萬代ほか 2005）。墳丘裾部、多角形に配列される列石が検出されたが、未調査の北側尾根筋に方丘状の突出部が付設されていれば、柄鏡形墳丘になることも予想された。

　東西長 4.6 m、南北幅 3.6 m の範囲に、20〜40 cm の川原石が整然と並べられており、浴槽状の石組みの様相を呈していた（図72 - 2）。この石積みの構築墓壙の南側、1.3 m ほどの川原石の礫敷き遺構は石積み墓壙にみせかけたとみられ、阿波地域の積石石囲い墓からの影響がうかがえる。棺の周囲をめぐる石囲いは厚さ 10〜15 cm ほどの板石材を小口積みにして、自立した壁体をなした。その周辺に川原石が裏込めとして埋め込まれていた。石囲いの内法は長さ 2.51 m、幅 0.94〜86 m ほどとなる。棺床部分となる礫敷き面には、小口を挟み込む側板の形状に水銀朱の遺存が認められたことから、底板をもち、小口板を側板で挟み込む、「H」字形の組合せ式木棺となろう。水銀朱の遺存範囲および木棺痕跡から長さおおよそ 2.0 m、幅 0.7 m 前後、高野槇を使った木棺であったことがわかる。棺内被葬者の頭部付近からは、破砕した漢末の画文帯神獣鏡や破砕した碧玉管玉のほか、砥石、鉇 1 点と水銀朱の付着した石杵 1 点が出土した。被葬者の頭部付近で破砕された器物や石杵は、陥没坑内最下部の「石主」の系譜をもつものと想像できよう。

　石囲い内の石材の落ち込んだ状況から、石囲い上面は蓋板木材で覆われ、その上を大型の割石 2 石と川原石 4 石、小円礫堆によって覆い、さらに封土のあとに白色の小円礫を使った円礫堆を積み上げていたと想定できる。なお、水銀朱の硫黄同位体比の分析によると、ホケノ山古墳出土水銀朱に近い − 4.7 の値を示しており、日本列島産、おそらくは阿波あるいは大和の水銀鉱山の辰砂を使用していたことがわかる（今津・南 2005）。わずかに遺存した小型鉢口縁や

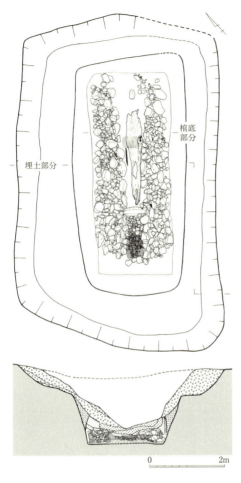

図73 丹波地域黒田墳丘墓の埋葬施設

下川津B類土器、あるいは阿波地域の積石石囲い墓の影響などからは、終末期新相前後と想定されよう。

舟形木棺を内包する黒田墳丘墓

京都府園部市黒田墳丘墓は大堰川の支流、園部川が東流する北岸の丘陵裾部に位置する。全長52mで柄鏡形に近い前方後円形になる。後円部はやや歪な楕円形で高さ2.5mほどとなる（森下・辻編 1991）。円丘部には長さ10.0m、幅6.5mになる大型の二段墓壙があり、長さ4.0m以上もある高野槙の刳抜き式舟形木棺が埋置されていた（図73）。棺床には小亜円礫が敷かれており、その上に黄灰色粘土が貼られ、横断面「U」字状になる棺底を安定させていたようである。棺内で出土した双頭龍文鏡はやはり破砕されていた。後漢中期段階に製作された舶載鏡である。このほか鉄鏃24点や碧玉製管玉6点が出土した。

木棺の周囲には、やや大きな人頭大の亜角礫が敷き詰められていた。さらにその周囲には、灰白色を基調とした粘土が充塡されており、亜角礫石積みとの境が垂直に立ち上がる。亜角礫の石積みと粘土の間に板材が介在していたとしてもおかしくはない土層堆積状況であり、舟形木棺が木槨とその蓋板で覆われ

ていた可能性が高い。小亜円礫の上に黄灰色粘土で舟形木棺を固定し、棺の周囲には亜角礫の石材を積み込んで木槨状の壁板材で遮蔽した。そして、その壁板を外側から粘土で固定していたと考えられる。舟形木棺とその石囲いを内包した木槨壁板材を粘土で覆う埋葬施設とみてよい。遺構保存のため、棺底下の様相は不明瞭ながらも、小亜円礫がみられず窪んでいた棺底部分には、木槨底面を支えた枕木状の横桟が存在していたようである（高野 2006）。槨外と墓壙の間に礫の充填がないため、やや変則的ではあるが、石囲い木棺を木槨壁材で覆う変異種と認識することができる。後述する福井県片山鳥越5号墓とも共通性があろう。なお、墓壙上部の盛土の詳細は明らかではない。盗掘によるとされるが、棺槨の腐朽・陥没による落ち込みが想定できよう。庄内2式段階となる東海系加飾二重口縁壺が出土した（高野 2006）。

　このほか、山城地域ではあるが、京都府城陽市芝ヶ原古墳も弥生墳丘墓の遺制を留めている（近藤義編 1987）。残存長21 m、突出部をもつ方形墳丘に木棺直葬の埋葬施設があった。墳頂平坦部には長さ4.5 m、幅2.5 mの墓壙があり、その中央に小口板を側板で挟み込む「H」字形の組合せ式木棺が埋置されていた。その小口付近に小亜円礫を充填させていた。棺内北小口付近から、倭製四獣形鏡1面・銅釧2点・翡翠製勾玉8点・碧玉製管玉187点・ガラス製小玉1276点・鉇1点が出土した。石囲い状になる木棺周囲の礫石積みはわずかしかないものの、木棺直上1 mに円礫堆があり、葬祭のための畿内系二重口縁壺4点、高坏1点が出土した。終末期新相前後となるが、これも石囲い木棺墓から派生した一種の変異種とみなすことができる。

（6）そのほかの地域の石囲い墓

　片山鳥越5号墓　福井市小羽山墳墓群から南西へ2 kmあまり、指呼の距離にある。同市片山鳥越5号墓は全長16.5 m、幅14.5 m、高さ2.5 mとなるやや小規模な長方形墳丘をもち、隅角を掘り残した周溝がめぐる（古川・森本ほか 2004）。中心埋葬（第1主体）は長さ3.6 m、幅2.2 m、深さ0.9 m、緩やかに掘り込まれた墓壙に、小口板を側板で挟み込む「H」字形の組合せ式木棺を埋

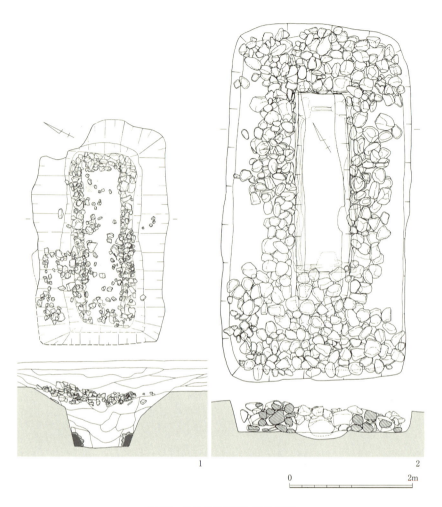

図74 他地域の石囲い墓の類例
1. 福井県片山鳥越5号墓埋葬施設 2. 大分県下原古墳埋葬施設

置する(図74-1)。棺床面は断割りを行ってはいないため不明確だが、特別な施設はなかったようである。小口付近あるいは被葬者頭部付近に赤色顔料が確認されたが、副葬遺物はなかった。調査を分担した森本幹彦によると、木棺の周りには5〜20cmほどの角礫が3段に積み込まれており、墓壙全体に充塡

されていたようであったが、この角礫と墓壙のわずかな隙間に木板材による土留め状の施設があり、墓壙法面に沿って四周を囲うように配置されていたという。木棺上部にはやはり棺の腐朽・陥没にともなう落ち込みが認められ、棺直上に集積された角礫が沈み込んでいた状況がわかる。ほぼ水平に近い角礫層が上下2層に遺存していたのは、蓋板が二重に設置され、それぞれに小角礫を敷いていたからであろう。だとすれば、木棺を囲う角礫の外側四周に設置された壁板材がおおよそ0.75 mの高さをもち、その上部を覆う蓋板とともに二重構造になっていたと想定することができる。落ち込み土内の葬祭土器はまさに石囲い墓の系譜にあり、その派生とみてよかろう。

　槨蓋上に二重となる角礫堆は石囲い木槨墓の葬送祭祀に属する。くわえて、棺周囲に詰め込まれた礫をさらに囲う墓壙法面の板材の設置は黒田墳丘墓にも類似していた。木棺に低い石囲いを施し、四周を板材で覆う埋葬施設が後期後葉新相以降に成立したのであろう。広く波及した石囲い木槨墓の変異形態とみることができよう。おそらくは播磨地域、兵庫県たつの市養久山40号墓なども類似した石囲い墓となろうか（深井・市橋編 1988）。小羽山30号墓の造営を契機とし、小羽山26号墓から片山鳥越5号墓へと、つまり木棺・木槨構造の導入後、引き続き石囲い墓の影響を受容していた状況を読み取ることができよう。

　下原古墳　下原古墳は大分県の国東半島南東、両子火山群の山塊から東流する安岐川の北岸、伊予灘に面した安岐城の下層にある（玉永・小林編 1988）。15 mほどの円丘部に突出部が付設される。長さ5.6 m、幅2.9 mほどの長方形墓壙の中央に小口板を挟み込んだ「H」字形の組合せ式木棺を埋置する（図74-2）。副葬遺物はない。木棺の周囲から墓壙掘形まで、長径10〜45 cm程度の円礫を充塡させていた。とくに棺を囲う礫石は大きく、20〜30 cmの川原石が整然と積み上げられていた。埋葬施設の被覆や封土の堆積については明らかではないものの、埋葬直上からは庄内系二重口縁壺（あるいは器台口縁部）や高坏などといった葬祭土器群が出土した。終末期新相前後とみられるが、長大な組合せ式木棺に石囲いを施すところからみて、竪穴式石室の影響とするよ

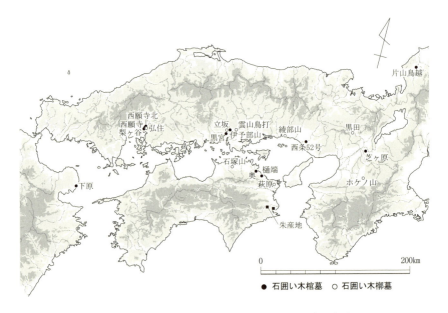

図75 弥生時代終末期前後の石囲い墓と水銀朱の産地

りも石囲い木棺墓の系譜をもつ埋葬施設とすべきであろう。

(7) 石囲い墓グループの形成

これまで述べてきたように、石囲い墓は弥生時代後期中葉までに吉備地域において成立した。後期後葉、石囲い墓は瀬戸内海北岸の安芸地域広島湾岸を西限とし、吉備地域から讃岐・阿波・播磨地域へと拡がった（図75）。瀬戸内海東部地域を中心に造営されたが、終末期前後には北陸や九州東部にその変異型式が波及した。吉備地域以外ではそれ以前にはみられなかった埋葬施設であることからも竪穴式石室の成立直前に、あらたな墓制として採用されていたことがわかる。また、円丘部に一つの突出部しか付設されない、いわゆる柄鏡形の墳丘形態も一緒に波及したものとみられる。一見、前方後円形を呈していることから、古墳時代の開始期と同一視される場合もあるが、弥生墳丘墓の最終段階に属する石囲い墓やその変異種として後期後葉から終末期に波及したものと

判断することが可能であろう。この段階には、徳島県若杉山遺跡を中心に辰砂の採掘と水銀朱の生産が活発化した。辰砂は水銀朱に精製され、徳島県阿波地域から香川県讃岐地域へともたらされ、さらには瀬戸内海北岸へと拡がった（図22）。石囲いをもつ円丘墓は、このような水銀朱を中心に地元貴重資源の生産と供給に関与した地域首長層の経済活動にともなって波及した墳丘墓形態とみることができる。

このののち古墳時代になっても、播磨・吉備地域、あるいは安芸地域では、石囲い木棺墓をみかけ上継承した、石棺石囲いの埋葬施設（石囲い石棺墓）をみることができる。大型箱形石棺の周りに石材を充塡させたり、蓋石に多くの石材を積み上げるものである。古墳時代前期においては大型前方後円墳の埋葬施設とはなりえなかったが、低墳丘に複数の埋葬施設をもつ墳墓群においては、中心的かつ上位に限られる傾向にある。あたりまえだが、古墳時代以降、すべての埋葬施設が竪穴式石室に移行したわけではなく、箱形石棺も含め、これまでに重層化した弥生墳丘墓の遺制を踏襲した埋葬施設も引き継がれたわけであるが、これについては別稿を期したい。

2. 石囲い墓の変遷と終焉

（1）埋葬施設の変革

弥生時代中期末葉、初期四隅突出型墳丘墓や方形台状墓において、はじめて墓壙封土上で葬祭専用土器となる脚付注口付の大型鉢を使用した。後期初頭には、墳丘を先行構築した四隅突出型墳丘墓が創出され、出雲・伯耆地域を中心にしてその墳丘規模が大型化し、外表施設の荘厳化へと進んだ。埋葬施設上では弔問者との直会にも似た疑似的な共飲共食儀礼が執り行われ、弔問外交の端緒を開いた。

墓壙と棺槨が大型化するなかで引き起こった問題の一つには、内包された木棺が脆弱であることであった。組合せ式木棺は板材同士を結合しておらず、周囲からの土圧に耐えるための構造強化の対策がなされてはいなかった。大型墓

壙に設えた木槨でさえ、荘厳に飾り立てるものではなく、土圧による木棺の崩壊を防ぐための構造強度・耐力を向上させるためのものであった。

一方、丹後地域では、墓壙の大型化を実現しても槨を設えなかった。浅い舟底状の大型木棺を埋置することで棺の崩壊にともなう陥没を最小限にしていたとみることもできる。ただし、赤坂今井墳丘墓では、棺槨をもつ大型墳丘墓と同様に大規模な擂鉢状の陥没坑をみせていた。終末期段階になると、広範囲に及ぶ地域において葬送祭祀の共有を想定することができよう。

埋葬施設の陥没をめぐって　これまでの弥生墳丘墓の発展過程をみてみると、墓壙・棺槨の大型化にともなって、儀礼的措置が新たに生み出され、従前の葬送儀礼の枠組みに追加されていたことがわかる。埋葬後、棺槨の腐朽による陥没坑の出現が当時の人びとにどのように思われていたのかはわからない。しかし、陥没坑はそのまま放置されたわけではなく、葬送祭祀の最終段階において、陥没坑の最深部、頭部直上付近に「石主」（依代）となる器物を配置するか、あるいはときとして「石主」を破砕して埋め戻す処置がなされたようだ。想像の域を出ないものの、依代の破砕を重視すれば、被葬者が何らかの質的変化を遂げたと観念されていたとみてよい。たとえば、被葬者を墓から離脱させるための儀礼的な措置であったのかもしれない。さらにいえば、個人的な人格をもった死者が、集合的な祖霊へと昇華していくために必要な弔い上げの葬儀であったのかもしれない。棺槨の被覆と副葬品の配置、葬送参列者との直会儀礼、「石主」の配置、葬祭土器の遺棄、あるいは破砕・散布と埋め戻し、円礫堆の形成といったように、棺の上方はさまざまな儀礼的措置が繰り返される場になっていったといえる。

大型墓壙に木棺・木槨を内包する埋葬施設の成立後、吉備地域に拡がる配石墓を祖型として石囲い木棺・木槨墓が造り出された。棺槨周囲を土で埋め戻すのではなく、礫石で囲んで積み上げ、封土や盛土の土圧を支える、いわば抗土圧構造物に造り替えた。さらに石囲いの石積み上面にも蓋板木材を架構して礫石を敷いた。棺槨の側面と上面を石で覆うため、一見、石槨状にはみえるものの、蓋板木材の腐朽にともなって陥没、上層盛土が落ち込むことは防げなかっ

た。石囲い墓になっても、棺槨の腐朽による小規模な陥没は起こった。もちろん、陥没坑底に舶載青銅鏡を破砕して埋置した事例もあり、墳丘頂部中央の陥没を単純に防ごうとしたわけではなかったのだろう。しかし長期的にみれば、埋葬施設の埋め戻しの際に棺槨の崩壊を防ぐ目的の方が重要であった可能性が高い。墓壙の埋め戻しによる棺槨の崩壊や、棺槨の腐朽による陥没をコントロールする工夫が埋葬施設の進化の方向性を規定したといえよう。

墳丘墓の変遷過程　弥生時代後期、倭人たちが独自に考案した墳丘先行型の構築方法に移行したのち、中国地方から山陰地方にいたる墳丘墓は大型化・重厚化を遂げていった。以下に墳丘先行型墳丘墓の埋葬施設の発展・変容過程を示しておこう。いずれも各段階に特徴的な埋葬施設の出現によって区分できるが、すべての墳丘墓の埋葬施設がこのように一律に変化するわけではない。ランクの低い小型墳丘墓も引き続くことから、墳丘墓が重層化していく変容過程のなかで、最上位となる墳丘墓群の変革によって次段階に移るとみたほうがよい。

　第1段階：後期前葉から中葉、墳丘先行型の構築方法に移行した段階となる。中心埋葬の墓壙が大型化し、棺槨が設置された。周辺埋葬との墓壙面積の格差は2〜4倍程度、棺内への副葬品はみられないものの、棺槨の腐朽にともない数点の葬祭土器群を意図的に破砕して陥没坑に遺棄し、円礫とともに埋め戻した。「石主」は確認されてはいない。礫堆の形成はまだみられない。四隅に小規模な突出部が付設された段階となる。

　第2段階：後期後葉古相前後、墳丘が大型化するとともに、墳頂平坦部の墓壙規模の格差も著しく広がった。棺内には舶載水銀朱が塗布された。棺内、棺上に鉄製刀剣・ガラス製装身具などの副葬品を置くようになる。さらに厚い槨壁板材で棺を保護する構造をもつ。棺槨の腐朽による陥没坑底に、円礫・石杵・石製品などの「石主」や大量の葬祭土器・円礫などが遺棄・散布され、礫堆を形成する。四隅あるいは二隅の発達した突出部をもつ大型の方丘・円丘墓が出現する。なお、石囲い墓も出現するが、棺の周囲を礫石で囲い積み上げ、保護するもので、墓壙全体に礫石

を充塡するものではなかった。

第3段階：後期後葉新相から終末期にかけて、墓壙中央の棺槨あるいは棺を礫石で囲う。上方に開きつつ積み上げられるものが多く、石囲い上面での蓋板の架構がなされる。棺槨上に副葬品が配置される。近畿地方周辺の墳丘墓では、棺内に倭の水銀朱が塗布され始める。棺槨の腐朽による陥没坑底には、円礫・石杵などの「石主」のほか、破砕された舶載青銅鏡や鉄器などの金属器も新たに埋置されるようになる。さまざまな葬祭土器が円礫などとともに遺棄され、円礫堆を形成した。小規模な円丘に一つの突出部が付設される墳丘形態がみられるようになる。

第4段階：終末期新相前後、大型化した棺槨の周囲に板石や割石を小口積みにして垂直に立ち上げ、自立した壁体構造となる。周囲は円礫・栗石などでさらなる控え積みを施す。箱形木棺だけでなく、組合せ式の舟底状木棺から刳抜き式の舟形木棺も普及した。木槨底面に枕木状の横桟、あるいは支柱が付設される埋葬施設が出現し、槨筐体の強度をさらに補強した。棺内には倭製水銀朱が塗布された。棺内および棺槨蓋板上に、漢の画文帯神獣鏡などの破砕鏡が配置される。棺槨の蓋板が設置され、石囲いの石積み上面も蓋板で架構し、粘土を厚く貼り、礫堆で被覆した。陥没坑底の依代もみられなくなり、その一部は副葬品化していった。葬祭土器も器種が少なくなり、加飾壺などに限定され始める。墳丘上面にも円礫堆を敷く。阿波地域などの石積み構築墓壙の影響が拡がる。第3段階からの大型墳丘墓の造営が一段落し、円丘に一つの突出部が付設され、柄鏡形に近い中・小型墳丘となる。

（2）石囲い木槨墓の発展形態

石囲い木槨墓の最終段階　さて、ここまでくれば、もうおわかりかと思うが、やはり石囲い木槨墓の最終形態は布留0式古相段階、奈良県桜井市ホケノ山古墳の埋葬施設ということになろう（第5段階）。

まずは、ホケノ山古墳について説明しておこう。全長約80m、後円部約60

m、前方部約 20 m となる。後円部の高さは 7 m を優に超え、三段築成に葺石が施される纒向型前方後円墳（寺澤 2000）である。長さ 9.8 m、幅 2.7〜2.8 m の大型墓壙に木棺・木槨を埋設する。高野槇製の刳抜き式舟形木棺を覆う木槨は長さ 6.5 m、幅 2.8 m ほどとなり、倭製水銀朱の塗布が著しかった。また、現代の支保工のように、6 本の側板支柱と 2 本の主支柱を設け、上部構造

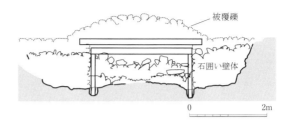

図 76　奈良県ホケノ山古墳埋葬施設の断面

図 77　岡林によるホケノ山古墳埋葬施設の復元

を支えた。木棺を安定させるために床面にはバラスが撒かれ、枕木状の桟木で両側板を繋いで槨筐体の構造を強化した。この周囲に石囲いを積み上げる。人頭大より大きい亜円礫を積み上げ、ほぼ垂直になる壁体を形成した。壁体裏から墓壙の間には、裏込めとなる小さな亜円礫を充填させていた。壁体の上端ほどで木槨蓋板が、石囲い石積みの上面では、石囲いの蓋板木材がそれぞれ架構された。石囲いの蓋板の上に礫堆による被覆を施し、畿内系二重口縁壺を配置した。これまでのような葬祭土器群の遺棄はみられなくなった（図 76・77）。なお、ホケノ山古墳も纒向古墳群のひとつとして、2006（平成 18）年 1 月 26 日に国史跡に指定された。

　また、副葬品についても傑出するものがあった。堆積土層の入念な分析から、副葬品の多くは木槨蓋板上に置かれていたことがわかった。画文帯神獣鏡 2 面と内行花文鏡 1 面は破砕されてみつかった。魏の画文帯四乳求心式神獣鏡

片からは、紀元3世紀中葉（西暦240年ごろ）をさかのぼらない築造とわかる。ほかには素環頭大刀など鉄製刀剣9振り、鉄鏃・銅鏃がそれぞれ70点を超えた。また、小さな鉄製工具など31点以上が出土した。本書では、ホケノ山古墳出土副葬品の詳細を検討することはしないが、神仙思想を表した青銅鏡と高級鉄刀などの舶載威信財だけでなく、倭独自の金属製品も含まれていた。倭の副葬品の企画生産から複合的な製品を作り合わせる専門的工房の運営まで考慮すれば、さまざまな工芸品の生産集団が編成されていたことも想定せねばならない。墳丘や埋葬施設の進化だけでなく、海外金属資源の供給とともに複合的な手工業生産を統括する専門工房の運営も開始されており、墳丘墓造営だけでなく、手工業生産における変革も認められる大きな画期であったとすることができる。このため、これらのホケノ山古墳出土遺物は2024（令和6）年8月27日、一括で重要文化財に指定された。

なお、近藤義郎は定型化した前方後円墳の特徴として、撥形の前方部をもつ巨大な前方後円形墳丘、外表の葺石、特殊器台形・壺形埴輪や壺形土器の配置、長大な竪穴式石室に割竹形木棺、中国鏡の多数副葬指向などを挙げ、これらの諸要素をまとめ上げた埋葬祭祀の創出を想定した（近藤義1986）。魏と通じて昇仙思想の影響を受け、墳丘の三段築成や朱の愛好、北枕の思想にも共通性があるという。岡林らがいうように、ホケノ山古墳はこれらの諸点についてもかなりの部分において確認できるものであり、初期前方後円墳としての諸要件を満たしているという。弥生墳丘墓の系譜からみれば、ホケノ山古墳は瀬戸内海東部、石囲い墓グループの末裔ではあるものの、大和盆地東南部において造営が開始された「巨大墳丘墓群」、初期前方後円墳グループの嚆矢とみることができる。

かりに第5段階としてまとめることもでき、それは以下のようになろう。

第5段階：布留0式段階、ホケノ山古墳が唯一の調査事例となる。魏の冊封後、下賜された威信財の入手・管理・副葬が想定できる。纒向型前方後円墳に属した。巨大な墳丘の土圧のため、頑強かつ堅牢な木槨が採用された。

墓壙中央の棺槨を石積みで囲い、亜円礫で控え積みを施す。礫底を整え、刳抜き式の舟形木棺を据える。倭製水銀朱を塗布するのは第4段階同様だが、第5段階には画文帯神獣鏡など魏鏡が出現し、倭の金属器も多数副葬された。さらに石囲い石積み上面では畿内系二重口縁壺の配置へと置き換わった。

さらに、この直後には、定型化した箸墓型前方後円墳の成立へと向かうが、ホケノ山古墳の過渡的特徴を把握しつつ、定型化前方後円墳に変化していく具体的様相について確認しておきたい。

ホケノ山古墳は楯築墳丘墓をも一回り上回る大型円形墳丘を後円部としてもつ纒向型前方後円墳であった。一つの突出部のみを付設した円丘部をもつ柄鏡形墳丘が巨大化し、突出部の長さが墳丘半径長になるまでに大型化した。ホケノ山古墳では、円礫堆形成の段階で直会のような葬祭儀礼を執り行ったわけではない。石囲いの上面に設えた蓋板の上には円礫堆があり、二重口縁壺を配置したが、この加飾壺形土器は墓上葬祭土器の系譜をもちつつも、のちの壺形埴輪の原型となった。このため、弔問外交の場はおそらく埋葬段階、あるいは墳丘構築後へと移行していた可能性が高い。また見かけ上、石槨状の埋葬施設へと変化してはいたものの、やはり天井石を架構するような、石材による被覆はなしえなかった。

こののち、板石材を積み上げ、自立した持ち送りをもつ壁体を構築し、板石材による天井の閉塞、つまり天井石の架構に成功した（図78）。古墳時代前期に構築される竪穴式石室は、割竹形木棺にほぼ接することなく、周囲に空間をとって棺側に板石材、割石材を小口積みにして壁体を造り上げる。棺のある下半部分は壁面をほぼ垂直になるように積み上げ、上半からしだいに内側に持ち送る。小口壁面背後に板石材を長く配置し、栗石などで重く荷重をか

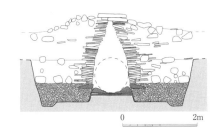

図78 古墳時代初頭の合掌型竪穴式石室（京都府元稲荷古墳）

けて控え積みとした。壁体が崩落しないようにバランスをとり、壁体天井部分と同レベルにまで栗石を積み上げ、最終的には天井石をも被覆して構造強度を向上させた。

　天井石が小さく、横断面合掌型の深い石室になる場合、より強く持ち送りを行わねばならないため、控え積みの総重量はそれに比例して重くせねばならない。結果として、竪穴式石室の周囲には大量の石材が積み込まれることとなった。棺槨の周囲から墓壙いっぱいに礫石を充填した石囲い墓に、その祖型をみることができよう。一方で天井石が箱形石棺の蓋石のように大きい場合、上半部の持ち送りが弱まり、ほぼ垂直な壁面をもつ壁体で構成されるようになる。石室の深さが浅くなる控え積みの少ない竪穴式石室については、壁体が自立しながらも、控え積みがあまりなく石囲い周囲を盛土の構築によって覆った石囲い墓に系譜をもつ可能性もあろうか。

　竪穴式石室の出現は、構造強度・耐力が強化された木槨や、石囲い石積みの上面を架構する蓋板木材や礫堆などによる被覆・補強施設が不要となった新たな埋葬施設の創出であったとみることができる。石囲い墓からの発展の系譜としてみれば、石材による閉塞方法の開発といった観点から竪穴式石室の成立を理解することができよう。上田直弥によると、前方後円墳に内包された竪穴式石室の出現によって、垂直方向に重層的な儀礼空間が創出されたという（上田2022）。初期期の前期古墳にみられた竪穴式石室は壁体上中位から持ち送りをはじめ、棺の上方に石室内空間を高くとりつつ、閉塞へと向かう。石囲い墓では棺槨の陥没を防ぐため、垂直方向に被覆施設を二重、三重と重ねた。垂直方向の重層的な儀礼的空間とは、第4段階から続いていた蓋板被覆が慣習的に行われていた場所であり、被葬者直上となる空間的位置の重要性が受け継がれたものなのかもしれない。いずれにせよ、古墳時代前期前葉、京都府元稲荷古墳のような合掌型の長大な竪穴式石室の成立まで、今しばらくの時間がかかったのであろう。

　結局のところ、これまで弥生墳丘墓の発展過程がしだいに明らかにされ、ホケノ山古墳が発掘調査されるに及んで、最初期の前方後円墳が瀬戸内海東部地

域の終末期墳丘墓、石囲い墓グループの構成要素を一部に併せもち、丹後地域の舟底状木棺、棺内における貴重財の副葬儀礼を継承しつつも、そこから隔絶して定型化していった巨大墳丘墓、あるいは超巨大墳丘墓であることがより明快に説明できるようになった。依代として破砕された陥没坑底の舶載青銅鏡は、棺内の被葬者頭部付近に副葬されるようになっていた。

註
（1）広島県東広島市にある三ッ城古墳は全長92mになる中期前葉の大型前方後円墳である。後円部には3基の埋葬施設がある。いずれも二段墓壙にきわめて小さな箱形石棺を中心とした埋葬施設を設置していた。第1・2号埋葬施設は箱形石棺と石槨の周囲に割石材が充填されており、天井石が架構されていた。このような埋葬施設も石囲い墓の系譜の延長上にあるとみてよい。

第7章
手工業生産の展開と墳丘墓の形成

1. 手工業生産と墳丘墓グループの形成

　第1章でみたように、畿内地域での秤量システムの成立は、古代貨幣がなくとも貴重資源の交易を実現するものであった。男財であった磨製石剣には、素材として再利用するためのリダクションがみられた。磨製石器に込められたさまざまな象徴的価値の低減は、これまでの倭人社会に埋め込まれた石器様式の価値体系を揺るがし、石器石材の供給を機軸とした物流にも影響を与えた。磨製石器石材の供給が滞ると、あらゆる経済・社会基盤の維持に欠かせなかった木材の加工生産が遅滞していくことになる。実験をしてみるとわかるが、伐採や木材加工用の石斧はその使用によってつねに破損していくものである。日常的に使用する木器の加工生産が滞ると、地域首長層の村落経営にはさまざまな困難が増大し、そのリーダーシップをも減衰する方向へ向かわざるをえなかったと想像することができる。

　さてここでは、その後の西日本、とくに中国・四国地方の地域首長による生産活動の動向を概観し、対外的交流・交易の様相を振り返るとともに、墳丘墓造営グループとの相関を読み解いていこう。特定の墳丘墓型式の拡がりは威信財の入手と分配・交換を掌握した地域首長の連携を中核としたネットワークの範囲と重なっていくことを実際に示しつつ、論をすすめる（岩永 2010）。そして、弥生時代後期から終末期の手工業生産の動向も特定の墳丘墓の造営と密接にかかわりつつも、倭国乱の収束後には邪馬台国政権の対外交渉に連動していく具体的様相を描出していこう。

(1) 丹後地域の方形台状墓グループ

　九州玄界灘から日本海沿岸を東に航行すると、出雲神門水海にならぶ良好な潟港が丹後半島南東の付け根、阿蘇海にある。丹後地域では、九州北部地域との長距離交易を実現しただけでなく、因幡・但馬地域、北陸・中部・東海地方など、多方面との交流も引き続いた。中期には、いち早く石製玉生産を対内的交易に利用する経済的基盤を形成し、地域社会を再編成して生産集団を専業化させた。後期前葉にはガラスビーズを大量に輸入し、ガラス製勾玉や管玉の2次生産に移行した。墳丘形態も中期後半期には、中国地方から山陰地方に類例の多い方形貼石墓（図44の丸印）を採用していたものの、後期前葉には袂を分かち、連接台状墓を造営し始めた（図57の丸印）。尾根上の台状墓では、中心埋葬と中核埋葬群、墳頂平坦部の周辺埋葬、墳丘裾部の周辺埋葬がそれぞれ配置され、多くの人びとの葬送を繰り返した。集団再編とガラスの2次生産などといった新たな手工業の開発とが連動した変革であったと想像できる。意図的に階層性を分化、多様化させていった側面もみてとることができる。それは傑出した首長層が葬られた中核埋葬群に、鉄製刀剣やガラス製装身具など、多くの貴重財の副葬が集中していたことにも端的に表れている。

　後期後葉になっても四隅突出型墳丘墓を採用することはなく、連接台状墓を独立させて方形台状墓を造営した。方形台状墓の成長とともに墳頂平坦部に埋葬される被葬者数は減少していき、丹後地域の大首長層にかかわる社会的記憶を演出する葬送祭祀の場へと変容した。巨大墓壙を穿ち、舟底状の大型木棺に倭の朱を塗布し、最上位の貴重財となった多くの鉄製刀剣やガラス製装身具をおしげもなく副葬してみせた。

　また、因幡・但馬・越前地域などの丹後周辺地域の方形台状墓も、丹後地域と同様に鉄製刀剣の保有率が高い。ガラス製勾玉・管玉も副葬されることから、おそらくは鉄製刀剣やガラス製品の贈与・分配にかかわり、丹後地域との交易関係を構築して交流を継続したとみられる。丹後地域との交易パートナーとなったことから、連接台状墓や方形台状墓を造営することになったとみてよかろう。

第2章第3節でも示したように、後期前葉から中葉にかけて、おそらくは数万点のガラスビーズ（IPB）を入手して、それらを原料素材とし、未熟ながらもガラス製勾玉・管玉の生産を模索した（図16）。その結果、研磨成形から熱加工、鋳造生産へと製作技術の向上を遂げた。日本海沿岸域で生産された石製首飾りよりも貴重で、文明世界との結びつきをもつガラス製装身具の生産を継続し、倭人の装身具の最上位に位置付ける努力を怠らなかった。丹後地域では、最上級装身具の生産と贈与を行うことで、連接台状墓や方形台状墓の周辺への波及を実現させたとみることができよう。九州北部地域を除き、ガラス製装身具の出土地と方形台状墓の分布範囲は一致しており、丹後地域の首長たちによる貴重財の差配が台状墓造営にかかわるリーダーシップを生み出していたといえる（図79）。またそれだけでなく、手工業生産の運営が首長たちの実践する長距離交易のための贈与物資の開発にも寄与し、結果として後期後葉には、鉄製刀剣などの舶載威信財の輸入にも拍車がかかった。入手した刀剣やガラス製品など舶載威信財を倭人好みに再加工して交易に供し、北陸から中部・関東地方にも浸透させていった。丹後地域における中継交易は、倭の東方において威信財の需要を著しく促していったものと思われる。

（2）日本海沿岸域の四隅突出墓グループ

　弥生時代中期には、日本海沿岸域を中心に濃緑色系の石製管玉生産に進展がみられ、より細身で精巧な管玉製品が好まれた。多大な労働力を投入するも、かなり失敗品が多かったことが発掘調査からもよくわかる。中期末葉から後期になり、鉄資源やガラス製品の入手を目的として対外的交易を推進した日本海沿岸域の地域首長たちは、石製管玉だけでなく、装飾性の高い木器などの地域生産を主導し、さまざまな交易資源を開発しつつ、手工業生産を統括した。
　後期にはガラスビーズが大量に出回るからか、あるいはガラス製装身具の2次生産への対抗か、丹後地域の先進的な玉生産を受け継ぎ、ガラス小玉のような半透明の水晶製小型算盤玉を付加的に生産するようになる。地域首長層は石製玉生産に介入し、鉄製楔・鑿や鉄製玉錐など小型工具を導入して、石製玉生

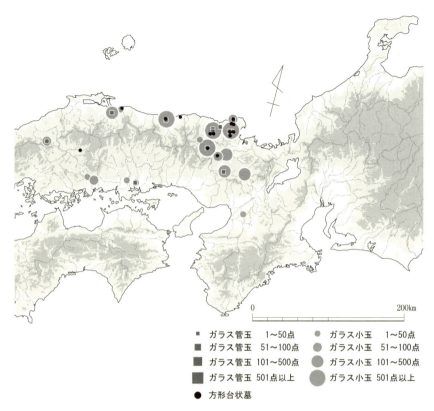

図79 IPB輸入・ガラス2次生産と方形台状墓（後期前葉〜中葉）

産の省力化を実現した。対外的交易によってもたらされた鉄資源の活用をより重視し始め、しだいに対外的交易に経済的活動の重点を移した。このため、日本海沿岸域の海上交易で繋がっていた潟港周辺を中心とし、石製玉類の生産地が日本海沿岸域に収斂していくこととなった（図15）。

このような日本海沿岸域、とくに出雲・伯耆地域周辺には、三次・庄原地域から受け継いだ四隅突出型墳丘墓が拡がった（図57の四角印）。大型四隅突出型墳丘墓では、中心墓壙に木棺・木槨を埋設し、墓壙上で直会のように共食儀礼を行って遠隔地の交易パートナーとの相互承認を図り、社会関係の更新と継続に努めた。墳丘墓の造営と弔問外交が対外的交易によって入手された財の贈

第 7 章　手工業生産の展開と墳丘墓の形成　219

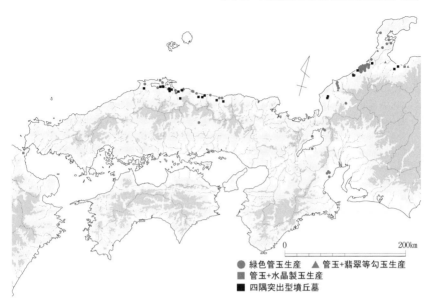

図 80　石製玉生産と四隅突出型墳丘墓（後期〜終末期）

与や交換、ひいては物資流通のための絶好の機会となっていったと想像することができる。すでに碧玉素材の供給が滞り始めた越前地域では、出雲地域の四隅突出型墳丘墓を導入して対外的交易を継続したのである。

　このように日本海沿岸域の地域首長たちは当初、石製玉生産を前提とした交流と交易によってその紐帯を深め、対外的交易による貴重資源の入手を目論むために、交易パートナーとともに四隅突出型墳丘墓の造営に向かったと推測することができよう。鉄製工具による石製玉生産遺跡の地理的分布はまさに後期中葉以降の四隅突出型墳丘墓の造営範囲と密接に関連していることがわかる（図 80）。

　しかし先述したように、四隅突出型墳丘墓が分布する日本海沿岸域でも丹後地域周辺では、日常的な交流によって鉄製刀剣やガラス製装身具の贈与を受けた場合には、あわせて方形台状墓も造営された。日本海沿岸域の地域首長たちは対外的交易を目的とした手工業生産を主要な経済的基盤として連携し、墳丘墓形態を共有しつつその大型化を企図し、ネットワークの強化にも邁進した様

子をみてとることができるのである。

　終末期には、出雲地域花仙山の碧玉素材の開発を経て、碧玉製玉類や水晶製小型算盤玉などの玉生産にかかわる出雲地域の加工技術が九州北部地域、伊都国とその周辺に移殖された。出雲地域から派遣された玉作工人の主導下、水晶製玉類の専業生産が伊都国においても開始されたのである。おそらくは邪馬台国政権傘下に属した四隅突出墓グループが、伊都国での水晶製小型算盤玉類の専業生産に携わったのだろう。公孫氏政権、のちには魏への朝貢にかかわる貢物・献上品や対外的交易品の生産を開始したとみることができる。

　なお、後期後葉の段階において、山陽地方吉備地域を中心とした墳丘墓グループは確認できない。吉備地域の楯築墳丘墓は四隅突出型墳丘墓の変異型、発達した二つの突出部をもつ巨大円丘墓であった。現状では吉備地域において、対外的交易を前提とした手工業生産が想定できず、経済活動を共有したパートナーの存在もみいだせない。孤立した墳丘形態をもつ王墓といえよう。しかし、この巨大な二突出型円丘墓は、四隅突出型墳丘墓から円丘に小さな突出部を一つ付設した柄鏡形墳丘をもつ石囲い墓への結節とみることができる。また、吉備地域は山陰地方の四隅突出墓グループと瀬戸内海東部地域の石囲い墓グループの両者との情報交換や連携を実現する重要な地理的環境にあることがわかる。先述してきたように、吉備地域での石囲い墓の成立と辰砂採取、水銀朱の生産状況からみれば、楯築墳丘墓の造営後、吉備地域の大首長が阿波・讃岐の地域首長たちとの連携を図り、水銀朱の生産を興隆させていった可能性をみいだすこともできよう。

（3）瀬戸内海東部地域の石囲い墓グループ

　吉備地域では、配石墓を発展させ、棺周囲に礫石を積み、石囲い墓を創り出した。大型墓壙の掘削と棺槨の埋設に際して、封土・盛土の土圧を考慮した石囲い木槨墓は、楯築墳丘墓に後続する黒宮大塚墳丘墓や鯉喰神社墳丘墓などにも採用されたようであり、後期後葉から終末期には瀬戸内海を介して拡散した（図75）。棺槨の周囲に積み上げた石囲いの上面にさらに蓋板を設置し、その

上に礫堆や葬祭土器を配置した。四隅突出型墳丘墓や楯築墳丘墓に共通した葬祭儀礼の系譜上にあるものの、柄鏡形の中・小型墳丘をもつ墳丘墓グループとなっていった。

　この段階になると、徳島県若杉山遺跡を中心に辰砂の採掘と水銀朱の生産が活発化した。水銀朱を加工した石杵など関連遺物からみれば、辰砂は水銀朱に精製され、阿波地域から讃岐地域へともたらされて瀬戸内海北岸へと流通した（図22）。一部は讃岐地域において加熱調合がなされたが、あるいは仙薬の加熱焼煉も試されたかもしれない。このような貴重財の流通からみれば、瀬戸内海東部地域の石囲い木棺・木槨墓の被葬者たちは手工業生産の複合化（図19）を前提とし、さまざまな交易資源を扱いつつも、辰砂の採掘、水銀朱の生産、さらには仙薬の生産と流通、その贈与交換に携ったのではなかろうか。石囲い墓グループは瀬戸内海北岸の安芸地域広島湾岸を西限とし、吉備地域から讃岐・阿波・播磨地域に拡がるが、まさに辰砂採掘、水銀朱生産遺跡の分布域を取り囲んで造営されていたことがわかる（図81）。

　第3章第1・2節において、辰砂・水銀朱、あるいは仙薬が公孫氏政権や魏への貢物や献上品ともなりうる交易資源、貴重財であったことは説明したが、倭国乱の収束後、阿波地域における辰砂資源の増産が、中国王朝への政治的貢賜関係を目論んだ邪馬台国政権における対外的政策の一環とみた場合、瀬戸内海東部地域の石囲い墓の被葬者たちはそれを画策した連合政権の主要メンバーでもあったのではないか。九州北部地域では、終末期においても中国産の水銀朱を使用していたのに対して、近畿地方周辺ではすでに日本列島産の水銀朱の流通が普遍化していた（河野摩・南・今津 2012）。その後、畿内中枢域では、日本産の水銀朱が大量に使用されていたこともわかってきた。奈良県ホケノ山古墳、あるいは奈良盆地東南部、古墳時代前期の主要前方後円墳（桜井茶臼山古墳、中山大塚古墳、小泉大塚古墳、黒塚古墳、メスリ山古墳など）から出土した大量の水銀朱は、すべて日本列島産に置き替わっていた。もちろん、最大の供給地は若杉山遺跡であったのであろう。阿波地域における辰砂採掘と水銀朱の生産管理、瀬戸内海東部地域を経由した水銀朱の供給がなければ、これほ

図81　水銀朱生産と石囲い墓（後期～終末期）

ど大量の日本列島産の水銀朱を調達することは不可能であったと思える。終末期以降、倭人たちは奈良県宇陀の大和水銀鉱山や三重県丹生鉱山の開発も手掛けた可能性は高かろう。さらにいえば、国東市の下原古墳のある大分県も西南日本内帯、九州南部の水銀鉱床群北端にあたる。豊後の真朱（『続日本紀』文武天皇2年条）の記事もあり、石囲い木棺墓を踏襲した下原古墳の被葬者も辰砂加工・水銀朱精製への関与があったのかもしれない。

　このグループの地域首長たちは、漢鏡7期第1・2段階（後期後葉新相から終末期古相にほぼ相当、第3段階が終末期新相の一部となる）にもたらされた画文帯神獣鏡を入手していた。しかし、漢鏡7期第2段階となる終末期以降、邪馬台国政権による政治的主導権が確立し、政権中枢は画文帯神獣鏡群を多数入手して、瀬戸内海東部の地域首長への供与を開始したとされる（岡村1999、下垣2022）。

　倭国乱後、石囲い墓を造営した地域首長たちは四隅突出墓グループの首長たちとは異なり、対外的にきわめて価値の高い辰砂・水銀朱の生産管理を中心的

な経済活動に据え、まずは贈与交換を契機として畿内中枢域にも働きかけ、政治的連携を図っていたと想像することができよう。

　卑弥呼の共立　さて、ここで『魏志』倭人条の記事を振り返れば、「倭國亂、相攻伐歴年、乃共立一女子爲王、名曰卑彌呼、事鬼道、能惑衆」とある。倭国ではながく戦乱が続いたので、共同して一人の女子を王に推戴した。卑弥呼といい、鬼道に知悉しており、よく民衆の人心を掌握した、ということになろう。一女子を「共立」したということからすると、複数の人物が卑弥呼を推戴したことがわかる。想像を逞しくすれば、この複数の重要人物たちは瀬戸内海東部地域の石囲い墓の被葬者たちであったのではなかろうか。終末期古相段階、遼東に台頭してきた公孫氏政権との政治的関係を築くために、新たな政治的代表者として一女子を推戴したというわけであろう。

　要するに、倭国乱収束前後から頭角を現し、後漢から魏への王朝交代と公孫氏政権の動向を見据えた石囲い墓グループが辰砂の採掘と水銀朱の加工・精製を主導し始めたとみられる。列島産の朱の加工生産を本格化させ、統括的な対外交渉・対外交易を画策する奈良盆地東南部の邪馬台国政権の成長に深く関与した。漢鏡7期以降、公孫氏政権との交渉とともに帯方郡への入貢、画文帯神獣鏡の入手、あるいはその授受分配にもかかわったと併せて想像するならば、その実務的な影響力は多大であったとみてよいだろう。また、土木技術を含め、墳丘墓造営にも多くの技術供与があったといえる。纒向型前方後円墳の造営にも参画していたとみることが妥当であろう。

　このほか、倭王が貢物・対外的交易品とした倭綿・絹布などについては遺存の問題もあり、現状では織機や紡車などの出土状況以外、専業生産を示唆するような考古学的証拠を示すことが難しい。弥生墳丘墓の発展とのかかわりにおいて考察していくには、今後の発掘調査や理化学的分析の進展にも期待しておきたい。

（4）中国・四国地方の環境要因と墳丘墓の発展

　ここにおいて、なぜ突出部をもつ墳丘墓が中国地方から日本海沿岸域、ある

いは瀬戸内海東部地域に拡がっていったのかがわかるだろう。やはり、長距離交易を行うための交換財となる手工業生産物の原料素材・資源の産出が挙げられよう。日本海沿岸域の但馬・越前・佐渡地域など、濃緑色系管玉素材の原産地の存在は装身具生産の発展に欠かせない自然の恩恵であった。弥生時代中期、対内的交易を経てもたらされた石製加工具によって濃緑色系石製管玉の生産が隆盛したが、これが日本海沿岸域の地域社会の手工業生産と対内的交易の活発化につながった。半貴石による石製装身具といった威信財生産であったことが九州北部の石斧や石庖丁生産とは異なる。また、新たな加工具資源となった鋳鋼・鉄鋼素材の輸入が比較的容易であった地理的環境も関連しよう。

しかし、出雲・伯耆・因幡・丹後地域など日本海沿岸域からの長距離交易ともなれば、先述した対馬・壱岐における倭韓交易のように穀物を対価物とするには、輸送コストの負担がかかり過ぎることになる。穀物は嵩張るため、一回り大きな準構造船を作り、漕ぎ手も増員せねばならなくなるし、その分食糧も必要となる。このため、より運搬に適した交換価値の高い貴重財を対価として用意しなければならなかった。付加価値の高い交易品を作り出す手工業生産が対外的交易の進展に必須となっていったわけである。

その結果、第2章第3節でみたとおり、集約化した労働力を利用して貴重な装身具工芸品の生産を推進したが、これを元手として対内的交易を促進し、貴重財・貴重資源の差配をもコントロールした。自らの配下にも一部供与しつつ、下位集団からの必需品・労働力を収奪する交換連鎖を地域経済に組み込み、集団間を階層的に分化させた。これを恒常化させていくためにも、墳丘墓の造営による集団間階層性の再確認とその維持に傾注し始めたといえる。さらなる大型墳丘墓の造営が必要となってきた理由がここにもあろう。このような経緯をもって導入された四隅突出型墳丘墓だが、瀬戸内海沿岸の地乗りに比べ、日本海沿岸の地乗り航路であれば、対馬海流に沿って東行、北上することは比較的安全な航行であったと想像できる。石製玉生産を前提とした日常的な交流・交易は陸路よりも広範囲に行うことができ、広く日本海沿岸の地域集団を結び付けていく地理的・社会的環境が四隅突出型墳丘墓の造営圏を拡大させ

ていくことになった。丹後地域の方形台状墓よりも継続的に交流範囲を拡げていったと推測することができるが、逆にいえば、原料の産出があるだけに新たな手工業生産への本質的な変革には至らず、やや保守的な側面を維持し続けたようにもみえる。

　次に四国地方東部は弥生時代中期には讃岐地域を中心にサヌカイトや古銅輝石安山岩などの産出地であり、当時の石器生産には欠かせない重要な石器石材の供給地であった。石器石材の産出とともに吉備地域を中心に四国の外部への石材の搬出も行われていた。このような従来の日常的交流・交易圏の成立後に水銀朱生産が盛んとなった。水銀朱は石製装身具、さらにはガラス製装身具以上に象徴的価値や交換価値が高く、より長距離交易に向く貴重資源であった。重厚な石囲いをもつ埋葬施設を構築した首長たちは、交流・交易のネットワークを利用して対外的資源や青銅鏡などの貴重財を手に入れようとした。恒常的な対外的交易の実現に奮闘した地域首長たちの成長過程が垣間見えるといえよう。さらに中国王朝や地方政権との政治的貢賜関係の構築のため、大和地域とともに、より大きな政治的連合体を作り出し始めていたとみることができる。

2．弥生社会の終焉と前方後円墳の成立

（1）特殊な社会進化を遂げた倭人社会—外的資源への憧憬—

　日本列島では、弥生時代前期後葉から末葉となる紀元前4～3世紀には、中国東北部、燕周辺から農具鉄刃先を輸入した。中期末葉となる紀元前後から紀元後1世紀前葉ごろには、九州北部で鉄器加工技術が定着したが、鉄素材内部の炭素量を十分にコントロールする熱処理を可能とするまでの精錬・鍛冶技術を普及させるには至らなかった。結局、紀元前4～3世紀に鉄を知り、800～900年経た6世紀後葉から7世紀にかけて製錬技術を導入するに至った。その間、中国大陸など文明世界との接触が継起したものの、製鉄にかかわる冶金技術は容易には移植されなかった。それは銅生産（銅鉱床の開発、製錬）やガラス生産（基礎ガラスの原料生産）についても同様であったろう。

中国の中心文明では、世界史的にみても特異な鋳造鉄器の大量生産システムを作り上げた。大プリニウスが称賛したセレスの鉄である。大量に生産された鋳造鉄器は焼鈍されており、不純物のきわめて少ない鋳鋼製品となった。また、カリガラス製小玉については、南アジアから東南アジア、あるいは中国南部にその生産地をたどれるインド・パシフィックビーズの類であることも明らかとなった。弥生時代、ビーズ総数10万点以上といった出土量からすれば、活発化したアジア海域における国際的商業交易の波及を軽視するわけにはいかない。

　一方で当時の倭人からすれば、これらの輸入品は古代文明世界で作り出されたもので、自らはなしえない異世界の価値を併せもった神秘的な財とでもみられていたことは想像に難くない。自ら原料生産を模索するというよりも、他界あるいはそこからの来訪者との接触を通して入手すべき財であったのかもしれない。パイロテクノロジーに関する知識や経験が限られていた当時の倭人社会では、遠隔地からの金属資源やガラス製品を手に入れても、原料開発からの一貫生産には進展しなかった。対外的交易品の流入が、すぐさまそれらの原料・素材生産へと繋がったわけではなかったといえる。

　このため、中国・四国地方の地域首長たちは対外的な交易、あるいは遠隔地のパートナーたちとの長距離交易に充てる贈与・贈答用の工芸品生産を模索したのである。エメラルドに近い青緑色の叢雲模様や濃緑色の色彩をとくに好み、翡翠や碧玉、水晶などの原料を調達して、分割・研磨・穿孔に徹した。また、水銀朱の原料となる辰砂の露天鉱床を探し出して、その採掘と粉砕に多大な労力を注いだ。単純ながらも難渋な加工作業に膨大な労働力を充てがい、製品生産を遂行した。磨製石器の加工と同じように単純作業を繰り返すことで加工生産できた貴重財であった。

　やがて、日本海沿岸域の地域首長の死に際して壮大な葬祭を行い始め、その弔問が遠隔地との交流の一環として慣習化し、広域の交流・交易が促進されるようになると、長距離交易への競覇的な関心がさらに高まっていった。倭人の社会とその技術水準にみあった遠隔地との交流手段の一つが墳丘先行型墳丘墓

の造営であった。四隅突出型墳丘墓もその一つである。遠隔地から地域首長層を招くとともに、地域集団には墳丘墓造営への参画を促した。遠隔地との交易にもかかわり、実践力のある地域首長の墳丘墓造営手腕が試された。また、遠隔地だけでなく、隣接地の地域首長への弔問外交を行うことによっても、対外的交易に参画する機会にめぐり合うことも少なくはなかったはずである。日本海沿岸域の地域首長にとっては、墳丘墓造営による弔問外交と長距離を航海する対外的交易が最重要課題となっていった。後期後葉には、山陰地方では四隅突出型墳丘墓群の造営、丹後地域とその周辺では方形台状墓の単独造営へと向かったが、対外的交易の発展と特殊工芸品の生産活動が地域首長の経済的基盤を形成していったことに変わりはなかった。列島内陸部に向けては、わずかな工芸製品でも必要とあれば、その対価として莫大な穀物資源を入手することさえ可能になってきたのだろう。交易資源を作り出し、弔問の機会を含め、互酬的な贈与交換を進展させて経済的基盤を強化し、対外的交易を実施する機会をうかがったのである。

　日本海沿岸域の地域首長たちはおそらく遠隔地に相応のパートナーを求め、青谷上寺地遺跡や兵庫県袴狭遺跡の線刻絵画にみられるような船団を組んで弔問に向かい、金属資源や鉄製刀剣、ガラス製装身具など威信財の授受を行うことで社会的関係を維持、恒常化させ、お目当ての奢侈品だけでなく、さまざまな必要物資さえも得ていたように思える。[1]墳丘墓の造営と盛大な葬送祭祀は、おそらく造営地付近の村落の威信高揚にもかかわっており、そのような遠隔地のパートナーとの交流の機会が目的化されたこともあり、墳丘墓の共時的な発達と葬送祭祀の肥大化が引き起こされていたとみることができる。

　また、倭においてもっぱら輸入を司った日本海沿岸域の社会集団を中心に、地域社会内部での職能の複雑化、階層化が著しくなったことも墳丘墓発展の大きな原因であると推察した。たとえば島根県山持遺跡では、中期後葉から後期、あるいは終末期にかけて、楽浪土器や三韓土器だけでなく筑前地域から丹後・但馬地域、近江地域、吉備地域など、倭各地の土器がみつかる。対外的交易とともに倭内部との中継交易をも差配していたとみられる（東山・伊藤・中

川ほか 2012)。青谷上寺地遺跡では、さまざまな工芸品が生産されていた痕跡があった (河合編 2013、大川ほか編 2020)。中継交易を司る市場機能をもつ港湾集落は、卜骨占術を扱う地域首長層の監督下にあったとみてよい。九州北部地域を含め、そのような市場機能をもつ港湾集落から舶載資源が倭内部に浸透していったのであろう。中国・四国地方や近畿地方の集落遺跡からは、少なからず鉄製工具やガラス製小玉などが出土し、大型住居に優先的に所有される傾向が認められるようになる。しかし、鉄製刀剣や青銅舶載鏡、翡翠製勾玉、纏まったガラス製装身具などは集落遺跡から出土しないことからすれば、威信財ともなる舶載貴重財の多くは対外的交易から地域首長間の贈与交換の連鎖によって流通、移動した場合が多かったと推測することができる。その場合、贈与を受け入れる地域首長には返礼の義務が生じることになり、首長間の社会的関係は幾分不安定にならざるをえなくなった。しかし、この不均衡がさらなる返礼を生み出し、遠隔地との恒常的な交流の維持に一役買うことにもなった。弥生時代後期後葉から終末期、いわゆる外来系土器の出土から推測される人びとの往来は弔問外交とともに遠隔地との交易に携った結果とみて間違いない。

　さて、これまでみてきたように、日本海沿岸域の墳丘墓は対外的交易資源の入手のため、手工業生産と階層化した集団編成、地域首長たちの交流・交易ネットワークの生成がなってはじめて実現した社会的な記念碑といった側面もあろう。このため、巨大な銅鐸や武器形祭器を鋳造して埋納祭祀を行った畿内地域や九州北部地域とは異なる経済活動が培われてきたわけである。畿内地域では、ながらく方形周溝墓の造営が引き続いたが、後期以降、墳丘墓の大型化・巨大化を目指したわけではなかった。また、鉄製刀剣やガラス製装身具の集積を目論んでいたわけでもなかった。第 2 章第 1 節で示したように、畿内地域では広大な水田経営による余剰資源を活用して華北地域からの青銅原料を入手し、銅鐸製作と農耕祭祀に専心していたようであり、日本海沿岸域の地域首長連合とは異なる経済的基盤を機軸としていた。畿内の地域首長は稲作農耕の豊作を願う集団祭祀を通して地域社会の統合を企図していたとみるのが妥当な見解といえよう。とすれば、初期前方後円墳への成立にかかわり、中国・四国

地方、とくに日本海沿岸域や瀬戸内海東部地域と、畿内中枢部の動向の違いをどのように理解すればよいのであろうか。

(2) 地域首長の経済的基盤

アメリカの考古学者、T. アールは首長の権力資源として、①社会的関係、②経済力、③軍事力、④イデオロギーの4点を重視した。第2章第1節

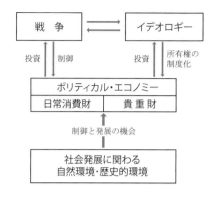

図82　アールによる首長の経済的基盤

でも少し説明したが、首長制社会の発展方向を示す単純化された図式について、再度補足解説しておきたい（図82、Earle 1997）。まず、図の下部をみると、地域首長が取り扱う資源・物資は自然環境に影響を受ける部分が少なくはないことを示している。たとえば、食用穀物の大量生産に都合のよい自然環境にある場合、穀物食糧の増産を目指し、必需消費財として大量の穀物を保管・管理することになる。この場合、穀物増産とともに穀物管理・輸送の技術進展と人員の編成が進み、経済的基盤の形成のための基礎的条件となる。人口の増加も腐心すべき懸案になろう。アジア大陸のように広範な領界を他民族・他文化の人びとと地理的に接していた場合、外界からの穀物資源の略奪を防がねばならなくなり、どうしても武力や軍事力を必要とするようになる。さらに長城の建設や、隣接地の征服・占領など、積極的な防衛策も視野に入れねばならない。比較的単純な首長制社会の場合、地域首長は最高ランクの武人としての性格を帯びる傾向になろう。

しかし、一方で貴重な装身具や貴重財の原料資源が比較的近くに産出する環境にある場合、それらの資源を使って、装身具や貴重財の生産にかかわる経済活動に労働力を投資しつつ、交易によって物資の交換を発達させていくようになる。それだけでなく、それらの装身具・貴重財を手にすると、身の安全や長寿をはじめとしたさまざまな願い、社会的ランクの表示や地位保全、繁栄が成

就することなどを保証するようなイデオロギーを普遍化させるように進化発展するとみられる。その結果、宗教性・神秘性の高い性格を帯びた地域首長が成長してくると想像することができる。

もちろん先述しておいたように、実際の首長制社会において、地域首長が政治的課題を達成するための経済的基盤は二極に分化していたわけではないものの、この簡単な性格分類は、当該社会集団がどちらの経済基盤に偏っているのか、考古学的成果を分析することで、その判断が可能となる。

威信財経済の萌芽 これまでみてきたように、日本海沿岸域の四隅突出墓グループの地域首長は、対内的交易資源、地元資源の翡翠や碧玉、緑色凝灰岩を使って装身具を生産した。そして、地元資源を有効に利用して伝統的装身具を社会的地位の表象に位置付けていく文化的影響力を維持した。しかし、丹後地域の台状墓グループはガラスの2次生産によって石製装身具を上回る最上位の装身具威信財を創出した。鉄製刀剣も倭独自の拵えとし、文明世界のガラス資源とともに北陸から中部・関東地方への対内的交易にも提供し、本州東半部における対内的長距離交易の中継の拠点集団となった。倭国乱の収束を目論んだ瀬戸内海東部地域の石囲い墓グループは、公孫氏政権との政治的貢賜関係を模索した。さらに倭の統括的な対外交渉を実現するため、昇仙思想や神仙術にかかわる知識を入手して交易資源の開発に臨み、水銀朱の増産を図った。倭人世界のイデオロギーの変革に向かっていたことがわかるだろう。倭人たちは舶載文物から文明世界の先進的思想・イデオロギーを取り入れようと試みたと読み取ることができよう。これらのグループの地域首長たちの経済活動の過程において、威信財経済が大幅に進展した。その結果として畿内中枢域を中心に、銅鐸から青銅鏡へと象徴的器物の交替（福永 2001・2005）といった「宗教改革」にもたとえられる現象が引き起こされたとみることができよう。

農業生産力の進展 しかし、このような威信財経済の進展は日本海沿岸域から吉備地域、瀬戸内海東部地域に受け継がれたものでしかなかった。これとは異なり、畿内中枢域では稲作による穀物生産を中心とした大規模な経済的基盤が涵養されていた。畿内中枢域の奈良盆地南部では、弥生時代前期以来、広大

な面積を占める水田稲作遺構が明らかとなっている。拠点集落となる唐古・鍵遺跡の調査事例からもわかるように、弥生時代をとおして農業生産力を背景とした集落経営による繁栄をみせていた。

　大和地域の倭人社会では、基本的に環濠を有する拠点的母集落が大河川流域ごとに散在して連綿と存続しており、血縁的、地縁的活動の社会的中枢、経済的ネットワークの結節点として機能していたと考えられ、集落群の経済的・社会的な安定性が把握できるという。河川流域ごとの小共同体には、水利権の調整を含め、必需品や交易品の入手などさまざまな経済的戦略を企図・案出した地域首長の存在が想定されるものの、地域社会の集合としてそれらを包括した大共同体による経済的、社会的活動は顕在化しておらず、熾烈な階層化にも歯止めがかかった状態であったとみられる（寺澤 1984・2016）。アールによる経済的基盤の分類からもわかるように、穀物などの余剰資源の維持・管理から生じる経済的優位は軍事力を中核とした公的強力がきわめて未熟な場合、どうしても管理体制の多極化を生み出してしまい、社会集団の階層化には向かわない傾向にある。大和地域ではそれぞれの河川ごとに銅鐸祭祀が運営された形跡があった。統合化された大規模祭祀への進展をみることはなかったものの、穀物生産を機軸とし、地域ネットワーク網をもつ大規模な必需品財政を背景とした安定した社会集団群が形成されていたとみることができる。

　このような歴史的環境を背景としつつ、弥生時代後期後葉新相から終末期には、畿内中枢域の一つ、奈良盆地東南部において纒向遺跡の中心施設の造営が始まった。この奈良盆地東南部が画文帯神獣鏡の最密集地域であったことからすれば（下垣 2022）、終末期における舶載青銅鏡の入手能力は、瀬戸内海東部地域のそれを凌ぐものへと変貌していたとみられる。ただし、その贈与・分配があったとしても、それは瀬戸内海東部地域に向けてであり、それを大きく越えて列島規模に拡がるものではなかった。

（3）前方後円墳の創出をめぐって

大規模な必需品財政による造宮計画　纒向遺跡の集落規模は、弥生時代終末期

には1km四方に拡張され、人工水路（纒向大溝）が開削された。外来系土器の出土も著しく、各地からのさまざまな情報が交換、共有されたのであろう。東海系薄甕などの大量出土からは、入植者の多大な労働力が必要とされたともみられる。つまり、彼ら彼女らの食糧を供給する経済的余裕さえも備えており、充分な余剰生産資源が用意されていたことがわかる。辻トリイノ前地区では総柱建物を中心とした居館の周りに「凸」字状に塀をめぐらせた終末期前半期の中心施設が検出された。この周囲にも大型の方形区画が検出されており、纒向遺跡における政治・祭祀にかかわる中心的な施設であったとみられている（坂 2022）。穀物など生活必需物資を扱う大規模な経済的基盤の上に立脚し、推戴された邪馬台国女王を中心に、魏の冊封とともに魏との政治的貢賜関係を実現するための執政機関を作り出したのであろう。また、終末期新相には、纒向型前方後円墳（ホケノ山古墳・石塚古墳・矢塚古墳・勝山古墳など）の造営が引き続いたが、その直後には箸墓型前方後円墳（箸墓）が築造された。「親魏倭王」の称号をもつ倭王と、その傘下の執務官など政体の中核的構成メンバーを顕彰する巨大前方後円墳グループの造営が継続していたとみてよかろう。

　不可譲な富の入手　前方後円墳の造営や三角縁神獣鏡などの分配は不可譲な財の贈与として行われたとみることができる。この不可譲な財とは、人類学者A. ワイナーがトロブリアンド諸島の女性特有の財にかかわり、参与観察によって定義したもので、財の送り手（贈与側）が受け手に財を譲渡しながらも、送り手が元来の所有権を維持しつつ、かつ受け手側に一定の慣習的な支配的影響力をもたらす財のことをいう（Weiner 1992）。このような威信財は、神の意向やその神話、祖先系譜などを内包するものでもあり、時間とともにそれは確固たるものとなる。貨幣的な価値との交換を否定するため、転売などはできない。不可譲な威信財の贈与の連鎖によって、財の所有権の保持者である元来の送り手には、逆に強大な政治的影響力がもたらされるとみることができよう。三角縁神獣鏡が倭王の要請による特鋳鏡であったとすれば、倭王と倭内部の地域首長との間の政治的支配関係は決定的になったとみて間違いなかろう。

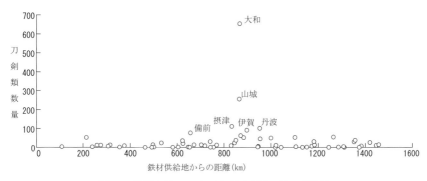

図83 前期古墳における地域別鉄製刀剣の副葬量

　中国鏡などの大量流入　3世紀中葉の魏への遣使と三角縁神獣鏡をはじめとした中国鏡の大量流入こそが古墳時代を開始させる画期であったとする辻田淳一郎の意見がある（辻田 2007・2019）。畿内地域の生産力の発展と階級社会の進展の結果としての古墳時代の成立を想定するのではなく、三角縁神獣鏡を代表とした不可譲な威信財を分配する畿内中枢のエリート層による社会的関係の構築とその階層性の再生産活動が、前方後円墳造営と儀礼的な葬送を生み出していく推進力になったという。もちろん三角縁神獣鏡だけでなく、魏への朝貢による回賜品の多くもそのような威信財としての性格を帯びていたのであろう。図83は韓半島南部からの道路距離を横軸に示し、古墳時代前期の各地の古墳から出土した鉄製刀剣の出土量を縦軸に表した。大和地域における鉄製刀剣の保有量はきわめて多いことがわかる。発掘調査が制限された巨大前方後円墳が集中することも考慮すれば、大和地域の鉄製刀剣の保有量はさらに多く見積もることができる。おそらくは「五尺刀二口」（『魏志』倭人条）のように下賜された鉄製長刀なども独占的に保有されていた公算は高く、分配に充てられる不可譲な舶載威信財の一つであったとみておかしくはない。このようにみれば、濃緑色系管玉からなる石製装身具や、ガラス製装身具は冊封体制下の朝貢下賜品には含まれてはいなかったことから、伝統的な装身具威信財の象徴的価値はかなり低減したとも想像できよう。

　邪馬台国政権から初期大和政権へ　大和地域の纒向遺跡において原初宮都の造

営があり、邪馬台国政権の魏への政治的交渉の成功とともに、冊封体制に属したあと、纒向型前方後円墳であるホケノ山古墳が造営された。後期邪馬台国政権において、大規模な穀物経済を背景とした巨大墳丘墓の計画的築造を前方後円墳をはじめとする「古墳」とみなすことができる。正始8年（西暦247年）までに卑弥呼の死を想定した場合、卑弥呼の墓と目される箸墓古墳とホケノ山古墳の築造年代は、ほとんど時期差がないことになる。寿陵であったならば、ホケノ山古墳などと一連の併行造営を想定することもできよう。伝説的となっていた楯築墳丘墓を吉備の大首長（あるいは王）の先例として参考にすれば、重厚な石囲いによる埋葬を行う全長80mの巨大墳丘墓を政権中核を担う重臣レベルの被葬者のために造営し、最上位、「親魏倭王」の称号をもつ倭王のためには、隔絶した超巨大墳丘墓を企画して築造予定としていたか、築造を開始していたとみることができよう。魏の冊封後、纒向型前方後円墳の造営時には、すでに最高位となる箸墓型前方後円墳（箸墓古墳）の築造計画が具体化していたとみた方が理にかなっている。

　全長280m、定型化した箸墓古墳の造営が終了し、箸墓古墳を範型として縮小された箸墓型前方後円墳の造営が瀬戸内海東部地域から日本列島規模で展開し、不可譲な威信財の分配とともに、初期大和政権による周辺地域への支配関係が浸透した。魏皇帝曰く「悉可以示汝國中人使知國家哀汝」と『魏志』倭人条にあるように、倭王への下賜品をことごとく倭人たちに示し、魏が倭王を大切に思っていることを知らしめるよう要請されていたことからも、初期前方後円墳の造営とともに下賜品の分与は遅滞なく行われたとみられる。よって古墳時代の成立とは、初期大和政権の周辺社会への政治的支配関係の確立、あるいは周辺社会からの不可譲な威信財をめぐる大和政権への依存関係の醸成による列島各地の社会集団の統合原理の変容ということになってくるだろう。

　初期大和政権の特質　その後、定型化した前方後円墳は、それでも大型弥生墳丘墓の諸属性を形骸化しつつも継承した。前方後円墳、前方後方墳、円墳、方墳とそれぞれ流派があり、墳丘規模によるランクが想定されている。弥生墳丘墓の諸要素を取り入れて、巨大化させつつも大小揃えていくあたりは、画文帯

神獣鏡を換骨奪胎した巨大な三角縁神獣鏡を特注し、面径によって舶載鏡を差異化してランクを作り出す手法とのアナロジーさえ感じさせる。初期大和政権は、巨大前方後円墳造営の企画、葬送にかかわる儀礼情報の管理、副葬品となる舶載貴重財・倭独自の貴重財などの保管・管理といった実務を司る萌芽的な行政組織を中核とした。しかし、それらを実現させるためにもっとも重要だったのは、墳丘墓の造営を契機とした交流や交易、貴重財の贈与交換といった威信財経済を外装し、魏晋への朝貢による継続的な貢賜関係を取り結ぶ政体へと止揚したことにあったといえる。

　不可譲の威信財の流入によって社会的再生産を可能にならしめる経済システムが成立してしまう、といった社会状況は、旧来の新進化主義における理論的枠組みからみれば、国家以前の複雑化した首長制社会の階梯にみられるものではあるが、古墳時代の中心構造と地域連合を生み出した社会集団の推定総人口は300万人とも見積もられ、集団の統合形態の分類において対象とされた数万人規模の首長制社会とは、次元の異なる社会集団とみることができる（福永2005）。初期大和政権は日本列島規模での倭人社会の統合（前方後円墳体制）を目指した。しかし、恒常的な王宮や大規模な統治機関、神殿などの宗教センターがいまだみられない。水路開削以外、都市計画やインフラ整備など公共事業の痕跡を考古学的遺構としてみいだすことができず、文字記録による法体制や公的強力となる軍事施設や牢の整備もみられない。大和政権においては倭王の巨大前方後円墳を頂点とした支配的体制を体現しつつも、地域首長に対しては造墓を契機とした贈与のネットワークを継続して、その威信高揚を実現する社会であったこともまた明らかである。都合20万基にもなる古墳の造営に、さまざまな貴重財と人的エネルギーを注ぎ込む社会体制を鑑みれば、これまでの社会進化の理論的枠組みの階梯に当て嵌めるわけにもいかない。中心文明の周縁に位置し、各種生産技術の低迷にもかかわらずとも、弥生墳丘墓の造営からの社会進化を経て、巨大前方後円墳を造り続けた。画期的でありながらも、ほかに類をみない社会の統合形態として捉えなおす方がより現実的であるといえよう。

註

（1）未開社会における地域首長たちの贈与交換として民族誌に名高いのがニューギニア海域におけるトロブリアンド諸島（キリウィナ諸島）のクラ交換であろう（泉編〈マリノフスキー著、増田訳〉1967）。大きな外洋航海用のカヌー（マサワ）の製作や大規模な葬式にかかわり、船団をととのえ遠征隊を組んで航海し、パートナーとなる交易相手と財宝（ヴァイグア）を交換する。やや時間をあけて、ウミギクの貝殻ビーズの首飾り（ソウラヴァ）とイモガイの腕輪（ムワリ）の授受を行うが、それには皮切りの贈物（ヴァガ）から始まり、最終の返礼品（ヨティレ）まで、さまざまな財宝の儀礼的贈与交換が公衆の面前で披露されるのである。当然ながら、このような贈与交換にも、不作法や身勝手な対応があれば、軋轢や紛争の原因ともなった。このほかにも、遠征隊は副次的にさまざまな日常的物資を物々交換（ギムワリ）で手に入れたという。カヌーの漕ぎ手たちは相手先でもっとも好まれ、欲しがられる品物をそれぞれの贈り物として大量にカヌーに積み込んだ。故郷に持ち帰りたい相手先の品物への支払いとしたわけである。

　このような対外的な贈与交換は、地域首長の村落群での内需にかかわる経済活動に結び付く働きもあった。地域首長の権威のもと、呪術儀礼に則り、付近の村々をあげての航海用のカヌー建造が始まるが、これには専門工人たちを頂点とした社会的階層にもとづく組織的な労働に、財宝や食糧など数々の贈与が繰り返された。航海による遠隔地からの品物の一部はこのような村落内での消費として還元されていたのである。

　クラ交換については、遠隔地のパートナーとの相互承認のもとに、儀礼的な財宝の交換を通して恒常的な社会的関係を取り結び、さまざまな資源の流通を実現させる大規模で複雑な一種の社会機構であり、首長制の維持・発達に欠かせない社会経済的な現象とみる見解が一般的な機能論的解釈だ。エリート層の社会的行為や社会集団の儀礼的行為のなかに経済活動が「埋め込まれた」ものであることがわかる。遠隔地との交易を行う地域首長たち自身だけでなく、航海を行う人びとの村々、各集落の威信・優越心や気前良さといったプライドの高揚にも深くかかわっていた。弥生時代の対外的な交易も、多くの人びとを巻きこんだ社会的行事として慣習化し、弔問外交といった儀礼的行為のなかに経済活動が埋め込まれていたと想像できよう。

参考引用文献

青山　透・沢元史代編　1990『東広島ニュータウン遺跡群』Ⅰ、広島県埋蔵文化財調査センター調査報告書第83集、広島県埋蔵文化財調査センター
赤澤秀則・川西　学・徳永　隆ほか　2005『堀部第1遺跡』鹿島町福祉ゾーン整備事業に伴う調査1、鹿島町教育委員会
阿河鋭二ほか　2002『高松廃寺　成重遺跡　樋端墳丘墓』白鳥町町内所在遺跡発掘調査報告書、白鳥町教育委員会
天野博之編　1999『南山畑遺跡』豊田市埋蔵文化財発掘調査報告書10、豊田市教育委員会
荒川正己　1998『梨ヶ谷遺跡発掘調査報告』広島市歴史科学教育事業団調査報告書第22集、広島市歴史科学教育事業団
荒木麻理子編　2002『小松市一針B遺跡・一針C遺跡』石川県教育委員会・石川県埋蔵文化財センター
安藤広道　2009a「弥生農耕の特質」『食糧の獲得と生産』弥生時代の考古学第5巻、同成社、23-38頁
安藤広道　2009b「弥生時代における生産と権力とイデオロギー」『国立歴史民俗博物館研究報告』第152集、203-246頁
李　東冠・武末純一　2023「古墳時代前期鉄輸入ルートの多元化と弾琴台型鉄鋌」『季刊考古学』162、32-36頁
石井清司・岩松　保・田代　弘　2006「共同研究　玉類製作技法の検討―市田斉当坊遺跡出土の管玉孔内に遺存する石針を巡って―」『京都府埋蔵文化財情報』第101号、13-20頁
石川岳彦　2017『春秋戦国時代　燕国の考古学』雄山閣
石川岳彦・小林青樹　2012「春秋戦国期における初期鉄器と東方への拡散」『国立歴史民俗博物館研究報告』第167集、1-40頁
石川日出志　2023「弥生時代における広域分布土器型式の形成と展開」『考古学研究』第70巻第3号、12-26頁
石崎善久　1995「金谷古墳群（1号墓）」『京都府遺跡調査概報』第66冊、京都府埋蔵文化財調査研究センター、71-104頁
石崎善久・竹原一彦・村田和弘　1996「左坂墳墓群・左坂古墳群・左坂横穴群」『京都府遺跡調査概報』第71冊、京都府埋蔵文化財調査研究センター、19-49頁
石崎善久・岡林峰夫　2001『赤坂今井墳丘墓第3次発掘調査概要報告』京都府遺跡調査概報第100冊、京都府埋蔵文化財調査研究センター

石田彰紀編　1983『広島市安佐北区高陽町所在　弘住遺跡発掘調査報告』広島市の文化財第 25 集、広島市教育委員会

泉　靖一編　1967 マリノフスキー，ブロニスラウ（増田義郎訳）「西太平洋の遠洋航海者」『世界の名著』59、マリノフスキー／レヴィ＝ストロース、中央公論社、55-342 頁

市毛　勲　1975『朱の考古学』考古学選書、雄山閣

伊藤宏幸編　2011『五斗長垣内遺跡発掘調査報告』淡路市埋蔵文化財調査報告第 8 集、淡路市教育委員会

今田昇一編　1998『三坂神社墳墓群・三坂神社裏古墳群・有明古墳群・有明横穴群』京都府大宮町文化財調査報告書第 14 集、大宮町教育委員会

今津節生・南　武志　2005「綾部山 39 号墳出土朱（辰砂）の硫黄同位体比」『綾部山 39 号墓発掘調査報告書』御津町埋蔵文化財報告書 5、御津町教育委員会、89-92 頁

今西隆行・辻村哲農編　2017『佐田谷・佐田峠墳墓群発掘調査報告』調査編（2）、庄原市発掘調査報告書 29、庄原市教育委員会

今西隆行編　2020『佐田谷・佐田峠墳墓群発掘調査報告書（総括報告書）』庄原市教育委員会発掘調査報告書 32、庄原市教育委員会

今福拓哉　2012「弥生墳丘墓の埋葬施設と墳丘構築に関する研究」『広島大学大学院文学研究科紀要』第 4 号、83-100 頁

今福拓哉　2016「備後北部の弥生墳丘墓─弥生時代後期前半を中心として─」『広島大学考古学研究室 50 周年記念論文集・文集』広島大学考古学研究室 50 周年記念論文集・文集刊行会、259-272 頁

今福拓哉　2017「四拾貫小原弥生墳丘墓の再評価」『広島大学大学院文学研究科考古学研究室紀要』第 9 号、43-68 頁

岩田文章・岩田珠美・植野浩三編　2000『妻木晩田遺跡　洞ノ原地区・晩田山古墳群発掘調査報告書』淀江町埋蔵文化財調査報告書第 50 集、淀江町教育委員会

岩永省三　2010「弥生時代における首長層の成長と墳丘墓の発達」『九州大学総合研究博物館研究報告』第 8 号、17-42 頁

岩本　崇　2020『三角縁神獣鏡と古墳時代の社会』六一書房

上田直弥　2022『古墳時代の葬制秩序と政治権力』大阪大学出版会

宇垣匡雅　2022「鯉喰神社墳丘墓特殊器台」『岡山県立博物館研究報告』第 42 号、11-17 頁

宇垣匡雅編　2021『楯築墳丘墓』岡山大学文明動態学研究所・岡山大学考古学研究室

梅本健治編　1994『中国横断自動車道建設に伴う埋蔵文化財発掘調査報告』（Ⅳ）、広島県埋蔵文化財調査センター調査報告書第 132 集、広島県埋蔵文化財調査センター

梅本康広編　2015『元稲荷古墳の研究』向日丘陵古墳群調査研究報告第 2 冊、向日市埋蔵文化財センター

会下和宏　2015『墓制の展開にみる弥生社会』同成社
江野道和　2006『潤地頭給遺跡』Ⅰ、福岡県前原市立東風小学校建設に係る発掘調査報告書、前原市文化財調査報告書第93集、前原市教育委員会
江野道和・江崎靖隆　2005『潤地頭給遺跡』福岡県前原市立東風小学校建設に係る発掘調査報告書、前原市文化財調査報告書第89集、前原市教育委員会
エルツ, ロベール（吉田禎吾・内藤莞爾ほか訳）　1980「死の宗教社会学」『右手の優越』垣内出版、30-128頁
大賀克彦　2001「弥生時代における管玉の流通」『考古学雑誌』第86巻第4号、1-42頁
大賀克彦　2010a「日本列島におけるガラスおよびガラス玉生産の成立と展開」『月刊文化財』No.566、27-35頁
大賀克彦　2010b「弥生時代におけるガラス製管玉の分類的検討」『小羽山墳墓群の研究』研究編、福井市立郷土歴史博物館研究報告、小羽山墳墓群研究会、213-230頁
大賀克彦・田村朋美　2016「日本列島出土カリガラスの考古科学的研究」『古代学』第8号、11-23頁
大賀克彦・望月誠子・戸根比呂子・小山雅人　2005「奈具岡遺跡再整理報告（1）翡翠・ガラス製品」『京都府埋蔵文化財情報』第95号、1-12頁
大川康広ほか編　2020『青谷上寺地遺跡』15、第17次発掘調査報告書、鳥取県
大久保徹也・森　格也　1995『上天神遺跡』高松東道路建設に伴う埋蔵文化財発掘調査報告第6冊、香川県教育委員会・香川県埋蔵文化財センター・建設省四国地方建設局
大澤正己　1995「名東遺跡出土弥生時代鉄製品の金属学的調査」『名東遺跡』徳島県埋蔵文化財センター第14集、徳島県埋蔵文化財センター、157-165頁
大澤正己　1997「奈具岡遺跡出土鉄製品・鉄片（切片）の金属学的調査」『京都府遺跡調査概報』第76冊、京都府埋蔵文化財調査研究センター、147-154頁
大澤正己　2000「弥生時代の初期鉄器〈可鍛鋳鉄製品〉―金属学的調査からのアプローチ―」『たたら研究会創立40周年記念製鉄史論文集』たたら研究会、513-552頁
大澤正己・鈴木瑞穂　2001「矢野遺跡出土鉄製品・砂鉄等の金属学的調査」『矢野遺跡』Ⅰ、徳島県埋蔵文化財センター調査報告書第33集、徳島県教育委員会・徳島県埋蔵文化財センター・国土交通省四国地方整備局、53-88頁
大庭俊次編　2000『社日古墳』一般国道9号松江道路建設予定地内埋蔵文化財発掘調査報告書12、建設省松江国道工事事務所・島根県教育委員会
岡崎雄二郎　1983「友田遺跡」『松江圏都市計画事業乃木土地区画整理事業区域内埋蔵文化財包蔵地発掘調査報告書』松江市教育委員会、99-173頁
岡田憲一・絹畠　歩編　2021『秋津遺跡1（下層編）』奈良県立橿原考古学研究所調査報告第128冊、奈良県立橿原考古学研究所

岡田晃治　1987「国営農地開発事業関係遺跡　昭和61年度発掘調査概要」『埋蔵文化財発掘調査概報』京都府教育委員会、45-76頁
岡林孝作　2008「日本における木槨の分類と系譜—ホケノ山古墳中心埋葬施設の成立背景をめぐって—」『ホケノ山古墳の研究』奈良県立橿原考古学研究所、213-226頁
岡林孝作・水野敏典編　2008『ホケノ山古墳の研究』橿原考古学研究所研究成果10、奈良県立橿原考古学研究所
岡林峰夫・石崎善久ほか　2004『赤坂今井墳丘墓発掘調査報告書』峰山町埋蔵文化財調査報告書第24集、峰山町教育委員会
岡村秀典　1999『三角縁神獣鏡の時代』歴史文化ライブラリー66、吉川弘文館
岡谷市編　1973「天王垣外遺跡」『岡谷市史』上巻、293-305頁
岡山真知子　2003「水銀朱精製用具の検討」『古代文化』第55巻第6号、1-14頁
岡山真知子編　1997『辰砂生産遺跡の調査—徳島県阿南市若杉山遺跡—』徳島県立博物館
小口英一郎編　2007『鳥取県東伯郡琴浦町梅田萱峯遺跡』Ⅲ、一般国道9号（東伯中山道路）の改築に伴う埋蔵文化財発掘調査報告書XXI、鳥取県埋蔵文化財センター調査報告書19、鳥取県埋蔵文化財センター・国土交通省倉吉河川国道事務所
奥村清一郎編　1988『寺岡遺跡』京都府野田川町文化財調査報告第2集、野田川町教育委員会
小郷利幸編　1993『三毛ケ池遺跡』津山市埋蔵文化財発掘調査報告第48集、津山市教育委員会
落田正弘編　1996『陣山遺跡』三次市教育委員会
尾本原勇人編　2000『宗祐池西遺跡発掘調査報告書』三次市教育委員会
柏田有香　2009「京都盆地における変革期の弥生集落—鉄器生産遺構の発見—」『古代文化』第61巻第3号、414-421頁
片岡宏二編　1985『三沢栗原遺跡』Ⅲ・Ⅳ、小郡市文化財調査報告書第23集、小郡市教育委員会
加藤晴彦編　2005『日吉ヶ丘遺跡』加悦町文化財調査報告第33集、京都府加悦町教育委員会
門脇俊彦編　1973『波来浜遺跡発掘調査報告書　第1・2次緊急調査概報』島根県江津市
金井亀喜　1974『西願寺墳墓群』広島県教育委員会
金井亀喜編　1976『西本遺跡群—A・B・C地点—』広島県教育委員会
金井亀喜・小都　隆編　1981『松ヶ迫遺跡群発掘調査報告—三次工業団地建設に伴う埋蔵文化財の発掘調査—』広島県教育委員会・広島県埋蔵文化財調査センター
河合章行編　2013『玉・玉作関連資料』青谷上寺地遺跡出土品調査研究報告9、鳥取県埋蔵文化財センター
河合章行・水村直人ほか　2010『骨角器（1）』青谷上寺地遺跡出土品調査研究報告5、

鳥取県埋蔵文化財センター
河野一隆　1995「奈具墳墓群・奈具古墳群」『京都府遺跡調査概報』第65冊、京都府埋蔵文化財調査研究センター、9-40頁
河野一隆・野島　永　1997「奈具岡遺跡（第7・8次）」『京都府遺跡調査概報』第76冊、京都府埋蔵文化財調査研究センター、30-82頁
河野一隆・野島　永　2003「弥生時代水晶製玉作りの展開をめぐって」『京都府埋蔵文化財情報』第88号、7-16頁
河野摩耶・南　武志・今津節生　2012「前方後円墳発生期における朱の交易―イオウ同位体比分析の産地推定を通して―」『古代学研究』第196号、33-36頁
岸本直文　2014「倭における国家形成と古墳時代開始のプロセス」『国立歴史民俗博物館研究報告』第185集、369-403頁
岸本直文　2022「庄内式の年代再考」『纒向学の最前線』纒向学研究第10号、105-114頁
君嶋俊行編　2012『木製農工具・漁撈具』青谷上寺地遺跡出土品調査研究報告8、鳥取県埋蔵文化財センター調査報告47、鳥取県埋蔵文化財センター
桐原　健　1973「信濃における弥生時代の玉のあり方について」『信濃』第25巻第4号、314-325頁
Nguyen Truong Ky（平野裕子訳）2006「ベトナムの古代ガラス(2)」『Glass』Journal of the Association for Glass Art Studies, 49号、41-62頁
國木健司編　1993『石塚山古墳群』綾歌町教育委員会
計良由松・椎名仙卓　1961「後期弥生文化の攻玉法―佐渡新穂玉作遺跡の資料を中心として―」『考古学雑誌』第47巻第1号、19-25頁
肥塚隆保・田村朋美・大賀克彦　2010「材質とその歴史的変遷」『月刊文化財』No. 566、13-25頁
小寺智津子　2006「弥生時代のガラス製品の分類とその副葬に見る意味」『古文化談叢』第55集、47-79頁
小寺智津子　2015「西谷3号墓出土の珠類と副葬にみる社会」『西谷3号墓発掘調査報告書』島根大学考古学研究室調査報告第14集、出雲弥生の森博物館研究紀要第5集、島根大学考古学研究室・出雲弥生の森博物館、201-218頁
小寺智津子　2016『古代東アジアとガラスの考古学』同成社
小寺智津子　2023『ガラスの来た道　古代ユーラシアをつなぐ輝き』歴史文化ライブラリー563、吉川弘文館
小山浩和・野口良也・長尾かおりほか編　2004『久蔵峰北遺跡・蝮谷遺跡・岩本遺跡』一般国道9号（東伯中山道路）の改築に伴う埋蔵文化財発掘調査報告書89、鳥取県教育文化財団・国土交通省倉吉河川国道事務所
近藤　正　1972『仲仙寺古墳群』安来市教育委員会

近藤義行編　1987『芝ヶ原古墳』城陽市埋蔵文化財調査報告書第 16 集、城陽市教育委員会
近藤義郎　1983「雲山鳥打弥生墳丘墓群の調査成果」『弥生時代墳丘墓の研究』科研費報告書、1-9 頁
近藤義郎　1986「前方後円墳の誕生」『日本考古学　変化と画期』岩波講座第 6 巻、岩波書店、172-226 頁
近藤義郎　1998『楯築弥生墳丘墓』吉備考古ライブラリィ 8、吉備人出版
近藤義郎編　1992『楯築弥生墳丘墓の研究』楯築刊行会
近藤義郎編　1995『岡山市矢藤治山弥生墳丘墓』矢藤治山弥生墳丘墓発掘調査団
近藤義郎編　1996a『伊予部山墳墓群』総社市文化振興財団
近藤義郎編　1996b『新本立坂　立坂型特殊器台名祖遺跡の発掘』総社市文化振興財団
近藤　玲編　2001「矢野遺跡」Ⅰ、徳島県埋蔵文化財センター調査報告書第 33 集、徳島県教育委員会・徳島県埋蔵文化財センター・国土交通省四国地方整備局
サーリンズ, マーシャル（山内　昶訳）2004『石器時代の経済学』叢書・ウニベルシタス 133、法政大学出版局
西条古墳群発掘調査団　2009「特別報告　兵庫県加古川市西条 52 号墓発掘調査の記録」荒木幸治編『弥生墓からみた播磨』第 9 回播磨考古学研究集会実行委員会、139-208 頁
坂本　稔　2022「較正曲線 IntCal20 と日本産樹木年輪」『纒向学の最前線』纒向学研究第 10 号、301-308 頁
佐藤浩司　2012「北九州市城野遺跡玉作り工房の発見と今後の課題」『研究紀要』第 26 号、北九州市芸術文化振興財団埋蔵文化財調査室、1-18 頁
佐藤浩司編　2013『城野遺跡 6（3A、3C、3E、3F 区の調査）』北九州市埋蔵文化財調査報告書 494、北九州市芸術文化振興財団埋蔵文化財調査室
佐藤宗男　1970「大中の湖南遺跡における玉作について」『古代文化』第 22 巻第 1 号、10-19 頁
佐原　眞編　1997『銅鐸の絵を読み解く』歴博フォーラム、小学館
潮見　浩編　1969『四拾貫小原』四拾貫小原発掘調査団
潮見　浩編　1973『陣床山遺跡群の発掘調査』陣床山遺跡群発掘調査団
潮見　浩編　1974「シカの絵のある弥生式土器」『考古学雑誌』第 60 巻第 2 号、73-81 頁
潮見　浩・川越哲志・河瀬正利　1971「広島県三次市高平遺跡群発掘調査報告」『広島県文化財調査報告』第 9 集、広島県教育委員会、103-151 頁
宍戸信悟・上本信二　1989『砂田台遺跡』Ⅰ、神奈川県埋蔵文化財センター調査報告 20、神奈川県立埋蔵文化財センター
宍戸信悟・谷口　肇　1991『砂田台遺跡』Ⅱ、神奈川県埋蔵文化財センター調査報告

20、神奈川県立埋蔵文化財センター
設楽博巳　2009「食糧生産の本格化と食糧獲得技術の伝統」『食糧の獲得と生産』弥生時代の考古学第5巻、同成社、3-22頁
蔀　勇造訳註　2016『エリュトラー海案内記』1・2、東洋文庫 870・874、平凡社
柴　曉彦　1997「奈具谷遺跡」『京都府遺跡調査概報』第76冊、京都府埋蔵文化財調査研究センター、2-29頁
清水眞一　1982「鳥取県下の玉作遺跡について─山陰の弥生時代の玉生産の流れ─」『考古学研究』第28巻第4号、80-103頁
下垣仁志　2022『鏡の古墳時代』歴史文化ライブラリー547、吉川弘文館
下濱貴子・宮田　明　2014『八日市地方遺跡』Ⅱ、石川県小松市教育委員会
白数真也・肥後弘幸ほか　2000『大風呂南墳墓群』岩滝町文化財調査報告書第15集、岩滝町教育委員会
菅原康夫編　1983『萩原墳墓群』徳島県教育委員会
菅原康夫・藤川智之ほか　1995『名東遺跡』徳島県埋蔵文化財センター第14集、徳島県埋蔵文化財センター
鈴木忠司・植山　茂ほか　1984『京都府中郡大宮町小池古墳群』大宮町文化財調査報告第3集、大宮町教育委員会
妹尾周三　1990「広島県太田川下流域の竪穴式石室」『古文化談叢』第23集、35-66頁
妹尾周三　1992「注口付きの脚台付鉢形土器について」『古代吉備』第14集、95-115頁
妹尾周三編　1987『佐田谷墳墓群』広島県埋蔵文化財調査センター調査報告書第63集、広島県埋蔵文化財調査センター
善端　直編　1998『奥原峠遺跡』主要地方道七尾能登島公園線改良工事に伴う発掘調査報告書、七尾市教育委員会
高尾浩司・淺田康行編　2006『鳥取県東伯郡琴浦町梅田萱峯遺跡』1、一般国道9号（東伯中山道路）の改築に伴う埋蔵文化財発掘調査報告書ⅩⅤ、鳥取県埋蔵文化財センター調査報告書11、鳥取県埋蔵文化財センター
高尾浩司・大川泰広編　2007『笠見第3遺跡』Ⅱ、一般国道9号（東伯中山道路）の改築に伴う埋蔵文化財発掘調査報告書ⅩⅧ、鳥取県埋蔵文化財センター調査報告書14、鳥取県埋蔵文化財センター
高野陽子　2006「出現期前方後円墳をめぐる二、三の問題─京都府黒田古墳の再評価─」『京都府埋蔵文化財論集』第5集、京都府埋蔵文化財調査研究センター、347-361頁
高野陽子　2021「古墳出現前夜における丹後地域王権の「畿内」交渉─首長墓の供献土器─」『京都府埋蔵文化財論集』第8集、京都府埋蔵文化財調査研究センター、101-112頁

田代　弘　1994「奈具谷遺跡」『京都府遺跡調査概報』第60冊、京都府埋蔵文化財調査研究センター、127-204頁
田代　弘　2001「「石針」について」『京都府埋蔵文化財論集』第4集、京都府埋蔵文化財調査研究センター、143-154頁
田代　弘　2006「志高の舟戸―堤防状遺構ＳＸ86231・弥生時代の船着場―」『京都府埋蔵文化財論集』第5集、京都府埋蔵文化財調査研究センター、101-114頁
田中史生　2016『国際交易の古代列島』角川選書
田中義昭・渡邊貞幸編　1992『山陰地方における弥生墳丘墓の研究』島根大学法文学部考古学研究室
谷口恭子編　2012『松原1号墓』県道鳥取鹿野倉吉線道路改良事業にかかる発掘調査報告書、鳥取市文化財団
谷澤亜里　2020『玉からみた古墳時代の開始と社会変革』同成社
玉永光洋・小林昭彦編　1988『安岐城跡・下原古墳』大分県文化財調査報告第76輯
田村朋美　2013「松ヶ迫矢谷遺跡出土ガラス小玉の考古科学的研究」『奈良文化財研究所紀要2013』、70・71頁
田村朋美　2015「西谷3号墓のガラス製遺物の化学分析と保存処理」『西谷3号墓発掘調査報告書』島根大学考古学研究室調査報告第14集、出雲弥生の森博物館研究紀要第5集、島根大学考古学研究室・出雲弥生の森博物館、179-187頁
辻田淳一郎　2007『鏡と初期ヤマト政権』すいれん舎
辻田淳一郎　2019『鏡の古代史』角川選書
都出比呂志　1986「墳墓」『日本考古学　集落と祭祀』岩波講座第4巻、岩波書店、218-267頁
都出比呂志　2005「前方後円墳の成立と辰砂の採掘」『前方後円墳と社会』塙書房、567-572頁
都出比呂志編　1998『古代国家はこうして生まれた』角川書店
鶴田榮一　2002「「魏志倭人伝」と色料（顔料・染料）―古代倭国の色料事情について―」『色材』第75巻第7号、330-341頁
出原恵三　2004『西分増井遺跡』Ⅱ、高知県文化財団埋蔵文化財センター発掘調査報告書第83集、高知県文化財団埋蔵文化財センター
寺澤　薫　1984「纒向遺跡と初期ヤマト政権」『橿原考古学研究所論集』第六、奈良県立橿原考古学研究所、35-72頁
寺澤　薫　2000『王権誕生』日本の歴史02、講談社
寺澤　薫　2016「大和弥生社会の展開とその特質（再論）」『纒向学研究』第4号、1-47頁
寺前直人　1998「弥生時代の武器形石器」『考古学研究』第45巻第2号、61-80頁
寺前直人　2001「弥生時代における武器の変質と地域関係」『考古学研究』第48巻第2

　　　　号、59-77 頁
寺村光晴　1980『古代玉作形成史の研究』吉川弘文館
寺村光晴編　2004『日本玉作大観』吉川弘文館
冨尾賢太郎・上野千鶴子　1983「贈与交換と商品交換」『現代思想』Vol.11-4、79-95 頁
冨山正明・野路昌嗣・山本孝一・山口　充編　2009『林・藤島遺跡泉田地区』福井県埋
　　蔵文化財調査報告書第 106 集、福井県教育庁埋蔵文化調査センター
長崎潤一　1990「後期旧石器時代前半期の石斧─形態変化論を視点として─」『先史考
　　古学研究』第 3 号、1-33 頁
中野定男・中野里美・中野美代訳　1986（プリニウス・セクンドゥス，ガイウス著）
　　『プリニウスの博物誌』第 34-37 巻、雄山閣
中野知照・松本美佐子・中島伸二編　2001『新井三嶋谷墳丘墓発掘調査報告書』岩美町
　　文化財調査報告書第 22 集、岩美町教育委員会
中溝康則・白谷朋世・萬代和明ほか　2005『綾部山 39 号墓発掘調査報告書』御津町埋
　　蔵文化財報告書 5、御津町教育委員会
中村慎一　1995「世界のなかの弥生文化」『文明学原論』古代オリエント博物館、381-
　　400 頁
中村大介　2017「楯築墳丘墓出土玉類の産地同定」『埼玉大学紀要（教養学部）』第 53
　　巻第 1 号、113-132 頁
中村　徹・西浦日出夫・小谷修一　1992『東桂見遺跡　布勢鶴指奥墳墓群』鳥取県教育
　　文化財団
奈良県立橿原考古学研究所編　2001『大和の前期古墳　ホケノ山古墳調査概報』学生社
難波洋三　2016「銅鐸の価格」『季刊考古学』135、70-74 頁
西嶋定生　1994『邪馬台国と倭国』古代日本と東アジア、吉川弘文館
西村俊範　2012「漢鏡の二・三の問題について」『人間文化研究』第 29 巻、95-124 頁
西本和哉編　2016『赤色顔料生産遺跡及び関連遺跡の調査　採掘遺跡石器編』徳島県埋
　　蔵文化財調査報告書第 1 集、徳島県教育委員会
西本和哉編　2017『赤色顔料生産遺跡及び関連遺跡の調査　採掘遺跡土器編』徳島県埋
　　蔵文化財調査報告書第 2 集、徳島県教育委員会
西本和哉編　2019『赤色顔料生産遺跡及び関連遺跡の調査　若杉山遺跡発掘調査編』徳
　　島県埋蔵文化財調査報告書第 4 集、徳島県教育委員会
野島　永　2000「弥生時代の対外交易と流通」広瀬和雄編『丹後の弥生王墓と巨大古
　　墳』季刊考古学別冊 10、雄山閣、29-38 頁
野島　永　2009『初期国家形成過程の鉄器文化』雄山閣
野島　永　2010「弥生時代における鉄器保有の一様相─九州・中国地方の集落遺跡を中
　　心として─」『京都府埋蔵文化財論集』第 6 集、京都府埋蔵文化財調査研究セン
　　ター、41-54 頁

野島　永　2014「研究史からみた弥生時代の鉄器文化：鉄が果たした役割の実像」『国立歴史民俗博物館研究報告』第185集、183-212頁

野島　永　2016「弥生時代手工業生産の複合化」『広島大学考古学研究室50周年論文集・文集』広島大学考古学研究室50周年記念論文集・文集刊行会、247-258頁

野島　永　2023「弥生時代の鉄器と鉄器生産」春成秀爾編『何が歴史を動かしたのか』第2巻、弥生文化と世界の考古学、雄山閣、105-116頁

野島　永編　2004『市田斉当坊遺跡発掘調査報告書』京都府遺跡調査報告書第36冊、京都府埋蔵文化財調査研究センター

野島　永編　2016『佐田谷・佐田峠墳墓群発掘調査報告』調査編（1）広島大学大学院文学研究科考古学研究室報告書第3冊・庄原市発掘調査報告書28、広島大学大学院考古学研究室

野島　永・加藤　徹編　2008『弥生時代における初期鉄器の舶載時期とその流通構造の解明』平成17-19年度科学研究費補助金　基盤研究（C）研究成果報告書

野島　永・村田　晋編　2018『佐田谷・佐田峠墳墓群発掘調査報告』研究編、広島大学大学院文学研究科考古学研究室報告書第4冊・庄原市発掘調査報告書30、広島大学大学院考古学研究室

野島　永・河野一隆　2001「玉と鉄─弥生時代玉作り技術と交易─」『古代文化』第53巻第4号、37-52頁

野島　永・野々口陽子　1999「近畿地方北部における古墳成立期の墳墓（1）」『京都府埋蔵文化財情報』第74号、19-32頁

野島　永・野々口陽子　2000「近畿地方北部における古墳成立期の墳墓（2）」『京都府埋蔵文化財情報』第76号、24-34頁

信里芳紀　2004「下川津遺跡における鉄器生産の可能性について～弥生後期の鍛冶関係資料の新例～」『香川県埋蔵文化財調査センター　研究紀要』XI、1-17頁

信里芳紀編　2011『旧練兵場遺跡II（第19次調査）』（国立病院機構善通寺病院統合事業に伴う埋蔵文化財発掘調査報告第2冊、香川県教育委員会・国立病院機構善通寺病院

乗松真也編　2014『大田原高洲遺跡』香川県教育委員会

白　雲翔（佐々木正治訳）　2009『中国古代の鉄器研究』同成社

端野晋平　2018『初期稲作文化と渡来人─そのルーツを探る─』すいれん舎

秦　憲二　2015『矢留堂ノ前遺跡』東九州自動車道関係埋蔵文化財調査報告書第19集、九州歴史資料館

秦　憲二編　1997『以来尺遺跡』I、一般国道3号筑紫野バイパス関係埋蔵文化財調査報告第4集、福岡県教育委員会

林田真典・白石　純・魚島純一　2006『芝遺跡』海部町埋蔵文化財調査報告書第2集、海部町教育委員会

原　俊一・白木英敏・秋成雅博　1999『田久松ケ浦』宗像市文化財調査報告書47、宗像市教育委員会
春成秀爾　2003「弥生早・前期の鉄器問題」『考古学研究』第 50 巻第 3 号、11-17 頁
春成秀爾　2006「弥生時代と鉄器」『国立歴史民俗博物館研究報告』第 133 集、173-198 頁
春成秀爾　2018「向木見系特殊器台の研究」『国立歴史民俗博物館研究報告』第 212 集、183-234 頁
春成秀爾・藤尾慎一郎・今村峯雄・坂本　稔　2003「弥生時代の開始年代─^{14}C 年代の測定結果について─」『日本考古学協会第 69 回総会研究発表要旨』65-68 頁
坂　靖　2022「奈良盆地と河内平野南部の集落・古墳からみたヤマト王権」『纒向学の最前線』纒向学研究第 10 号、139-148 頁
東山信治・伊藤　智・中川　寧ほか　2012『山持遺跡』Vol.8、国道 431 号道路改築事業（東林木バイパス）に伴う埋蔵文化財発掘調査報告書 10、島根県教育庁埋蔵文化財調査センター
樋口隆康　1975『古代中国を発掘する─馬王堆・満城他─』新潮選書
肥後弘幸　2016『北近畿の弥生王墓　大風呂南墳墓』遺跡を学ぶ 108、新泉社
肥後弘幸・細川康晴　1994「左坂墳墓群（左坂古墳群 G 支群）」『埋蔵文化財発掘調査概報』京都府教育委員会、15-230 頁
肥後弘幸・三好博喜ほか　1989『志高遺跡』京都府遺跡調査報告書第 12 冊、京都府埋蔵文化財調査研究センター
平井泰男編　1996『南溝手遺跡 2　岡山県立大学建設に伴う発掘調査Ⅱ』岡山県埋蔵文化財発掘調査報告 107、岡山県教育委員会
平尾良光編　1999『古代青銅の流通と鋳造』鶴山堂
平野泰司・岸本道昭　2000「鯉喰神社弥生墳丘墓の弧帯石と特殊器台・壺」『古代吉備』第 22 集、69-84 頁
広島大学大学院文学研究科考古学研究室編　2012『50 年間の調査研究成果と将来への展望』帝釈峡遺跡群発掘調査 50 周年記念シンポジウム
深井明比古・市橋重喜編　1988『養久・乙城山』兵庫県教育委員会
福永伸哉　1998「銅鐸から銅鏡へ」『古代国家はこうして生まれた』角川書店、217-275 頁
福永伸哉　1999「古墳の出現と中央政権の儀礼管理」『考古学研究』第 46 巻第 2 号、53-72 頁
福永伸哉　2001『邪馬台国から大和政権へ』大阪大学出版会
福永伸哉　2005『三角縁神獣鏡の研究』大阪大学出版会
藤尾慎一郎　2011『〈新〉弥生時代 500 年早かった水田稲作』歴史文化ライブラリー 329、吉川弘文館

藤尾慎一郎・今村峯雄　2006「弥生時代中期の実年代」『国立歴史民俗博物館研究報告』第133集、199-229頁

藤川智之　2005「拝原東遺跡」『徳島県埋蔵文化財センター年報』Vol.16、17-18頁

藤川智之編　2010『萩原2号墓発掘調査報告書』徳島県教育委員会・徳島県埋蔵文化財センター

古川　登　1996「北陸地方の四隅突出型墳丘墓、その造営意味について」『芸備』94-106頁

古川　登編　2010『小羽山墳墓群の研究』研究編、福井市立郷土歴史博物館研究報告、小羽山墳墓群研究会

古川　登・森本幹彦ほか　2004『片山鳥越墳墓群・片山真光寺跡塔址』清水町教育委員会

古瀬清秀　1985「雨滝山遺跡群」『寒川町史』寒川町、122-159頁

古瀬清秀　1999『日本古代における鉄鍛冶技術の研究』学位申請論文、乙第3240、広島大学学術情報リポジトリ（https://ir.lib.hiroshima-u.ac.jp/00021004）

ポランニー, カール（玉野井芳郎・栗本慎一郎訳）　1998『人間の経済』Ⅰ、市場社会の虚構性、岩波現代選書

本田光子　1995「高松市上天神遺跡出土土器に付着している赤色顔料」『上天神遺跡』高松東道路建設に伴う埋蔵文化財発掘調査第6冊、香川県教育委員会・香川県埋蔵文化センター・建設省四国地方建設局、30-35頁

間壁忠彦・間壁葭子・藤田憲司　1977「岡山県真備町黒宮大塚古墳」『倉敷考古館研究集報』第13号、1-55頁

真木大空　2017「弥生時代中四国地方における注口付きの脚台付鉢形土器」『広島大学大学院文学研究科考古学研究室紀要』第9号、1-24頁

牧本哲雄編　2004『笠見第3遺跡』一般国道9号（東伯中山道路）の改築に伴う埋蔵文化財発掘調査報告書Ⅱ、本文編、鳥取県教育文化財団調査報告書86、鳥取県教育文化財団・国土交通省倉吉河川国道事務所

松井和幸編　1999『和田原D地点遺跡発掘調査報告書』広島県埋蔵文化財センター調査報告書第186集、簡易保険福祉事業財団・庄原市教育委員会・広島県埋蔵文化財調査センター

松田壽男　1970『丹生の研究　歴史地理学からみた日本の水銀』早稲田大学出版部

松本岩雄　1976『平所遺跡』1、国道9号線バイパス建設予定地内埋蔵文化財発掘調査報告書Ⅰ、島根県教育委員会

松本岩雄・前島己基　1977『平所遺跡』2、国道9号線バイパス建設予定地内埋蔵文化財発掘調査報告書Ⅱ、島根県教育委員会

松本　哲編　2000『妻木晩田遺跡発掘調査報告―大仙スイス村リゾート開発事業に伴う発掘調査報告』Ⅰ・Ⅱ・Ⅲ・Ⅳ、大山町埋蔵文化財調査報告書第17集、大山スイ

ス村埋蔵文化財発掘調査団・大山町教育委員会
真鍋昌宏　2019「古墳成立前後の埋葬施設について—竪穴式石室の成立に関する一試論—」『纒向学研究』第7号、1-37頁
馬淵久夫　2007「鉛同位体比による青銅器研究の30年—弥生時代後期の青銅原料を再考する—」『考古学と自然科学』第55号、1-29頁
水村直人編　2011『青谷上寺地遺跡出土品調査研究報告』6、金属器、鳥取県埋蔵文化財センター調査報告39、鳥取県埋蔵文化財センター
道上康仁　1987「殿山墳墓群の調査」『大判・上定・殿山』広島県埋蔵文化財調査センター調査報告書第57集、広島県埋蔵文化財調査センター、54-66頁
光石鳴巳　2011『脇本遺跡』Ⅰ、奈良県立橿原考古学研究所調査報告第109冊、奈良県立橿原考古学研究所
南　武志　2004「第4主体部出土赤色顔料の科学分析」『赤坂今井墳丘墓発掘調査報告書』峰山町埋蔵文化財調査報告書第24集、峰山町教育委員会、103-106頁
南　武志　2010「萩原2号墓出土の赤色顔料—朱—のイオウ同位体比分析」『萩原2号墓発掘調査報告書』徳島県教育委員会・徳島県埋蔵文化財センター、48-50頁
南　武志・河野摩耶・古川　登・高橋和也・武内章記・今津節生　2013「硫黄同位体分析による西日本日本海沿岸の弥生時代後期から古墳時代の墳墓における朱の産地同定の試み」『地球化学』47巻4号、237-243頁
村上恭通　1998『倭人と鉄の考古学』青木書店
村川堅太郎訳註　1993『エリュトゥラー海案内記』中公文庫（1946年生活社、中公文庫再録）
村田　晋　2021「三次市向江田町陣山墳墓群出土土器の紹介」『広島大学大学院人間社会科学研究科考古学研究室紀要』第12号、79-108頁
森下　衛・辻健二郎編　1991『船坂・黒田工業団地予定地内遺跡群発掘調査概報』園部町文化財調査報告書第8集、園部町教育委員会
森本　晋　2012「弥生時代の分銅」『考古学研究』第59巻第3号、67-75頁
門田誠一　2021「魏志倭人伝にみえる生口の検討」『佛教大学歴史学部論集』第9号、佛教大学歴史学部、1-20頁
柳田康雄編　1994『辻垣畠田・長通遺跡』一般国道10号線椎田道路関係埋蔵文化財調査報告第2集、福岡県教育委員会
山崎龍雄　1996『比恵遺跡群（22）』福岡岡市埋蔵文化財調査報告書第453集、福岡市教育委員会
楊　娥琳　2021「原三国時代韓半島出土水晶製玉の製作と変遷」『韓国考古学報』2021-4、475-501頁
湯村　功・高尾浩司・大川康広ほか　2007『笠見第3遺跡』Ⅱ、鳥取県埋蔵文化財センター調査報告書14、鳥取県教育文化財団・国土交通省倉吉河川国道事務所

湯村　功・濱本利幸編　2009『鳥取県東伯郡琴浦町・西伯郡大山町　梅田萱峯遺跡Ⅴ』
　　一般国道9号（東伯中山道路）の改築に伴う埋蔵文化財発掘調査報告書ⅩⅩⅣ、鳥
　　取県埋蔵文化財センター調査報告書28、鳥取県埋蔵文化財センター
吉武　学編　1997『野多目A遺跡』4、野多目A遺跡群第4次調査報告、福岡市埋蔵文
　　化財調査報告書第527集、福岡市教育委員会
米田克彦　2000「碧玉製管玉の分類と碧玉原産地」『古代吉備』第22集、33-61頁
米田克彦　2013「弥生時代における玉つくりの展開」『日本海を行き交う弥生の宝石〜
　　青谷上寺地遺跡の交流をさぐる〜』鳥取県埋蔵文化財センター、36-47頁
和田晴吾　2003「弥生墳丘墓の再検討」『古代日韓交流の考古学的研究―葬制の比較研
　　究―』平成11年度〜平成13年度科学研究費補助金（基盤研究（B）（1））研究成
　　果報告書　課題番号11410108、3-29頁
渡邊貞幸　2018『西谷墳墓群　出雲王と四隅突出型墳丘墓』、遺跡を学ぶ123、新泉社
渡邊貞幸・坂本豊治編　2015『西谷3号墓発掘調査報告書』島根大学考古学研究室調査
　　報告第14集、出雲弥生の森博物館研究紀要第5集、島根大学考古学研究室・出雲
　　弥生の森博物館
若林邦彦　1999「贈与交換と弥生時代社会」『歴史民俗学』No.14、88-107頁

〈欧文文献〉

Bohannan, P. 1955. Some Principles of Exchange and Investment among Tiv. *American Anthropologist*, Vol.57, No.1, pp.60-70

Brumfiel, E. M. and Earle, T. K. 1987. *Specialization, Exchange, and Complex Societies*: An Introduction. *Specialization, Exchange, and Complex Societies*, Cambridge University Press, pp.1-9

Childe, V. G. 1950. The Urban Revolution. *Town Planning Review*, No.21, pp.3-17

Clark, J. E. and Parry, W. J. 1990. Craft Specialization and Cultural Complexity. *Research in Economic Anthropology*, Vol.12, pp. 289-346

Costin, C. L. 1989. Craft Specialization: Issues in Defining, Documenting, and Explaining the Organization of Production. ed., Schiffer, M. B., *Archaeological Method and Theory*, Vol.3, pp.1-56

Dibble, H. L. 1987. The Interpretation of Middle Palaeolithic Scraper Morphology. *American Antiquity*, Vol.52, No.1, pp.109-117

Dussubieux, L. 2021. Indian Glass in Southeast Asia. *Ancient Glass of South Asia*, Springer, pp.489-510

Earle, T. K. 1997. *How Chiefs Come to Power*, Stanford University Press

Feinman, G. and Neitzel, J. 1984. Too Many Types: An Overview of Sedentary Prestate Societies in the America. *Advances in Archaeological Method and Theo-*

ry, Vol.7, University of Arizona, pp.39-102

Francis, P., Jr. 1990. Glass Beads in Asia Part Ⅱ, Indo-Pacific Beads. *Asian Perspectives*, Vol.29, No.1, pp.1-23

Friedman, J. and Rowlands, M. J. 1978. Notes Towards an Epidemic Model of the Evolution of 'Civilisation'. *The Evolution of Social Systems*, University of Pittsburgh Press, pp.201-276

Gupta, S. 2018. The Archaeological Record of Indian Ocean Engagements: Bay of Bengal (500BC-500AD). Oxford Handbooks Online (www.oxfordhandbooks.com), pp.1-30

Gupta, S. 2021. Early Glass Trade along the Maritime Silk Route (500BCE-500CE): An Archaeological Review. eds., Alok Kumar Kanungo, and Laure Dussubieux, *Ancient Glass of South Asia*, Springer, pp.451-488

Hirth, K. G. 1998. Distributional Approach: A New Way to Identify Market Place Exchange in the Archaeological Record. *Current Anthropology*, Vol.39, No.4, pp.451-475

Lankton, J. W. and Dussubieux, L. 2006. Early Glass in Asian Maritime Trade: A Review and an Interpretation of Compositional Analyses. *Journal of Glass Studies*, Vol.48, pp.121-144

McLaughlin, R. 2010. *Rome and the Distant East*: Trade Routes to the Ancient Lands of Arabia, India and China, Bloomsbury Publishing Plc.

Meillassoux, C. 1978. 'The Economy' in Agricultural Self-Sustaining Societies: A Preliminary Analysis. ed., Frank Cass, *Relations of Production*: Marxist Approaches to Economic Anthropology, pp.127-157

Oga, K. and Gupta, S. 2000. The Far East, Southeast and South Asia: Indo-Pacific Beads from Yayoi Tombs as Indications of Early Maritime Exchange. *South Asian Studies*, Vol.16, pp.73-88

Oga, K. and Tamura, T. 2013. Ancient Japan and The Indian Interaction Sphere: Chemical Compositions, Chronologies, Provenances and Trade Routes of Imported Glass Beads in the Yayoi -Kofun Periods (3rd Century BCE-7th Century CE). *Journal of Indian Ocean Archaeology*, No.9, pp.7-11, 35-65

Peebles, C. S. and Kus, S. M. 1977. Some Archaeological Correlates of Ranked Societies. *American Antiquity*, Vol.42, No.3, pp.421-448

Qin, L. Henderson, J. Wang, Y. & Wang, B. 2021. Natron Glass Beads Reveal Proto-Silk Road Between the Mediterranean and China in the 1st millennium BCE. *Scientific Reports*, 11: 3537, https://www.nature.com/

Shinu A. 2016. Glass Beads and Glass Production in Early South India: Contextualizing

Indo-Pacific Bead Manufacture. *Archaeological Research in Asia*, Vol.6, pp.4-15

Yerkes, R. W. 1983. Microwear, Microdrills, and Mississippian Craft Specialization. *American Antiquity*, Vol.48, No.3, pp.499-518

Wang, K. and Jackson, C. 2014. A Review of Glass Compositions Around the South China Sea Region (The Late 1st Millenium BC to the 1st Millenium AD): Placing Iron Age Glass Beads from Taiwan in Context. *Journal of Indo-Pacific Archaeology*, Vol.34, pp.51-60

Weiner, A. 1980. Reproduction: A Replacement for Reciprocity. *American Ethnologist*, Vol.7, No.1, pp.71-85

Weiner, A. 1992. *Inalienable Possessions*, University of California Press

図 表 出 典

図 1　首都博物館にて筆者撮影
図 2　野島 2009 文献挿図（改変）
図 5　野島編 2004 文献挿図
図 7　野島 2009 文献挿図
図 8　サーリンズ 2004 文献挿図（改変）
図 9〜13　野島 2010 文献挿図
図 14　野島 2009 文献挿図（改変）
図 16　谷澤 2020 文献挿図（改変）
図 17　Francis 1990 文献挿図（改変）
図 18　谷澤 2020 文献挿図（改変）
図 19　野島 2016 文献挿図（改変）
図 20　柳田編 1994 文献挿図（改変）
図 21　西本編 2016 文献表紙写真、徳島県より提供
図 23　鳥取県庁青谷上寺地遺跡整備室にて筆者撮影
図 25〜27　野島・村田編 2018 文献挿図（改変）
図 28　与謝野町教育委員会より提供
図 29　加藤編 2005 文献挿図を合成
図 30　道上 1987 文献挿図を合成
図 31　野島・村田編 2018 文献挿図
図 32　妹尾編 1987 文献挿図（改変）
図 33　今西・辻村編 2017 文献挿図を合成
図 34　今西編 2020 文献図版写真、庄原市教育委員会より提供
図 35〜41　野島・村田編 2018 文献挿図（改変）
図 42　妹尾編 1987 文献挿図
図 43　潮見編 1974・真木 2017 文献挿図を合成
図 45　今田編 1998 文献挿図（改変）
図 46　野島・野々口 1999・2000 文献挿図（改変）
図 47　白数・肥後ほか 2000 文献挿図（改変）
図 48　白数・肥後ほか 2000 文献巻頭図版、与謝野町教育委員会より提供
図 49　石崎 1995 文献挿図（改変）
図 50　石崎 1995・石崎・岡林峰 2001 文献挿図より合成
図 51　石崎・岡林峰 2001 文献挿図（改変）

図52・53　渡邊・坂本編 2015 文献挿図（改変）
図54　近藤正 1972 文献挿図（改変）
図55・56　古川編 2010 文献挿図（改変）
図58　宇垣編 2021 文献挿図（改変）
図59　近藤義編 1992 文献挿図（改変）
図60　近藤義 1983 文献挿図（改変）
図61　小郷編 1993 文献挿図、津山市より提供
図62　金井・小都編 1981・近藤義編 1996a 文献挿図より合成
図63　近藤義編 1996b、間壁忠・間壁葭・藤田 1977 文献挿図を合成
図64　近藤義 1983 文献挿図（改変）
図65　近藤編 1995 文献挿図を合成
図66・67　妹尾 1990 文献挿図（改変）
図68　金井 1974 文献挿図より合成
図69　荒川 1998 文献写真図版、公益財団法人広島市文化財団文化財課より提供
図70　荒川 1998・石田編 1983 文献挿図より合成
図71　古瀬 1985・國木編 1993 文献挿図を合成
図72　西条古墳群発掘調査団 2009・中溝・白谷・萬代ほか 2005 文献挿図を合成
図73　森下・辻編 1991 文献挿図を合成
図74　古川・森本ほか 2004、玉永・小林編 1988 文献挿図を合成
図76　岡林孝・水野編 2008 文献挿図（改変）
図77　奈良県立橿原考古学研究所編 2001 文献写真図版、奈良県立橿原考古学研究所より提供
図78　梅本康編 2015 文献挿図（改変）
図79　谷澤 2020 文献挿図・図44（改変）を合成
図80　図15（改変）と図57（改変）を合成
図81　図22（改変）と図75（改変）を合成
図82　Earle 1997 文献挿図（改変）
図83　野島 2009 文献挿図（改変）

表1　森本 2012 文献挿図
表2　肥塚・田村・大賀 2010、大賀・田村 2016、Oga and Tamura 2013 各文献から作成

なお、表記していないその他の図は、著者が報告書などを参考に作成した。

あとがき

　恐縮ながら著者の経験に少しお付き合いいただきたい。今から35年も前、都出比呂志先生ご推挙により、財団法人京都府埋蔵文化財調査研究センターに奉職することができた。京都府埋文センターでは15年、発掘調査に従事した。著者が在職していたころには、丹後半島の京丹後市では弥生墳墓の発掘調査が目白押しであった。左坂墳墓群や奈具墳墓群の調査現場に臨時参加したこともあった。当時、京都府教育委員会に在職されていた肥後弘幸氏に誘われ、三坂神社墳墓群や左坂墳墓群出土鉄器の実測をさせていただいたことも懐かしい。赤坂今井墳丘墓や与謝野町の大風呂南墳墓群、日吉ヶ丘遺跡の発掘調査がマスコミに大々的に取り上げられたのも、ちょうどそのころであった。弥生墳丘墓の調査担当にはなれなかったが、丹後半島の墳丘墓をテーマとした地元自治体のシンポジウムを拝聴したり、ときには壇上で拙い講釈を垂れるときさえあった。相前後して、弥生時代の玉作遺跡の発掘調査にも従事した。河野一隆氏が調査を担当した京丹後市奈具岡遺跡の出土遺物の整理作業を手伝ったことや、久御山町市田斉当坊遺跡の発掘調査と遺物整理、報告書作成を任されたこともよい経験となった。

　その後、広島大学大学院文学研究科（現在、人間社会科学研究科）に職を得た。15年ぶりの広島であったが、すでに大学キャンパスは広島市東千田町から東広島市に移転していた。それでも考古学研究室では、あいかわらず帝釈峡遺跡群の発掘調査を夏季の野外実習として継続していた。当時、総務省の地域主権改革として平成の市町村合併が進んでおり、帝釈峡遺跡群のある上帝釈地域（旧東城町）は庄原市に吸収合併されることとなった。学生とともに帝釈東山岩陰遺跡の発掘調査を行ってはいたが、合併に際して、庄原市の文化財担当者から「夏季発掘調査は庄原旧市内、佐田谷・佐田峠墳墓群で実施することはできないか」といった依頼があったという。これまで放置されていた佐田谷墳

墓群の北隣にある佐田峠墳墓群の学術調査が始まることとなっていた。2007（平成19）年から2012（平成24）年まで、考古学研究室の野外実習として佐田谷・佐田峠墳墓群の発掘調査を行った。調査がすすむにつれ、佐田谷・佐田峠墳墓群は中国山地の墳丘墓の発展にかかわる遺跡であるだけでなく、その後の大型墳丘墓を規定する葬送祭祀を生み出したのではないか、と思うようになった。2021（令和3）年には、国の文化審議会から指定の答申をうけ、佐田谷・佐田峠墳墓群は国指定史跡となった。

　学生時代、岡山大学の近藤義郎先生にお願いして岡山県楯築墳丘墓や兵庫県権現山51号墳の発掘調査に参加させていただいた。また島根大学の渡邊貞幸先生には、島根県西谷3号墓の発掘調査に参加させていただいた。大変有難く思う。この貴重な経験を基点とし、佐田谷・佐田峠墳墓群の発掘調査からわかったことを多くの方々に知っていただきたいとの想いが、著者の拙い執筆の動機である。

　佐田谷・佐田峠墳墓群については、刊行した調査報告書に依るところが多くなった。墳墓の変遷（図35）については村田晋氏、脚付注口付大型鉢については真木大空氏の挿図（図43）を借用させていただいた。また、装身具玉類やガラスの研究については、大賀克彦氏をはじめ小寺智津子氏、谷澤亜里氏、米田克彦氏、朱生産とその分析については、西本和哉氏、南武志氏、本田光子氏らの研究業績に依っている。記して感謝を申し上げたい。

　本書では、著者自らの発掘調査、報告書作成といった経験を基底に据えた記述を目指した。弥生時代の墳墓を隈なく扱うのではなく、墳丘墓が造営された地域社会の手工業生産の動向を見据え、対外的交易の進展を想定しつつ、墳丘墓の変遷過程を概観することとした。このため、弥生墳丘墓の埋葬施設の挿図に紙幅を割いた。初学者の方々には調査成果の一端を知っていただくために必要と考えた。なお、著者自ら発掘調査に従事した遺跡については、一部既発表論文を再構成した部分がある。また紙幅の都合上、弥生墳丘墓や手工業生産についてでも本論主旨に直接かかわらない参考文献については省略した。どうかご理解いただきたい。

最後に、本シリーズの執筆をご推挙いただいき、文章構成についてもご教導いただいた福永伸哉先生と、コロナ禍を経て刊行までさらに長くお待ちいただいた元同成社の佐藤涼子さん、煩雑な校正から刊行まで担当いただいた同成社の高松恵里佳さんに感謝申し上げたい。

　2025年3月

野島　永

弥生墳丘墓と手工業生産

■著者略歴■

野島　永（のじま　ひさし）
1964年　京都府生まれ
1990年　広島大学大学院文学研究科修士課程修了
　　　　博士（文学）
　　　　財団法人京都府埋蔵文化財調査研究センター調査員、広島
　　　　大学大学院文学研究科准教授を経て
現　在　広島大学大学院人間社会科学研究科教授
〔主要著作・論文〕
『初期国家形成過程の鉄器文化』雄山閣、2009年。
Emergence and Development of Burial Mounds in the Yayoi Period. *Burial Mounds in Europe and Japan*, Comparative and Contextual Perspectives. Archaeopress, 2018.

2025年5月8日発行

著　者　野　島　　　永
発行者　山　脇　由紀子
印　刷　亜細亜印刷㈱
製　本　㈱積　信　堂

発行所　東京都千代田区平河町1-8-2　　㈱同成社
　　　　山京半蔵門パレス（〒102-0093）
　　　　TEL　03-3239-1467　振替　00140-0-20618

©Nojima Hisashi 2025. Printed in Japan
ISBN978-4-86832-001-2 C3321

考古学選書発刊のことば

　1877 (明治10) 年、東京の大森貝塚でE. S. モースが行った発掘調査を起点とするなら、わが国における考古学研究はまもなく一世紀半の学史を刻もうとしている。しかしその前半期は、自由な研究とその成果の表出に困難がつきまとい、研究テーマの選択にさえ制約と圧迫を感じざるを得ない重苦しい時代だった。

　戦後、新憲法で保障された学問の自由は、考古学の方法で歴史を復元する研究の営みをようやく独り立ちさせた。さらに1970年代以降、開発にともなう埋蔵文化財の行政的な調査体制が整備されるにつれて、日本の考古学はあまたの新資料を手にすることとなり、研究は多方面に大きく進展した。

　そして21世紀。蓄積された30万件以上の発掘調査、800万箱にもおよぶ出土資料、10万冊を超える調査報告書からなる情報量は、一国の考古情報としては希有のレベルに達している。およそ地中から出土する考古資料のうち、ほとんどのものについて何らかの研究が存在するわが国の考古学は、世界的に見てもある意味で相当な成熟の域に達しているといっても過言ではない。しかし一方では、研究はいよいよ細分化、精緻化し、一時代の全体像をつかむことさえ容易ならざる状況となりつつある。このまま内なる精緻化の袋小路にさまよい込むのか、それとも新しい展望を描けるのか。日本考古学はいま、その重要な岐路に立っているように思われる。

　こうした認識のもとに立ち上げる考古学選書は、膨大な資料に対していかに光を当て何を読み解くかを明確に意識したものである。個別研究の集まりが自然に全体像を成すわけではない。そこに必要なのは研究を貫く明快な歴史の切り口であろう。

　たゆみなく流れ進むように見える考古学研究にもさまざまな潮流がある。それぞれの研究者が生きた時代や社会の関心から生まれる潮流もあれば、大きな発見や革新的な研究がつくる潮流もある。更新され続ける資料に著者独自の切り口で挑む本選書からはいかなる潮流が生まれるのか。大きな期待をもってここに考古学選書を送り出したい。

2021年10月

編集委員
福永伸哉　谷口康浩　近江俊秀